网络经济行为的法律规制研究

章惠萍 著

浙江工商大学出版社
ZHEJIANG GONGSHANG UNIVERSITY PRESS

·杭州·

图书在版编目(CIP)数据

网络经济行为的法律规制研究 / 章惠萍著. — 杭州：
浙江工商大学出版社，2020.5
ISBN 978-7-5178-3635-3

Ⅰ．①网… Ⅱ．①章… Ⅲ．①网络经济－经济法－研
究－中国 Ⅳ．①D922.290.4

中国版本图书馆 CIP 数据核字(2019)第 280701 号

网络经济行为的法律规制研究

WANGLUO JINGJI XINGWEI DE FALV GUIZHI YANJIU

章惠萍 著

责任编辑	田程雨
封面设计	林朦朦
责任印制	包建辉
出版发行	浙江工商大学出版社
	（杭州市教工路 198 号　邮政编码 310012）
	（E-mail:zjgsupress@163.com）
	（网址:http://www.zjgsupress.com）
	电话:0571－88904980,88831806(传真)
排　　版	杭州朝曦图文设计有限公司
印　　刷	杭州宏雅印刷有限公司
开　　本	710mm×1000mm　1/16
印　　张	21.25
字　　数	257 千
版 印 次	2020 年 5 月第 1 版　2020 年 5 月第 1 次印刷
书　　号	ISBN 978-7-5178-3635-3
定　　价	88.00 元

序　言

张　怡①

　　网络技术的普及,促进了网络经济的飞速发展。网络给人们的生产和生活方式带来了巨大的变化,并已成为我们生活中不可或缺的一部分。网络带来生活便利的同时,也衍生出形形色色的网络不法行为。

　　这些行为的存在,严重破坏了市场交易的正常秩序,影响了国家经济健康发展,对其进行必要的法律引导和规制具有一定现实意义。

　　本研究成果立足于我国立法与司法实践,并借鉴国内外相关研究资料,对网络经济行为的法律规制做了较为系统、全面的分析探讨,借助经济法、行政法、民商法、刑法学等基础理论以及基本原理和研究方法,从多方面、多角度揭示网络经济中不法行为表征,包括网络交易中的欺诈行为、互联网金融活动中的不法行为、网络交易平台提供者可能涉及的不法行为等等。通过分析,进而从互联网众筹的法律监管、金融消费者权益保护、网络著作权保护、网络信息安全以及反垄断执法等多方面提出了法律规制的途径和措施。

　　近年来,我国刑法学界对互联网经济行为的研究成果颇多,本研究成果能够将多学科、多视角、多层次、多方法结合进行综合分析,是其特色之处。本研究成果还注重理论联系实际,对某些在实践中、理论上有争议的问题进行剖析,并用一定篇幅进行辩

---

　　①　张怡:西南政法大学经济法学院教授、博士生导师。

证论述，这将在一定程度上促进对疑难问题的深入探讨。

综上，该研究成果是在查阅了大量文献资料，并做了充分实证调研的基础上完成的。该选题较新颖，内容体例完整，理论性与应用性较强，对我国有关网络经济行为法律规制的立法和司法实践具有参考价值。

期望该研究成果的出版，能够引起相关理论研究者与实务工作者，以及广大读者关注网络经济行为，并在法律规则完善方面引发更多思考和提出更有建树的意见。

前　言

　　网络使用者在逐利心理的驱动下采取不正当手段欺骗消费者,使得网络不法行为频频出现、日益猖獗,并且有逐步蔓延的趋势。网络使用者的不法行为的存在,严重侵害了他人的合法权益,损害了正当经营者的经营权,严重破坏了市场交易的正常秩序,影响了网络经济的健康发展。

　　理论是为实践服务的,也只有与实践结合,为实践服务的理论才有生命力。网络使用者的不法行为是司法实践中的一个十分突出的问题,近年来我国法学界对网络不法行为的法律规制研究,虽然成果不少,但有分量的不多。本书注重理论联系实际,从多学科、多层面对某些实践中和理论上有争议的问题,进行了深入的剖析和有益的探讨。同时本书还对过去很少涉及但又具有一定意义的一些问题,例如民间高利贷行为是否应当入刑等,也进行了深入的研究和探讨,既突出了重点,又保持了理论体系的完整性,把研究的深度和广度恰当地结合起来。

　　本书主要从经济法的角度,结合了民商法、刑法学的相关知识,并且立足于中国司法实践,从九个方面探讨了网络经济行为的法律规制:第一章为网络经济的概述;第二章探讨了网络交易欺诈行为的法律规制;第三章探讨了互联网金融行为的法律规制;第四章探讨了网络交易平台提供者的法律责任;第五章探讨了我国互联网众筹的法律监管;第六章探讨了互联网金融消费者权益的法律保护;第七章探讨了网络著作权的法律规制;第八章探讨了网络信息安全的法律保护;第九章探讨了反垄断执法中相关市场的界定。本书的立足点是从经济法的角度,既要对网络经济行为进行理论上的探讨,也要对网络使用者有些实实在在的帮助，所以语言上尽可能的平实易懂，内容上选取的都是与网络使用者切身利益密切相关的知识点以易于读者理解和把握。

本书适合相关专业的本科生、研究生及有兴趣学习、了解此理论的读者阅读。公司的经营者也可以将之作为工具书以备不时之需。

由于笔者的研究水平和掌握的资料有限，书中的缺点、错误在所难免，恳请同行和读者原谅并指正。

目　录

第一章　网络经济概述 ……………………………………… 001

　第一节　网络经济的概念与我国网络经济发展现状 …… 001

　第二节　网络经济的特征 …………………………………… 003

第二章　网络交易欺诈行为的法律规制 ………………… 010

　第一节　网络交易欺诈行为概述 ………………………… 010

　第二节　网络交易欺诈行为法律规制的现状
　　　　　及其存在的问题 ………………………………… 027

　第三节　国外关于网络交易欺诈行为的法律规定 ……… 040

　第四节　网络交易欺诈行为法律规制的完善 …………… 048

第三章　互联网金融行为的法律规制 …………………… 059

　第一节　互联网金融概述 ………………………………… 059

　第二节　互联网金融发展的相关理论 …………………… 070

　第三节　互联网金融的基本模式 ………………………… 076

　第四节　互联网金融存在的法律风险 …………………… 080

　第五节　互联网金融法律风险的应对 …………………… 085

　第六节　高利贷行为入刑的必要性和可行性 …………… 090

　第七节　非法吸收公众存款罪的刑法规制 ……………… 103

　第八节　非法集资行为的刑法规制 ……………………… 115

第四章　网络交易平台提供者的法律责任 ……………… 127

　第一节　网络交易平台概述 ……………………………… 127

　第二节　网络交易平台涉及的法律关系 ………………… 132

第三节　网络平台提供者的信息披露义务 ……… 138

第四节　网络交易平台提供者的法律责任 ……… 148

第五节　国外对网络平台提供者法律责任

的法律责任规定 ……… 157

第六节　我国网络交易平台提供者法律责任

存在的问题及其完善 ……… 159

第五章　我国互联网众筹的法律监管 ……… 171

第一节　互联网众筹概述 ……… 171

第二节　互联网众筹的发展现状及存在的问题 ……… 189

第三节　国外互联网众筹的监管制度及对我国的启示 … 199

第四节　我国互联网众筹的监管及其完善 ……… 209

第六章　互联网金融消费者权益的法律保护 ……… 223

第一节　互联网金融消费者概述 ……… 223

第二节　互联网金融中消费者权益保护存在的问题 … 230

第三节　互联网金融消费者权益保护的法律完善 ……… 239

第七章　网络著作权的法律规制 ……… 250

第一节　网络著作权的概念及构成 ……… 250

第二节　网络著作权侵权概述 ……… 255

第三节　网络著作权保护中存在的问题及成因 ……… 258

第四节　网络著作权侵权的法律适用 ……… 264

第五节　网络著作权保护的法律完善 ……… 270

第八章　网络信息安全的法律保护 ……… 276

第一节　网络信息安全概述 ……… 276

第二节　民商法对网络信息安全的保护 ……… 278

第三节　行政法对网络信息安全的保护 ……………… 281

第四节　现行刑法对网络信息安全的保护 ……………… 282

第五节　国外对网络信息安全的法律规定 ……………… 286

第六节　我国网络信息安全的刑法保护中

　　　　存在的问题及其完善 ……………… 288

第九章　反垄断执法中相关市场的界定 ……………… 293

第一节　相关市场概念的厘定 ……………… 293

第二节　互联网行业需求替代角度的市场界定 ……… 299

第三节　互联网行业供给替代角度的市场界定 ……… 304

第四节　互联网行业相关地域市场界定的问题 ……… 308

第五节　关于互联网行业相关市场的界定的建议 …… 312

参考文献 ……………… 317

后　记 ……………… 326

第一章
网络经济概述

第一节　网络经济的概念与我国网络经济发展现状

要明确网络经济的概念,则先要明确互联网行业的概念。总的来说,互联网行业在学界有广义和狭义之分。狭义的互联网行业指以电子信息网络为核心要素的新兴行业部门,相应产品也集中于该区域;广义的互联网行业指通过计算机网络在社会经济各领域中的普遍应用,使得知识、信息的成本大幅度下降,逐渐成为核心生产要素的全球化经济形态的行业。广义的互联网行业的外延太过宽泛,几乎任何传统行业都可以与其发生联系。本书所称的网络经济则是基于狭义互联网行业之上的,以电子信息网络为核心的新兴经济,其盈利模式一般表现为"获取—交互—创收"。简言之,就是经营者通过向用户提供免费或有偿服务的方式来吸引用户的"注意力",再将用户的"注意力"卖给广告商或其他增值服务商以获得利润。这里的广告商或其他增值服务商可以是其他企业,也有可能就是经营者自身,比如网易邮箱将收集到的用户信息交给网易旗下的其他公司。互联网行业虽然以电子信息为核心,并且开创了新型的盈利模式,有一定的特殊性,但看待网络经济仍然不能忽略其普遍性,即网络经济属于国民经济的组成部分。

我国互联网的迅猛发展带动了电子商务的崛起,网络经济借助移动互联的平台优势,给信息交换、支付模式、商品定价带来了巨大的革新。截至 2015 年,我国网民人数达到 6.88 亿,人均每周上网时间达到 26.3 小时,网络经济规模比 2005 年增长了 10 倍。2015 年,天猫"双十一"购物节的销售额超过 912 亿元,创下了新的交易记录。与此同时,我国也不断出台相应的政策与法规,以此规范网络环境,推动网络经济的发展,在良好的发展环境下,网上购物、网上银行等与网络经济相关的虚拟服务不断兴起,并逐渐成为居民生活的有机成分,"没人上街不代表没人逛街"成为网络经济时代的新购物模式。

据统计,2016 年我国网络经济营收规模达到 14707 亿元,同比增长 28.5%。经过多年高速增长后,网络经济发展进入稳健期,增速略有放缓,但整体仍保持稳定的增长态势,未来还将继续增长。其中,第三方支付同比增长 92.3%,网络广告同比增长 32.9%,均高于网络经济整体增速。

2016 年我国网络经济营收规模中,PC 网络经济营收规模为 6799.5 亿元,营收贡献率为 46.2%,移动网络经济营收规模为 7907.4 亿元,营收贡献率达到 53.8%。从整体上看,移动互联网产生的营收已全面超过 PC 端,未来,伴随着流量向移动端的不断倾斜,移动网络经济将引领网络经济整体发展。

2016 年网络经济营收中,电商营收规模为 8946.2 亿元,占比超过 60%,是推动网络经济增长的主要力量。网络广告排名第二,营收规模为 2902.8 亿元,占比接近 20%,是网络经济的重要组成部分。另外,网络游戏占比 12.2%,第三方支付占比 7.3%。

我国网络经济发展现状显示,网络经济整体进入移动化时代。相关数据显示,2016 年中国移动网络经济规模为 7907.4 亿元,在网络经济营收中占比过半。从 PC 和移动细分市场规模来看,2016 年 PC 网购和移动购物分别是 PC 网络经济和移动网络经济贡献最大的细分领域,其中移动购物的营收贡献率达到 51.8%。第二大细分市场为 PC 广告和移动广告,从各细分市场移动端发展情况看,网络广告的移动端占比最高,达到 60.3%。

在网络游戏中,移动端占比同样过半,达到57.2%;而在第三方支付中,移动端占比从 2015 年的 34.8%上升到 46.5%,上升超过10 个百分点,网络经济已整体进入移动化时代。

第二节　网络经济的特征

网络经济的发展呈现出与传统经济不同的面貌,彰显出独有的特征。

1. 快捷性

消除时空差距是互联网使世界发生根本性变化的特征之一。首先,互联网突破了传统的国家、地区界线,使整个世界紧密联系起来,把地球变成为一个"村落"。在网络上,不分种族、民族、国家、职业和社会地位,人们可以自由地交流,人们对空间的依附性大大减小。其次,信息突破了时间的约束,使人们的信息传输、经济往来可以在更小的时间跨度上进行。网络经济可以 24 小时不间断运行,经济活动更少受到时间因素制约。再次,网络经济是一种速度型经济。现代信息网络可用光速传输信息,网络经济以接近于实时的速度收集、处理和应用信息,节奏大大加快了。如果说 20 世纪 80 年代是注重质量的年代,90 年代是注重再设计的年代,那么,21 世纪的头 10 年就是注重速度的时代。因此,网络经济的发展趋势应是对市场变化发展高度灵敏的"即时经济"或"实时运作经济"。最后,网络经济从本质上讲是一种全球化经济。信息网络把整个世界变成了"地球村",地理距离变得不再那么重要,基于网络的经济活动受空间因素的制约也降低到了最低程度,整个经济的全球化进程大大加快,世界各国的相互依存性空前加强。

2. 高渗透性

迅速发展的信息技术、网络技术,具有极高的渗透性功能,使得信息服务业迅速地向第一、第二产业扩张，使三大产业之间的界限模糊，出现了第一、第二和第三产业相互融合的趋势。三大产业分类法也受到了挑战。为此，学术界提出了"第四产业"的概念，用以涵盖广义的信息产业。美国著名经济学家波拉特在1977年发表的《信息经济：定义和测量》中，第一次采用"四分法"把产业部门分为农业、工业、服务业、信息业，并把信息业按其产品或服务是否在市场上直接出售，划分为第一信息部门和第二信息部门。第一信息部门包含现在市场中生产和销售信息机械或信息服务的全部产业，诸如计算机制造、电子通信、印刷、大众传播、广告宣传、会计、教育等。第二信息部门包括公共、官方机构的大部分和私人企业中的管理部门。除此之外，非信息部门的企业在内部生产并由内部消费的各种信息服务，也属于第二信息部门。从以上产业分类可以看出，作为网络经济的重要组成部分——信息产业已经广泛渗透到传统产业中去了。对于诸如商业、银行业、传媒业、制造业等传统产业来说，迅速利用信息技术、网络技术，实现产业内部的升级改造，以迎接网络经济带来的机遇和挑战，是一种必然选择。

不仅如此，信息技术的高渗透性还催生了一些新兴的"边缘产业"，如光学电子产业、医疗电子器械产业、航空电子产业、汽车电子产业等。以汽车电子产业为例，汽车电子装置在20世纪60年代出现，70年代中后期发展速度明显加快，80年代已经形成了统称汽车电子化的高技术产业。可以说，在网络信息技术的推动下，产业间的相互结合和发展新产业的速度大大提高。

3. 自我膨胀性

网络经济的自我膨胀性突出表现在四大定律上。

（1）摩尔定律（Moore's Law）。这一定律是以英特尔公司创始人之一的戈登·摩尔命名的。1965年，摩尔预测到单片硅芯片的运算处理能力，每18个月就会翻一番，而与此同时，价格则减半。实践证明,30 多年来,这一预测一直比较准确,预计在未来仍有较长时间的适用期。

（2）梅特卡夫法则（Metcalf's Law）。按照此法则,网络经济的价值等于网络节点数的平方,这说明网络产生和带来的效益将随着网络用户的增加而呈指数形式增长。从目前的趋势来看,互联网的用户大约每隔半年就会增加 1 倍,而互联网的通信每隔100 天就会翻一番。2018 年底,全世界的网络用户已达到 39 亿。这种大爆炸性的持续增长必然会带来网络价值的飞涨。这正是凯文·凯利所说的"传真效应",即"在网络经济中,东西越充足,价值就越大"。

（3）马太效应（Matthews Effect）。在网络经济中,由于人们的心理反应和行为惯性,在一定条件下,优势或劣势一旦出现并达到一定程度,就会导致不断加剧而自行强化,出现"强者更强,弱者更弱"的垄断局面。马太效应反映了网络经济时代企业竞争中一个重要因素——主流化。"非摩擦的基本规律其实很简单——你占领的市场份额越大,你获利就越多,也就是说,富者越富。"Compuserve 和 AOL 是美国的两家联机服务供应商,1995年之前,Compuserve 占有市场较大份额,在相互竞争中占有优势。而从 1995 年开始,AOL 采取主流化策略,向消费者赠送数百万份 PC 机桌面软件,"闪电般地占领了市场",迅速赶超了Compuserve 公司。

（4）吉尔德定律（Gilder's Law）。据美国激进的技术理论家乔治·吉尔德预测:在可预见的未来（未来 10 年）,通信系统的总带宽将以每年 3 倍的速度增长。随着通信能力的不断提高,吉尔德断言,每比特传输价格将朝着免费的方向下跌,费用的走势呈现出"渐进曲线"的规律,价格点无限接近于零。

4.边际效益递增性

边际效益随着生产规模的扩大会显现出不同的增减趋势。

在工业社会物质产品生产过程中,边际效益递减是普遍规律,因为传统的生产要素——土地、资本、劳动都具有边际成本递增和边际效益递减的特征。与此相反,网络经济却显现出明显的边际效益递增性。

(1)网络经济边际成本递减。信息网络成本主要由三部分构成:一是网络建设成本;二是信息传递成本;三是信息的收集、处理和制作成本。由于信息网络可以长期使用,并且其建设费用与信息传递成本及入网人数无关。所以前两部分的边际成本为零,平均成本都有明显递减趋势。只有第三种成本与入网人数相关,即入网人数越多,所需信息收集、处理、制作的信息也就越多,这部分成本就会随之增大,但其平均成本和边际成本都呈下降趋势。因此,信息网络的平均成本随着入网人数的增加而明显递减,其边际成本则随之缓慢递减,但网络的收益却随入网人数的增加而同比例增加。网络规模越大,总收益和边际收益就越大。

(2)网络经济具有累积增值性。在网络经济中,对信息的投资不仅可以获得一般的投资报酬,还可以获得信息累积的增值报酬。这是由于信息网络能够发挥特殊功能,把零散而无序的大量资料、数据、信息按照使用者的要求进行加工、处理、分析、综合,从而形成有序的高质量的信息资源,为经济决策提供科学依据。同时,信息使用具有传递效应。信息的使用会带来不断增加的报酬。举例来说,一条技术信息能以任意的规模在生产中加以运用。这就是说,在信息成本几乎没有增加的情况下,信息使用规模的不断扩大可以带来不断增加的收益。这种传递效应也使网络经济呈现边际收益递增的趋势。

5.外部经济性

网络经济外部性是指消费者选择商品时不仅要考虑商品自身性能、价格等因素,还要考虑更重要的因素——使用该商品的外部网络,即消费者规模。在双边市场中,任何一端市场中的价格、质量、规模等因素的变化，都会导致另一端市场的变化。这些要素在双边市场条件下通过平台交互影响。

此时产品的价值分为两个部分：一部分是自有价值，指的是在仅有一个消费者的情况下产品自身的价值；另一部分是协同价值，即消费者获得的价值会随着消费者数量的增加而增大。协同价值与用户规模相关，甚至协同价值的大小也由用户规模所决定。例如 Office 软件在市场中的需求和收益受到微软 Windows 操作系统的质量、价格、用户数量影响。与此同时，市场中存在的能够与 Windows 操作系统相匹配的软件数量又决定了消费者对 Windows 操作系统的需求。在传统行业中，产品的自有价值决定着产品对消费者的吸引程度。而在互联网行业中有很多产品的自有价值甚至为 0，其存在和运营的基础都是协同价值。而消费者选择互联网产品的依据是该产品的用户规模，而非依据其自有价值。换言之，网络经济中，消费者最重要的考虑因素是协同价值，而非传统行业中产品的自身价值。所以，在网络经济中，某些时候赢得市场的产品并非该行业的最优产品，而是用户规模最大的产品。以微软的 Windows 操作系统为例，其在与苹果公司 MacOS 操作系统的竞争中并不存在明显的质量优势，某些方面甚至落后于 MacOS 操作系统。在操作系统市场中 Windows 不属于最优产品，但是却在该市场中拥有更高的占有率。究其原因，是互联网产品有着专业性强的特点，消费者并不掌握相关专业知识，难以在相似产品中识别最优技术。而互联网产品的协同价值，即用户数量的规模会对消费者进行一种引导，指引消费者选择协同价值大的产品。消费者选择用户数量多的产品可以投入更少的时间和金钱，以更少的沉没成本获得已有的使用经验和成熟的人脉关系网络。在这种情况下，次优产品能够战胜最优产品的原因在于其先进入该市场并占据足够的市场份额，而并非是其具有较高的性价比。网络外部性是网络经济的特征之一，与传统行业相比,先进入相关市场的互联网企业具备天然优势,能够利用其既有用户数量的优势扩大市场份额,最终形成市场支配地位。

6. 可持续性

网络经济是一种特定的信息经济,它与信息经济学有着密切关系,这种关系是特殊与一般、局部与整体的关系。从这种意义上讲,网络经济是知识经济的一种具体形态,知识、信息同样是支撑网络经济的主要资源。美国未来学家托夫勒指出:"知识已成为所有创造财富所必需的资源中最为宝贵的要素……知识正在成为一切有形资源的最终替代。"正是知识与信息的特性使网络经济具有了可持续性。信息与知识具有可分享性,这一特点与实物显然不同。一般实物商品交易后,出售者就失去了实物,而信息、知识交易后,出售信息的人并没有失去信息,而是形成出售者和购买者共享信息与知识的局面。现在,特别是在录音、录像、复制、电子计算机、网络传播技术迅速发展的情况下,信息的再生能力很强,这就为信息资源的共享创造了更便利的条件。更为重要的是,在知识产品的生产过程中,作为主要资源的知识与信息具有零消耗的特点,正如托夫勒指出的:"土地、劳动、原材料,或许还有资本,可以看作是有限资源,而知识实际上是不可穷尽的……新信息技术把产品多样化的成本推向零,并且降低了曾经是至关重要的规模经济的重要性。"网络经济在很大程度上能有效杜绝传统工业生产对有形资源、能源的过度消耗,造成环境污染、生态恶化等危害,实现社会经济的可持续发展。

7. 直接性

由于网络的发展,经济组织结构趋向薄平化,处于网络端点的生产者与消费者可直接联系,而降低了传统的中间商存在的必要性,从而显著降低了交易成本,提高了经济效益。为解释网络经济带来的诸多传统经济理论不能解释的经济现象,姜奇平先生提出了"直接经济"理论。他认为,如果说物物交换是最原始的直接经济,那么,当今的新经济则是建立在网络上的更高层次的直接经济,从经济发展的历史来看,它是经济形态的一次回归,即农业经济(直接经济)—工业经济(迂回经济)—网络经济(直接经济)。直接经济理论主张网络经济应将工业经济中迂回曲折的各种路径重新拉直,减少中间环节。信息网络化在发展过程中会不断突破传统流程模式,逐步完成对经济存量的重新分割和增量分配原则的初步构建,并对信息流、物流、资本流之间的关系进行历史性重构,压缩甚至取消不必要的中间环节。

第二章
网络交易欺诈行为的法律规制

第一节　网络交易欺诈行为概述

在美国社会学家阿尔温·托夫勒的《第三次浪潮》一书中就提到,人类文明发展的第三个时期是以电子计算机的出现为标志,以互相影响的小型化传播工具作为媒介,反映社会的多样化发展潮流。[①] 网络技术的普及,促进了网络经济的飞速发展,越来越多的行业进入网络领域,带动了网络交易的繁荣。网络交易给人们的日常生活带来了极大的便利。随着互联网科学技术的飞速发展,网络交易也逐渐在人们日常生活中占据了不可或缺的地位。2014 年 1 月 16 日,中国互联网络信息中心(CNNIC)在京发布了第 33 次中国互联网络发展状况统计报告。报告表明,现今网民规模增长已进入平台期,但网购、团购规模增速明显,2013 年以网络购物、团购为主的商务类应用仍然保持较高的发展速度。2013 年,中国网络用户规模达 3.02 亿,使用率达到 48.9％,相比 2012 年增长 6 个百分点。在商务类应用中,团购市场的增长最为迅猛:2013 年团购用户规模达 1.41 亿,团购的使用率为22.8％,相比 2012 年增长了 8％,使用率年增幅达 54.3％,成为商务类应用的最大亮点。由此可见,在当下快节奏的生活中,网络交易节省了时间,提高了效率,给人们生活带来了传统交易所

---

① 阿尔温·托夫勒.朱志焱译.第三次浪潮[M].北京:新华出版社,1996,391—392.

不能比拟的便利。

但是，与此同时，随着网络交易越来越普遍，不少经营者在逐利心理的驱动下采取不正当手段来欺骗消费者，使得网络交易欺诈行为频频出现、日益猖獗，并且有逐步蔓延的趋势。网络交易欺诈行为的存在，严重侵害了消费者的合法权益，损害了其他经营者的正当经营权，严重破坏了市场交易的正常秩序，影响了网络经济的健康发展。对网络交易欺诈行为进行法律规制，是促进互联网经济健康有序发展的必然要求。因此，对网络交易欺诈问题进行深入探究，对于分析和应对该类行为的肆意发展都具有切实的重要意义。那么，要对这一问题进行研究，首先就需要对网络交易欺诈行为的基础性理论问题有明确和清晰的认识。

网络交易欺诈行为，是在网络交易基础上发生的欺诈行为。因此，认识网络交易欺诈行为，首先要明确什么是网络交易，什么是欺诈行为。

网络交易，是电子商务（Electronic Commerce），是一种采用最先进信息技术的买卖方式，是"现代信息技术"和"商务"二者结合形成的一个虚拟的市场交换场所。它利用计算机技术、网络技术和远程通信技术，实现整个商务（买卖）过程中的电子化、数字化和网络化。人们不再是面对面地看着实实在在的货物，靠纸介质单据（包括现金）进行买卖交易。而是通过网络，通过网上琳琅满目的商品信息、完善的物流配送系统和方便安全的资金结算系统进行交易。简单来说，网络交易就是通过互联网进行电子商务活动。具体来讲，有广义和狭义两个角度。从广义上讲，网络交易是指直接或间接利用互联网进行商品或服务的交易行为，包括网络购物以及网络教育、网络游戏、网络影视平台在内的各种消费形式的总称。① 而从狭义上看,网络交易是指通过互联网,在网络平台上购买商品的方式。本书认为,随着互联网经济的发展,越来越多的传统行业纷纷加入网络来进行产品的销售、服务的推广等商业活动,其定义早已突破传统意义上的商品销售及购买的界线,涵盖了网络购物、提供服务等诸多消费形式,故而应当从广义上去理解这一概念。从现有的网络交易类型来看,根据主体性质的不同,可以分为企业对消费者(B2C 模式)、企业对企业(B2B 模式)、消费者对消费者(C2C 模式)这三种主要模式。需要指出的是,无论是哪一种交易模式,都是网络经营者与网络消费者之间的商务活动,因此本书仅从经营者和消费者角度出发,而不对其是否为企业或个体展开讨论。

欺诈行为,在法律上的解释是:民事欺诈行为是指在设立、变更、终止民事权利和民事义务的过程中,故意告知对方虚假情况,或者故意隐瞒真实情况,诱使对方做出错误的表示的行为。主要违反的是诚实信用原则。而从经济法层面去考虑的欺诈行为,主要是指经营者在提供商品或者服务中,采取虚假或者其他不正当手段欺骗、误导消费者,使消费者的合法权益受到损害的行为。需要注意的是,应当将此处的欺诈行为与刑法上的诈骗行为的概念进行区分,两者虽然看似比较接近,但是有本质上的区别。一是欺诈与诈骗行为人在主观方面不同。二者的行为人在主观方面是有区别的。欺诈行为人主观目的是通过瞒、哄、诱导的方法,使受害人产生错误认识,做出对其不利而对欺诈行为人有利的行为。通过"履行义务"的合法形式,谋取非法利益,其实质是"不法获利"。所以说,欺诈行为人是通过合法形式而获取不法利益的,主观故意是间接的。而诈骗行为则不同。行为人主观上根本未

---

① 王晓婷.论网络交易中消费者权益的法律保护[D].大连:东北财经大学,2011.

有担负义务的动机,只企图虚构事实迷惑受害人上当受骗。其主观故意是直接的,社会危害是严重的。二是欺诈行为人与诈骗行为人在客观方面的不同。在客观方面,诈骗行为人为逃避法律的制裁,在虚构事实的同时,常常使用虚假的身份、虚假的证件,甚至编造假姓名、假地址等,使其能在其目的得逞后不受法律的追究。而欺诈行为人则无须假冒身份、虚构地址、造假证件等,一般具有合法的民事主体资格。

在分析了网络交易与欺诈行为的具体概念的基础上,再来理解网络交易欺诈行为就很容易了。但是,首先需要进一步说明的是,对于网络交易欺诈行为的行为主体是否仅指经营者,不同的学者有不同的观点。有学者认为网络交易欺诈行为的行为主体仅仅是指经营者在网络商务活动中的不正当经营行为,针对的是经营者。[①] 也有学者认为,网络交易欺诈行为,由于网络交易的相对性,其当然地也包括了以消费者为主体的欺诈行为。[②] 由于本书研究针对的主要是在网络交易中经营者的欺诈行为,故而,本书中所指的网络交易欺诈行为,主要是指在网络经济活动中,经营者采取故意捏造虚假情况或者隐瞒真实情况等不正当手段来欺骗、误导消费者,诱使消费者做出错误的消费判断而进行交易,从而导致消费者的合法权益受到损害的行为。对于消费者欺诈经营者的行为不展开具体的讨论。

一、网络交易欺诈行为的特点

网上交易作为交易的新形式,为客户提供了许多社会和经济活动的便利条件,我们的日常生活交往活动也越来越离不开互联

---

①　钱玉文,刘永宝.网络消费欺诈行为的法律规制[J].法学杂志,2014(8),63—69.

②　杨立新.消费欺诈行为及侵权责任承担[J].清华法学,2016,10(4),67—84.

网。但是,在感受到网上交易给我们的生活带来便利的同时,也需要注意到不少网络经营者为了谋取自身更大的经济利益而进行欺诈的行为不断呈现增长态势,这不仅损害了消费者的合法权益、其他经营者的合法利益,也破坏了整个网络经济的健康有序发展。交易过程中的欺诈行为是经营者为追逐利益而进行的非正当手段经营活动,而网络交易欺诈行为,与传统的交易欺诈行为相比,有其自身的特点,主要表现在以下几个方面。

1. 网络交易欺诈行为的隐蔽性高

从事欺诈性交易的经营者在提供商品或服务的过程中使用互联网作为媒介。网络欺诈的隐蔽性是与计算机网络信息处理的特殊属性相联系的,突出表现在欺诈行为、行为对象和行为后果与传统欺诈行为相比的非直观性。同时,网络欺诈行为突破了传统欺诈行为在时间和空间上的限制,再加上网络的匿名性,使得欺诈行为不易被发现、识别和侦破,因此网络欺诈较之传统欺诈行为相比成功率极高,风险性很低。首先,由于网络的虚拟性,经营者通过网络所呈现的商品或服务的信息资料,都是看得见而摸不着的,消费者无法体验或实际感受到自己交易的商品或服务的真实情况,只能凭借自身的经验来进行判断,从而做出是否进行交易的决定,这很容易为一些不法经营者所利用,从而达到欺诈消费者的目的。其次,网络没有空间和时间的限制,只要借助互联网,在线交易几乎可以在任何时间、任何地方完成。因此,在遭遇网络交易欺诈的情况下,消费者要保护自己的合法权益,其手中往往仅有消费凭证,而对经营者除所售商品、价格、联系方式以外的其他真实有效信息往往全然不知,这就使得许多消费者会因为证据取得、纠纷解决的程序烦琐或所受损失的不大而选择不了了之。在某种程度上,这也增加了网络交易行为的隐蔽性。最后,网络交易欺诈行为并非仅仅限于提供商品虚假信息这样一种表现形式,也包括了网店经营者利用网络技术建立虚假网站、仿冒真实网站的网页或网址，以此来欺诈消费者，这也是一种极为隐蔽的欺诈方式。①

2. 网络交易欺诈行为方式的专业性强

网络交易欺诈行为方式的专业性强，主要表现在两个方面：一方面，网络交易欺诈行为所采取的虚构事实或隐瞒真实信息的内容具有专业性。不法分子知道如何来欺瞒消费者，逃避自身责任。另一方面，网络交易诈骗离不开网络，它与网络的关系紧密，随着计算机网络的逐步普及和电子商务的发展，越来越多的人具备一定的计算机技术，人们对网络交易欺诈行为的防范意识逐渐增强。在很多情况下，欺诈行为人甚至必须具有一定程度的技术，才可以使得网络欺诈完成。在实际案例中，许多欺诈行为人都具有一定的计算机网络专业知识。这也使得网络交易欺诈行为人呈现专业化的趋势，即其具备专业的计算机网络知识并且能够熟练操作。目前存在的一种现象是一些经营者以"减少手续费""交易快捷"为由劝服消费者避开传统的支付方式，采用语音、监控消费者操作等技术手段获取其账号密码或直接要求其存入指定账户，以此来使消费者的财产受损。② 这其中的技术手段就要求网络交易欺诈行为的实施主体必须具备专业的计算机技术才能够完成相应的操作，而事实上，他们也正越来越专业化，使其欺诈行为达到难以察觉的程度。

3. 网络交易欺诈行为操作的成本低

网络带来了便捷，越来越多的消费者选择网上购物和网上消费，由此，越来越多的行业也跻身于网络。的确，网络给我们的日常生活带来了巨大的便利，节省了大量的时间和精力。然而，网络的这些优势虽然方便了网络交易的双方，但也为一些不法经营

① 刘卓燃.网络消费欺诈行为的法律认定[D].长春:吉林大学,2015.
② 钱玉文,刘永宝.网络消费欺诈行为的法律规制[J].法学杂志,2014,35(8),63—69.

者进行网络交易欺诈提供了便利。实施网络交易欺诈行为可以通过网上拍卖、身份盗用、投资欺诈、商业欺诈、信用卡欺诈、欺骗性提供网络服务、大规模发送欺诈性电子邮件、网页仿冒等多种手段实现。与传统交易欺诈相比,网络欺诈的手段更丰富、欺骗性更强、成本更低、影响范围更广泛。加上金融和商业领域信息技术的大规模应用,使得资金的转移更加迅速,资金转移成本几乎降为零,客观上为网络交易欺诈行为人提供了更便捷、更隐蔽的手段,使得网络欺诈较之传统欺诈行为更容易得逞。同时,在线交易欺诈面向的消费群体比传统市场的更广泛,可以遍布各个层次,而在实施网上欺诈交易时,只需设置一次,就可以重复使用,从而获取利益。无须其他费用,而且操作也很简单。

4. 网络交易欺诈行为涉及的范围广

由于网络的开放性,它突破了时间和空间的限制。无论相隔多远的两个人都可以通过网络随时随地进行交流,在网络上发布的信息,也可能在世界任何一个角落被浏览到。这就使得一旦出现网络交易欺诈行为,其发生的范围将不仅仅局限于某一特定地区,很可能是全国乃至世界范围内,所受侵害的消费者也将是面向整个世界的,具有明显的跨区域性,其影响范围之广可能超过我们的想象。网络欺诈行为人一般采取广泛撒网、重点培养的方式,只要少数人上钩就达目的。受害人上钩后,行骗人便设连环套,层层欺诈。相比于传统的交易欺诈行为,网络交易的欺诈行为中,交易双方并不是一对一地通信。网络空间是看不见的,所有的交往和行为是通过一种数字化的形式来完成的。其所面向的交易对象是所有进行网络经济活动的网民,所有浏览到其商品或服务信息的消费者都可能成为被侵害的对象。这种欺诈方式,即使对于每一个受害者所造成的损失非常小,但是也大大地降低了人们对于网络交易的信任感,这不利于市场竞争的有序开展,也不利于网络经济环境的健康发展。这种空间的虚拟性,也给包括网络交易欺诈行为在内的各种网络欺诈的取证、侦破带来了很大的难度,所造成的社会影响也是十分巨大的。

二、网络交易欺诈行为的类型

互联网的进步,促进了网络经济的迅猛发展,也推动了电子商务业的欣欣向荣,网络被越来越多地应用到人们的日常交易中,越来越多的人选择通过网络进行商务活动。而随着网络技术的普及和飞速发展,网络经济发展迅速,在网络交易日益成为人们日常生活中不可或缺的一部分的同时,随之而来的网络交易欺诈行为的方式和手段也越来越多样化,表现形式也层出不穷,所涉领域也在不断地扩大,网络交易的安全性、可靠性问题日益突出。本书针对网络交易中存在的几种常见的欺诈行为,将其分为以下几种主要类型。

1. 利用虚假信息进行欺诈

网络交易的优点不言而喻,既方便又快捷,然而,这种通过网络系统,买卖双方并不谋面的商业贸易活动在为人们生活提供巨大便利的同时,也隐藏了潜在的交易风险。虚假信息欺诈行为,是网络欺诈行为人利用手机短信、电话、电子邮件等通信手段实施的新型网络欺诈活动。这类网络消费欺诈是经营者通过网络发布虚假的商品、服务信息,以捏造自身的良好信誉、夸大商品或服务质量并对售后服务做出保证等诱惑消费者,消费者看到信息后信以为真,从网上支付一定钱财给欺诈方,欺诈方收到货款后却杳无音信或者提供的商品、服务与其描述的根本不符,以假乱真、以次充好。当消费者完成交易后才发现被欺诈时,往往钱款已经到了经营者的口袋。根据交易对象的不同,可以将利用虚假信息进行欺诈的行为具体分为网络商品购物欺诈和网络服务欺诈两种。

(1)网络商品购物欺诈。网络商品购物欺诈,其实已经是我们生活中比较常见的一类欺诈行为了,它包括:利用"制作精美"的图片来掩人耳目;利用低廉价格诱惑买家;不合理的买卖条款,让消费者买货容易退货难;等等。实践中,这样的案例有很多,例如,上海某网民以116元低价竞拍一辆现值约10万元的二手帕萨特轿车,收到了从易趣拍卖网站发出的确认函,而拍卖标的的委托人永达汽车公司却以"交易过程中出现技术性错误导致误会"为由,拒绝交车。在购买分期发货的商品时,也常常会出现卖方拒绝发货的情形。例如一些商品由于是以一个整体进行出售的,而其中的部分商品因为各种原因必须分批次进行发货,这就使得买家在进行购买时必须一次性支付全部款项,一些卖家可能在一开始还会如约发货,但是到后来出于钱款已到手或是订单已显示确认收货等贪婪心理,以要求买家额外支付费用或是直接关闭店铺等方式,来损害消费者的利益。

(2)网络服务欺诈。目前,越来越多的传统行业已经进入网络中,这样既降低了它们的服务成本,也扩大了它们的服务群体以及社会影响力。但是信息不对称是网络消费欺诈产生的基础。网络消费因交易环境、主体、对象、方式的变化,消费者获取真实信息的难度和成本加大,由于信息不对称导致的网络消费欺诈现象比传统的交易欺诈更复杂多变。这其中也不乏一些想要乘机浑水摸鱼的经营者,以提供优质的服务为宣传口号,而实际上,在消费者享受真实服务的过程中往往会采用各种理由或借口将免费服务变为收费服务,或是直接提供劣质服务。例如,在网上旅游服务中,我们经常能够看到一些提供低价甚至免费的豪华游服务的宣传广告,而且会赠送一些非常具有吸引力的附加服务来打动消费者。但是,一旦消费者信以为真了,在真正体验旅游服务的过程中,商家要么以各种名义要求其另行支付其他收费项目,要么所提供的服务与宣传大相径庭,根本不尽如人意。

2.利用虚假身份进行欺诈

由于网络环境的虚拟性,消费者只需要在网络交易平台上注册账号就可以进行相关的交易活动,但网络交易中的经营者有一部分并没有固定的经营场所,也没有办理相关的工商登记手续,这就可能会导致网络交易中出现经营者身份信息存在欺诈的现象。网络的虚拟性使经营者通过网络发布的身份往往无从考证,这给经营者随意提供与其真实身份不符的信息提供了便利。经营者可以通过一定手段伪造其身份,使消费者对其身份产生错误理解从而与其进行交易,在交易完成后,在发生纠纷时则往往通过关停店铺、注销身份或转移站点来逃避责任,而后又注册新的账号继续进行欺诈。

3.利用格式合同进行欺诈

在网络交易中,网络交易格式合同①是最为常见的缔约方式。而一些网络经营者所提供的格式合同条款冗长难懂,有时会将格式条款隐藏在需要多次打开的链接当中,通过网络"塞车",使其无法真正送达消费者。而有的合同条款中虽然存在其商品或服务的展示信息,但是也会通过不容易引起消费者注意的方式进行隐藏,而事实上这些信息条款中可能包含了经营者对自身责任的减轻或免除以及对消费者责任的加重。

4.其他类型的欺诈

除了以上几种常见的网络交易欺诈类型之外,钓鱼网站是近年来一种新型的网络欺诈行为。钓鱼网站是指不法分子利用各种手段,仿冒真实网站的地址以及页面内容发布虚假消息、搜集客户资料,以此来骗取用户银行账号、密码等私人资料的行为。这是一种更为隐蔽的欺诈方式,在当前网上购物、在线支付、网络团购中出现较多。行为人通过假冒知名网站来进行欺诈,这些网站看似正规,不仅名称、地址、联系方式、电子邮箱等应有尽有,甚

_____

① 钱玉文,刘永宝.网络消费欺诈行为的法律规制[J].法学杂志,2014(8),64.

至还有虚假的互联网信息服务备案编号和信用资质证明,交易量大、好评率高、提供小票,营造供不应求的假象。① 同时,还存在着以此为途径获取用户的银行账号、密码等个人重要信息,从而侵害用户的个人财产的现象。此外,还有通过网络交易中的支付环节进行欺诈的情形,包括谎称未收到款项或收款后返现来诱使消费者进行多次付款,以平台收取手续费或承诺给予优惠价格等为借口拒绝通过原先约定的支付方式进行支付,以各种借口要求收取订金等常见手段。

三、网络交易欺诈行为的成因

1. 互联网络的发展

随着经济全球化的发展以及网络技术的进步,我们的日常生活越来越离不开网络,网络的本质在于互联,信息的价值在于互通。随着信息化加速推进,互联网已成为全球经济社会发展的大动脉,与此同时,网络交易也日益繁荣,越来越多的人选择高效快捷的网上交易来满足自身的日常需求。网络购物就是其中一种,网络购物已经成为人们生活中不可或缺的一种重要的购物方式,让人们足不出户就可以享受世界范围内各种美好的事物。网络交易的蓬勃发展,也让众多的经营者看到了巨大的利润空间,在逐利心理的驱动下不乏经营者会为了追求更高的利润而利用不正当的手段进行交易,随之而来的是各种各样的网络交易欺诈行为。可以说,网络交易欺诈行为是在网络经济迅猛发展下产生并盛行的,这也是由网络经济的特性决定的。互联网媒介的丰富度和社会呈现度都偏低,呈现非人性化、非社交性、不敏感性的

---

① 钱玉文,刘永宝.网络消费欺诈行为的法律规制[J].法学杂志,2014,35(8),63—69.

特征。①

当前,互联网技术的高速发展为数字技术普及营造了良好的基础环境。因此,现代社会逐步应用数字网络技术,积极打造数字网络环境下的现代化发展社会。据中国互联网络信息中心(以下简称 CNNIC)发布的最新数据显示,截至 2015 年 6 月,我国网络购物者突破了 3.74 亿人,占据网民总数的半壁江山。对此,进一步了解网络购物者的支付习惯后发现,有 3.59 亿的网络用户选择在线支付进行交易,其比率占网购人数的95.99%。由此可见,现代社会居民于网络上进行消费已然成为新常态,网络在线支付也是购物交易的核心手段。但是不得不说由于现阶段技术水平的有限性,其系统本身不可避免地存在漏洞,这让不良商家有了可乘之机。网络的虚拟性,使得人与人之间的交流只需要通过鼠标、键盘或网络终端就可以完成,无须面对面接触就可以传送资料、传播信息、进行交易等等,不受时间和空间条件的限制。这些都为网络经济提供了极大的便利,同时也为网络交易欺诈提供了便利条件。

2. 交易双方信息的不对称性

信息不对称指交易中的各方拥有的信息不同。在社会政治、经济等活动中,一些成员拥有其他成员无法拥有的信息,由此造成信息的不对称。在市场经济活动中,各类人员对有关信息的了解是有差异的。掌握信息比较充分的人员,往往处于比较有利的地位,而信息贫乏的人员,则处于比较不利的地位。一般情况下,在传统模式下的交易行为,尽管交易双方会存在信息上的不对称,但不会影响交易的正常进行。但是,由于网络交易无须当面进行,不免会出现一些经营者利用这种信息上的不对等,隐藏对

---

① 张仙峰.网络欺诈与信任机制——基于交易链面向网上消费者的信任机制研究[M].北京:经济管理出版社,2007,77.

自己不利的信息,发布虚假的信息,弄虚作假来欺骗消费者。而这些是消费者了解相应商品或服务、做出消费决策最重要的信息来源。网络消费因交易环境、主体、对象、方式的变化,消费者获取真实信息的难度和成本加大,由于信息不对称导致的网络消费欺诈现象比传统的交易欺诈更为复杂多变。[①] 这种信息上的不对称性,使得原本就处于弱势地位的消费者的劣势更加明显,这也是网络交易欺诈行为频繁发生的一个非常重要的原因。

3. 法律法规的不健全以及网络交易监管的不到位

网络技术的发展时间并不算很长,而网络交易在我国的兴起和繁荣发展也不过是近十几年的时间,根据《2017 年(上)中国网络零售市场数据检测报告》的数据显示,仅 2017 年上半年我国网络零售交易额就达到了 3.1 万亿元人民币。相对而言规范网络交易行为的法律法规体系本身还并不成熟。当然,近年来我国已经对网络环境下相关立法规范工作重视起来并且也取得了很大的进展,但就现有的法律条文来看,仍然存在滞后性。

(1)经营主体难以确认。首先,《网络交易管理办法》规定,网店主要向网络交易平台提供其实名信息,但未要求店主必须取得《营业执照》,这易导致市场主体身份复杂,经济户口难以建立。其次,网店经营者有其一定的隐蔽性,大多在住宅内经营,一般的巡查监管很难发现其真实情况,给监管人员实地采集经济信息带来一定的难度。最后,由于互联网的便捷性,网店经营随意性也很强,朝开夕关的网店也不在少数,这给保证经济户口数据的准确性、及时性和时效性带来困难。

(2)违法行为难以取证。很多网络卖家并没有实体店铺,经营地址不确定,网络交易双方身份不明确,外地消费者举证相对

---

① 苏号朋,鞠晔.论网络消费欺诈的法律规制[J].法律适用,2012(1),31—36.

困难,这都给监管人员调查取证带来一定的难度。与普通的物证、书证的单一性相比,电子证据具有无形性、多样性等特征,并且容易被篡改、破坏或毁灭,收集和固定的难度较高。能否破解电子证据提取和应用难题,不仅决定着能否对网络市场实现有效监管,也直接影响着网络市场能否健康有序发展。

(3)监管执法力量薄弱。当前基层公安机关精通计算机、网络技术的人才不多,不少科室和分局几乎没有这方面的人才。特别是市场合同监管人员,一般都由临退休的老同志担任。老同志实践经验强,但电脑操作技能差,且接受新知识、新方式的能力弱,大部分只能做简单的录入工作,有些甚至对互联网、电子商务一窍不通,这对于新型、高度市场化的网络监管来说,则显得有些力不从心。而需要他们去监管和查处的对象,在网络专业水平和技术水平上都远远高于他们。

(4)法律法规的滞后,也直接导致了对于网络交易监管的不到位。网络交易的管理很大程度上依赖于网络服务商(包括 ISP 和 ICP)[①],这就使公权力在网络交易的监管上存在一定的难度。缺乏有效的政府管理,使得网络交易在很大程度上呈现出一种"无政府状态",同时,网络交易本身的实时交互性特征也使得对网络交易的监管难以得到落实。[②] 以网络购物为例,一般网络购物平台的市场准入门槛并不高,经营者只要进行简单的注册就可以免费开店,对于工商登记也没有强制性要求,这使得更多的人能够自由进入网络交易市场,但也使得经营者鱼龙混杂,消费者很难辨别真假,这给网络交易欺诈提供了便利之门。同时,由于缺乏专门的法律法规来规范网络交易,也造成了监管部门在执法

---

① 阿拉木斯.网络交易法律实务[M].北京:法律出版社,2006,40—61.

② 任国平.网络交易欺诈行为法律规制研究[D].重庆:西南政法大学,2014.

过程中往往会遇到无法可依的尴尬境地。此外，传统的市场监管模式也不能很好地对网络交易进行有效监管，也很难有效遏制网络交易欺诈行为。越来越多的行业进入网络中，使得网络交易日益多样化、复杂化。这就给网络交易的监管提出了更高的要求，要求多个部门共同协作才能对网络交易的管理形成一个完整的监管体系。而目前，由于相关法律法规的不健全，对网络交易的监管体系仍然有待完善。

4. 消费者网络交易安全意识的薄弱

中国互联网络信息中心（CNNIC）统计显示：截至 2010 年 12 月，中国网络购物用户规模达到 1.61 亿，使用率提升至35.1％。2010 年用户年增长 48.6％，增幅在各类应用中居于首位。但是由于网络欺骗等问题开始日益增多，很多公司、企业都不敢涉足电子商务行列，原因就在于其对网络充满了不信任感，害怕上当受骗。据 CNNIC 前不久发布的《中小企业网络营销使用状况调查》，在电子商务交易平台上，只有 2.9％的交易实现了完全在线，最主要的影响因素是对网络交易安全的认知。

所谓安全意识，就是人们在活动中针对各种各样有可能对自己或他人造成伤害的外在环境条件的一种戒备和警觉的心理状态。当有利诱因素存在的时候，人们的安全意识往往要薄弱得多，加上骗子的骗术、手段层出不穷，使人们难辨真假，一不小心就会上当受骗。人们亦不应因噎废食，因为惧怕网络欺诈而不敢进行网络交易的，又会在时代中落伍。因此，不断增强基本的安全意识，丰富自己的安全知识与经验，实施有效的风险防范是网络交易中消费者所必备的素质。

虽然，不可否认的是经营者自身的主观原因对网络交易欺诈行为的盛行起到了决定性作用，但是环境因素的影响也对这一行为的盛行起到了很大的"促进"作用。在网络交易盛行的经济大环境之下，人们越来越依赖于网络，网上消费、网上购物、网上投资、网上理财、网上娱乐……几乎所有的交易活动都可以通过网络来实现,网络的高效快捷也让人们越来越相信网络,但与此相对应的对于网络的安全意识并没有得到相应的提高。这主要有两方面的表现:一方面,对于安全防范的意识不强。网络用户缺乏对网络交易欺诈行为的防范意识,轻易相信行为人,有时候网络交易欺诈行为的手段并不高明,但由于网络用户缺少必要的警惕性以及对其真实性的基本判断,从而使得自身财产及合法权益被损害。另一方面,对于维护自身权益的意识不强。一些遭到网络交易欺诈的消费者,由于网上证据收集困难等原因,其维权之路通常都没有那么顺利,到最后很多人往往会选择不了了之。更有甚者,由于所受损失不大或是觉得处理麻烦而直接放弃追究、自认倒霉,这也助长了不良商家继续进行网络交易欺诈行为的风气。

四、网络交易欺诈行为的危害性

随着计算机技术的飞速发展,网络交易逐渐渗透到人们生活的方方面面。它改变着社会的生产、生活方式,打破了信息资源共享的时空局限,极大地促进了社会经济的繁荣与进步。然而,与此同时,来自于网络交易中的风险也日益增加,网络交易欺诈行为就是一大重要影响因素,其对于整个社会的危害性不可低估。

1. 破坏了正常的网络交易秩序

网络将整个社会连接在了一起,所有的信息都可以通过网络传播到世界的每个角落。网络交易活动的发展,最需要的是安全的网络交易环境,这就需要网络交易有正常的、符合法律规范的交易秩序。恶意炒信活动破坏的恰恰是正常的网络交易秩序,损害了网络交易的安全环境,阻碍了网络交易活动的正常开展,给网络交易安全管理工作带来了极大的挑战。根据统计显示,自

2001年1月至2017年6月,因"售假"被关闭的淘宝店铺高达18万家,疑似制假贩假团伙数量达61330个。互联网是一个巨大的自由市场,任何人都可以自由加入这个市场,如果不对此类行为加以管制,长此以往,不仅仅会使得人们对于网络的安全感、信任度降低,严重的还会引起刑事犯罪等社会性问题。

2.损害了其他经营者的正当经营行为

经营活动的要点,就是要把更多的商品和服务推销给消费者,在消费者需求量确定的前提下,同业竞争是决定的因素。网络欺诈行为对其他经营者的危害是通过恶意炒作使自己的信用超过同业经营者,从而来推销自己的商品或者服务,并使同业经营者的商品或者服务推销不出去,这必然损害同业经营者的经营活动。从本质上讲,它应该属于不正当竞争。其为了吸引消费者所采取的捏造虚假情况或者隐瞒真实情况等不正当手段所获得的销售收益,势必会影响到诚信经营者的网络经营业务,也势必会影响到诚信经营者的正当竞争行为,那么也就自然地损害了同业经营者的网络经营活动。

3.侵害了消费者的合法权益

根据《消费者权益保护法》的规定,消费者享有安全保障权、知情权、自主选择权、公平交易权、依法求偿权、求教获知权、依法结社权、维护尊严权、批评监督权等九项权利。[①] 而网络交易欺诈行为侵害了消费者的合法权益,使得消费者遭受严重的经济损失。消费者进行网络交易,由于无法面对面进行交易,不能接触到真实的商品和服务,只能凭借图像和经营者的信誉来决定是否交易。网络欺诈行为使消费者无法获得真实的信用信息,被虚假的炒信信息蒙蔽,做出错误的交易决定,因而造成其知情权的损害,以及经济上的损失,进而侵害消费者的合法权益。首先,网络

---

① 《消费者权益保护法》第七条至第十五条。

交易欺诈行为是对消费者安全权利的侵犯。消费者在网上购买商品或者服务的过程中，享有人身、财产安全不受侵犯的权利，然而，在网络交易欺诈行为中由于存在欺诈性因素，其安全性往往不能得到保障。近年来在网络交易中假货横行的现象尤为突出，特别是食品、药品安全问题频发，这给广大网络消费者的健康以及生命安全带来了重大隐患，严重侵害了消费者的安全保障权。其次，网络交易欺诈行为是对消费者知情权的侵害。在网络交易中，"消费者享有知悉相应商品或服务真实情况的权利"①。因网络空间的虚拟性，使得消费者只能凭借直观感受做出交易判断，这就要求经营者对其商品或服务的信息要尽到告知义务，其信息的真实性应当得到保证。然而，网络交易欺诈行为中信息本身的虚假性，使消费者知情权受到严重侵犯。最后，网络交易欺诈侵犯了消费者公平交易权。在网络交易中，消费者支付价款，经营者应给付相应等价的商品或提供相应等价的服务。但是因交易欺诈行为的存在，使经营者提供的货物或服务等的价值明显低于正常交易下的商品或服务的价格，这是尤为不公平的，也严重侵犯了消费者的公平交易权。

第二节　网络交易欺诈行为法律规制的现状及其存在的问题

一、我国网络交易行为的现状

1. 网络交易欺诈行为的现状

根据《第 44 次中国互联网发展状况统计报告》的数据显示，截至 2019 年 6 月，中国网民规模已达 8.54 亿人，较 2018 年底增

---

① 《消费者权益保护法》第八条。

长 2598 万人,互联网普及率超过六成;我国手机网民规模达 8.47 亿人,较 2018 年底增长 2984 万人,网民使用手机上网的比例达 99.1%,较 2018 年底提升 0.5 个百分点,移动互联网使用持续深化;我国网络购物用户规模达 6.39 亿户,较 2018 年底增长 2871 万户,占网民整体的 74.8%。然而,在网络交易市场快速形成的形势下,网络欺诈行为愈演愈烈,也正侵害着网络交易平台的环境以及交易秩序。由于竞争激烈,部分商家为了提升自己的销量会采取多种不当手段,破坏网络交易的安全。为了维护人们的合法权益,保护同行业的发展,有必要加强对网络交易秩序的管控力度,采取有效的法律规制对其规范开展进行保障。

2. 我国现有法律对网络交易欺诈行为的规制

2004 年通过并于 2015 年修改的《电子签名法》合理地解决了网络交易中合同处理的相关难题,确立了电子签名的法律效力,规范了电子签名行为,规定了电子签名的安全保障措施,明确了认证机构的法律地位以及认证程序,并给认证机构设置了市场准入条件和行政许可程序,明确了认证机构行政许可的实施主体是国务院信息产业主管部门。可以说,这部法律很好地维护了网络交易中双方的合法权益,也有利于增加网络交易的安全性,防止因证据不足而给不法经营者进行欺诈行为以可乘之机。然而,在实践中,由于在网络交易中电子签名的推广和使用率普遍偏低,因此该法并没有得到很好的应用,也没有对规范网络交易行为起到很好的作用。

网络交易欺诈行为既是一种对消费者的侵权行为,同时也是典型的不正当竞争行为。在我国《反不正当竞争法》中对网络消费欺诈行为的规制表现在:消费者与经营者比较,具有信息不对称的天然劣势,市场经济的竞争机制,促使某些网络经营者采取不正当手段进行不正当竞争以获得竞争优势,诸如利用广告或其他方法,对商品质量、制作成分、性能、用途、生产者、有效期、产地

进行引人误解的虚假宣传,捏造散布虚伪事实,损害竞争对手的
商业信誉等。上述行为严重侵犯了消费者的知情权和公平交易
权,使消费者获得真实信息的成本和遭受欺诈的概率大大提高,
同时又破坏了公平交易的市场交易环境,加剧了市场经济秩序的
混乱局面。出于维护良性竞争机制的目的,应按《反不正当竞争
法》除追究有关经营者的法律责任外,还可考虑扩大责任主体范
围,如非经营性主体的行业协会、消费者组织利用自身影响举办
的不实评优、推荐、评比等行为中构成欺诈的必须成为责任主体,
与网络经营者共同承担损害赔偿责任。网络交易欺诈行为责任
主体的扩大突破了传统的合同相对性原理,但对于整顿规范竞争
秩序具有重要作用。

依据《消费者权益保护法》第二十条,经营者有真实标识义
务,具体披露内容至少包含以下信息:经营者身份,包括法定名称
和交易名称;经营场所;经营者的有效注册地和许可证号;网络交
易中的有效证件号;经营者的法定代表人姓名及经营者个人姓
名;有效的联系方式;网络交易平台提供商的审查义务。为保障
消费者知情权和公平交易权,法律应当明确规定经营者有义务披
露真实的、完全的交易信息,向消费者提供清晰的、全面的交易条
件。如向消费者收取的或由消费者承担的成本项目,服务条款,
交付和支付条款,购买的限制或限度条件(监护人许可、地域和时
间限制、购买额的限度等),有效的售后服务信息,保证和担保条
款等。网络经营者搞欺诈经营应依《消费者权益保护法》第五十
五条的规定处理:"经营者提供商品或服务有欺诈行为的,应当按
照消费者的要求增加赔偿其受到的损失,增加赔偿的金额为消费
者购买商品的价款或者接受服务的费用的三倍。"以保护消费者
的赔偿请求权。

2014年国家工商行政管理总局发布了《网络交易管理办
法》,具体从网络商品、第三方交易平台、其他有关服务等经营者

的义务，监督管理以及法律责任承担等多个方面对网络交易行为相关管理工作进行了细化规范，可以说，《网络交易管理办法》从整个互联网中网络交易的整体出发去规范网络交易行为，对于网络交易中经营者行为的规范、网络交易问题的解决、网络交易纠纷的解决起到了很好的指导和规范作用。2015 年国家工商总局公布的《侵害消费者权益行为处罚办法》中第五条、第六条和第十三条具体规定了经营者对消费者的十九种欺诈行为，这对于传统领域中在买卖双方的交易活动中出现的欺诈行为的处理起到了很好的规范作用。

从当前我国网络交易欺诈行为的立法现状来看，针对网络交易的法律规制，主要包括《反不正当竞争法》《消费者权益保护法》《刑法》《合同法》《电子签名法》等基础的法律规范以及相关条款。此外，2018 年 8 月 31 日十三届全国人大常委会第五次会议表决通过并于 2019 年 1 月 1 日起施行的《电子商务法》，是我国电子商务领域的第一部综合性法律，为我国的电子商务发展奠定了一个基本的法律框架。

二、我国网络交易欺诈行为法律规制中存在的问题

1. 网络交易欺诈行为规制的立法缺陷

在规范性立法方面，虽然 2014 年我国已经出台的《网络交易管理办法》对网络交易的整体性框架进行了总体的规范，并在其实施中对网络交易的整体把握以及网络交易中经营者的行为规范提供了有力的指引，但是由于其是由国家工商行政总局颁布的，在性质上属于部门规章，较之于《合同法》《消费者权益保护法》《反不正当竞争法》等基础性法律法规，其法律位阶过低，那么能够发挥的作用也就可见一斑了。而更高位阶的电子商务领域的综合性法律《电子商务法》已经公布实施，涉及电子商务经营主体、经营行为、合同、快递物流、电子支付等多方面，为我国电子商务的发展奠定一个基本的法律框架。在互联网经济日益繁荣的当今社会,网络交易几乎时时刻刻都在发生,涉及社会的各个角落,那么对网络交易行为进行规范的重要程度就不言而喻了。同时,就立法的具体内容上,无论是已经在实施的《网络交易管理办法》,还是已经公布实施的《电子商务法》,都没有对网络交易欺诈行为进行明确的界定以及对行为类型进行细化,那么其在具体适用上以及争议纠纷的解决上所起到的作用就非常有限了。而网络交易欺诈行为的高发性,对正常网络经济秩序的破坏性,对其他经营者正当经营行为的危害性,对消费者合法权益的侵害性,要求我们必须正视对网络交易行为的规范,因此对于网络交易欺诈行为应当有明确的法律适用依据,才能更好地对此类行为加以规制。而在《网络交易管理办法》中,虽然在第十九条列举了六项经营者的不正当竞争行为,但仍然欠缺了对网络交易欺诈这部分行为的明确以及细化,这不利于在司法实践中对具体问题的认定以及处理。而这一点在《消费者权益保护法》以及《反不正当竞争法》等法律法规中也有所体现,对于网络交易欺诈行为最全面的规定仍然是《欺诈消费者处罚办法》,以下简称《办法》,而面对复杂多样化的网络环境,该《办法》中的对十三条欺诈行为的规定并不能完全地适用于在网络交易中的欺诈行为,这就不利于对网络交易欺诈行为进行有效规制。

我国《消费者权益保护法》第五十六条规定,经营者对商品或者服务作虚假或者引人误解的宣传的,除承担相应的民事责任外,其他有关法律、法规对处罚机关和处罚方式有规定的,依照法律、法规的规定执行;法律、法规未作规定的,由工商行政管理部门或者其他有关行政部门责令改正,可以根据情节单处或者并处警告、没收违法所得、处以违法所得一倍以上十倍以下的罚款,没有违法所得的,处以五十万元以下的罚款;情节严重的,责令停业整顿、吊销营业执照。并提供及时、畅通的消费者诉求渠道。《消费者权益保护法》第四十六条规定,消费者向有关行政部门投诉的,该部门应当自收到投诉之日起七个工作日内,予以处理并告知消费者。但《消费者权益保护法》克服市场交易信息不对称的主要方式在于确立经营者的自愿说明义务,这种信息规制方式明显存在缺陷。在传统的交易中,消费者尚能与经营者当面进行交流,根据自身情况直接口头询问或要求经营者提供商品、服务各方面的真实信息,或者采用当场试用、试穿的方式以更全面地了解商品。在网络交易中,消费者对商品或者服务提出问题是以对商品或服务有一定的了解为基础的,如果消费者对商品或服务根本不了解,那就不大可能提出适当的问题让经营者作答。此时消费者对商品的质地、视觉效果和服务水平都不得而知,只能根据经营者的描述对商品产生一定的预期,并不能像传统购物那般对商品进行比较详尽的咨询和了解。

2.政府部门的网络监管不到位

在我们日常上网过程中,钓鱼网站、欺诈广告等几乎经常能看见,即使非常谨慎地交易也不能完全杜绝网络交易欺诈行为的出现,导致上当受骗。当前,网络交易欺诈行为如此普遍,但行为人的欺诈行为并无丝毫的收敛,其依旧抱着侥幸心理游走于网络之中,这其中固然有行为人自身的贪婪逐利心理,但不可否认的是,政府部门监管不到位也加剧了行为人的不法行为,让他们有了可乘之机。

首先是违法行为查处难。一是取证难,对网络经营行为的违法事实调查取证及证据锁定,与以往的调查取证方法有着明显区别。企业在互联网上进行交易,证据一般只存在于网页上,修改十分便捷,当事人很容易对网络电子数据进行修改、破坏、删除,如果当事人删除了内容,证据便会消失,违法事实就很难用证据来锁定。而且电子证据具有不可再生性,因而导致查找和确认相关证据资料时面临困难,调查工作常常无迹可寻。二是处罚执行难,违法当事人流动性大使得执行相当困难。同时,因为不受经营地点的限制,当事人换个用户名就可以重起炉灶,其信用没有受损,也就不愿意配合工商部门的调查,因此,对网上违法交易行为调查取证难。

其次是消费者维权难。由于网上交易是在虚拟市场上进行的,消费者无法了解所购商品的真实情况。有的在网上购买的商品与网上宣传的相差甚远,或者所购商品发生霉变、破损、丢失的,消费者要求退货或赔偿十分困难。

再次是主体身份确定难,网络交易违法当事人难找。市场经济是信用经济,在各种信用之中最重要的就是当事人的合法身份。作为发达市场经济形式的网络经济,理应更加强调网上经营者身份的确认。由于网络交易都有交易双方事先不了解、在交易过程中不见面就可完成的特点,这使得准确核实网上经营者的合法身份变得更加重要。因此,网络经济对工商管理部门最大的需求是确认网上经营者的身份。对网上经营者的身份确认已经成为困扰网络经济进一步发展的重大瓶颈。有的当事人跨区域甚至跨国经营,有的当事人将其网页挂在别的网站上,有的在网上提供的姓名和经营地点不真实,这些情况使主体身份查找起来十分不便。

最后是业务技术适应难,监管手段滞后。网络经济的发展对工商行政管理的挑战是革命性的。工商行政管理部门要在网络经济时代全面履行自己的职能,就要用高科技手段武装自己。从人员素质上看,工商行政管理机关执法人员的水平和能力与目前网络执法监管要求还有一定距离。其计算机技术、网络技术、电子监管知识水平等有待进一步提高。网络交易的经营者在网络上出售商品、提供服务不受时间和空间的限制,网络违法行为具有很强的隐蔽性、分散性,如果没有系统的网络监管平台、高效的监管软件,仅靠现有的监管手段难以达到有效监管。

3.行业自律监管的缺失

行业自律有其自身的利弊。在优势方面,一般可总结为专家优势、灵活性、良好的体系内沟通、对政府规制而言的低成本、造就的行业声誉、更高的行业标准等几个方面。在劣势方面,一般可总结为规制过度或规制不足、限制创新和竞争、阻碍政府规制、造成规制者被俘的实施等几个方面。

对于网络交易欺诈行为的规制,虽然离不开监管部门对网络交易的监管,但同时也不能忽视了行业自律监管的作用。首先,关于网络交易经营者的行业自律问题。目前,随着越来越多的包括传统行业经营者在内的经营者纷纷进入网络交易市场,越来越多的行业与网络有着密切的联系,但是,并没有相关的行业自律规范来监督本行业内的网络交易行为,规范经营者的经营行为,加之政府监管部门对相关行业在网络方面的监管力度不足,这就严重地影响了对网络交易欺诈行为的整治。由于部分经营者自律性意识的缺乏,也没有相关的行业自律组织对其行为进行必要的内部监督,这就给不法经营者创造了乘虚而入、趁机作假的机会。缺乏行业自律组织的监督,也没有公正的信用监管体系或是专门的第三方信用中介机构,这就使得经营者的信用信息征集困难,失信问题严重而惩戒力度不够,失信成本相对较低,职责难以界定,助长了经营者的不诚信风气,使得虚假广告、不诚信经营等网络交易欺诈问题屡见不鲜。① 其次,关于网络消费者维权组织的问题。网络交易是互联网背景下经济发展运行的新兴产物。那么对于在网络交易欺诈行为中的受害方、利益受损者即消费者的权益维护就显得尤为重要了。网络的特殊性使得原本就在交易中处于弱势地位的消费者因信息不对称而造成的劣势更加明

---

① 闫丽.网络消费欺诈的法律规制[J].山东省农业管理干部学院学报,2013,30(1),117—119.

显,因此就更需要发挥社会中介组织的作用,维护其合法权益。一直以来,在传统交易领域中,消费者协会对于消费者合法权益的维护起到了非常重要的作用,这也是解决交易纠纷的重要途径之一。而在网络交易中,由于网络的虚拟性和没有时间、地域限制的特点,似乎已经弱化了消费者协会在处理网络交易欺诈行为、网络交易纠纷中的重要作用,更多的消费者在对纠纷的处理上更偏向于首选网络交易平台提供者的介入处理而后转向司法程序,忽略了消费者协会对于交易纠纷处理以及消费者权益维护的重要作用。①

4. 网络交易欺诈行为的责任机制不健全

近年来,我国的网络交易欺诈行为呈现的高发态势,愈演愈烈,信息欺诈、身份欺诈、商品质量欺诈等现象频频发生,可以说在网络交易中假货肆意横行,部分经营者任意妄为,使得消费者在网络交易过程中对于商品或服务的信息真假难辨,合法权益难以得到保障,严重影响了交易秩序与经济发展。这其中的原因如前文所述,是很多因素共同造成的,不可否认经营者逐利心理是主导因素,但是,责任机制的不健全也是造成网络交易欺诈频发的一个重要原因,也是目前网络交易欺诈行为法律规制中存在的一大问题。这个责任机制主要包括经营者和网络交易平台两个方面。

(1)经营者的经营行为不规范。这里的经营者,主要是指借助网络交易平台开设网店或者自己申请域名开设网站,从而进行商品销售、提供服务的个体或组织,包括法人、其他组织、个体工商户和自然人。在实践中,对于经营者范围的认定并没有一个统一的标准,而且由于网络与传统经济行为的差异性,目前整个行

① 张远照.论消费者协会面临之困境及路径选择[J].理论观察,2017(8),84—86.

业对于经营者经营行为的管理并没有非常规范。这也使得不少不法行为人乘虚而入，从而导致网络交易欺诈行为普遍存在。经营者经营行为的不规范，主要包括以下两个方面。

第一，关于信息的发布。《消费者权益保护法》要求经营者提供经营地址、联系方式，有助于明确经营主体，解决非现场购物面临的突出问题；安全注意事项和风险警示等信息有助于消费者全面、客观地进行分析和决策；售后服务、民事责任事前明确，便于发生问题时从速解决。这些信息必须置于网络经营者网页显著位置，让消费者一目了然。网络消费者知情权与经营者信息披露的义务相对应。为了克服信息不对称给在网络交易中的消费者带来的消极影响，作为信息优势方的经营者应承担强制性信息披露义务。信息的披露不能只强调真实性和充分性，信息的有效性、易于理解性亦不可忽略，经营者应以消费者易于理解的语言提供其身份及商品的相关信息，提供的信息应当简洁明了，告知消费者签订合同所需使用的技术手段，消费者发出邀约之后用于识别和更正录入错误的技术手段等。

第二，关于工商登记。在传统的经济活动中，从事商品销售或营利性服务的经营者必须到工商部门进行工商注册登记，取得营业执照后，才具有进行经营行为的合法资格。而在网络消费中，对于经营者进行工商登记、具有营业执照，在实践中没有强制性要求，特别是对于自然人经营者，在《网络交易管理办法》中明确规定了自然人通过第三方交易平台进行经营活动的只需要提供相应的身份信息，只有具备登记注册条件的，才需要办理工商登记。① 根据《关于做好电子商务经营者登记工作的意见》的要求，电子商务经营者应当依法办理市场主体登记。电子商务经营者申请登记成为企业、个体工商户或农民专业合作社的，应当依

---

① 《网络交易管理办法》第七条。

照现行市场主体登记管理相关规定向各地市场监督管理部门申请办理市场主体登记。可以说,要求网络经营者进行工商登记是非常有必要的,当前网络经营活动良莠不齐,很大程度上是因为网络经营的准入门槛不高,使得一部分人因此进入网络交易市场,通过伪造手段来提供虚假身份、虚假商品或服务,以此损害消费者的合法利益,影响正常的交易秩序。由于网络的虚拟性,很难去把握网络经营者最初进入交易市场时所提供的姓名、地址、有效身份证明以及联系方式等信息的真实性和有效性,一旦发生争议,就会增加追责的难度。同时,将个人销售自产农副产品、家庭手工业产品,个人利用自己的技能从事依法无须取得许可的便民劳务活动和零星小额交易活动排除在强制工商登记之外,我们认为仍然是值得考虑的。

（2）网络交易平台提供者的义务不明确。网络交易平台提供者（即第三方平台服务提供商）,是指"在电子商务中为交易双方或者多方提供网络经营场所、交易撮合、信息发布等服务,供交易双方或者多方独立开展交易活动的法人或者非法人组织"①。网络交易平台提供者属于网络服务提供者。如《消费者权益保护法》第四十四条第一款规定"消费者通过网络交易平台购买商品或者接受服务,其合法权益受到损害的,可以向销售者或者服务者要求赔偿"。从上述规定可见,网络交易平台的提供者仅是网络服务提供者,系为交易双方提供虚拟的交易场所,并不参与交易本身,消费者的权益受损首先应向销售者主张权利而非向平台提供者主张权利。目前在国内,网络交易平台提供者在人们的日常经济生活中被广泛应用,然而实际中以这些网络交易平台提供者为中介,来发布虚假信息、虚构身份,欺诈消费者的案件,不在少数。其中一部分原因可能是消费者轻信虚假的信息,但是也有

① 《电子商务法》第九条第二款。

部分原因是源自其对于大型知名网站的信任,正是网站自身的知名度和良好形象使得网络交易欺诈行为人能够很好地进行伪装。事实上,这些大型知名网站,尤其是像淘宝、京东这类的电商交易平台,其网络交易欺诈行为大量存在,因此如何明确网络交易平台提供者在网络交易欺诈行为中的责任,就是一个非常值得深究的问题了。

事实上,网络服务提供者对于网络交易欺诈行为的发生,在其提供网络交易服务的过程中是有能力避免一些风险的。网络交易平台提供者有义务要求用户提供真实有效的信息并妥善保存相关的数据,这是网络交易平台提供者应当负有的事前审查义务,一旦发生交易欺诈行为而无法提供相应的信息来追查行为人的责任,那么网络交易平台也应当负相应的连带赔偿责任。例如,张女士在天猫商城的某网点购买了一台 9000 多元的笔记本电脑。收到货后由于质量问题向网店商家索赔并要求退货。网店商家收到淘宝公司的投诉通知后,主动联系张女士承诺退货退款,张女士便把笔记本电脑退回给网店商家,但网店商家从此消失了。张女士通过当地消费者协会投诉淘宝商家并要求淘宝网承担连带责任。

从立法角度来看,对于向广大公众提供服务的运营商,既然他们具有进行更全面的事前审查能力和采取更充分技术措施的能力,法律就应该赋予其更多的法定义务,从而有效保障用户的切身利益。然而,事实上,对于网络服务提供者在网络交易欺诈行为中的法律责任的规定很少。主要集中在《消费者权益保护法》第四十四条、《侵权责任法》第三十六条第二款等法律规定,而且这些规定都过于笼统,其中关于具有实际可操作性的措施的规定很少,对司法实践的指导意义也非常有限。这就导致了,对于网络服务提供者应履行的义务不明确,对其责任追究困难。虽然,在 2013 年新修改的《消费者权益保护法》中规定了"网络交易平台的赔偿责任",规定了网络交易平台提供者的举证责任倒置以及在一定情形下与经营者承担连带责任,这是一个很大的进步。但是网络交易欺诈行为侵害的是不特定多数人的权益,而不仅仅是某一特定人的权益,那么其承担的就不仅仅是一般意义上的民事责任了,在责任承担方面还需要进一步完善。

（3）消费者的维权意识不强。首先,消费者对自身个人信息安全的自我保护意识不强。根据《消费者权益保护法》第二十九条规定:"经营者收集使用消费者个人信息,应当明示其信息的目的、方式和范围,并经消费者同意,并且经营者及其工作人员对收集的消费者个人信息必须严格保密,不得泄露、出售或者非法向他人提供。"而事实上网络消费者个人信息泄露也已然成为一条灰色产业链,信息买卖现象严重。这其中有黑客入侵、系统漏洞等技术性的原因,但是消费者对自身个人信息自我保护意识不够也是一大重要因素。如果不加强消费者对自身个人身份信息的法律保护性意识,就会增大网络交易欺诈行为的发展空间,对消费者的个人信息财产安全造成极大的威胁。

其次,消费者自身的维权意识不够。这个主要包括两个方面的问题。第一,是消费者对网络交易欺诈行为的放任。在当前假货横行的网络交易中,很多消费者在选择网络商品或服务进行交易之前,已经认识到了其中可能存在欺诈行为,但是出于网络交易方便快捷的考量,或是出于价格优惠的考虑,对经营者所宣称的正品、所承诺的服务等明显虚假的信息视而不见,仍然愿意与之进行网络交易,这在一定程度上也助长了网络交易欺诈的不良风气。第二,是消费者对网络交易欺诈行为进行维权行动的认识不足。网络消费者普遍认为网络维权费时费力,抱着"自认倒霉"的心态,大多数人选择息事宁人,简单与店家沟通了事。更有消费者反映因为给了卖家产品差评后,多次受到卖家电话骚扰和人身攻击,给生活带来了极大的困扰,只有少部分消费者会通过

12315 维权平台投诉,将维权进行到底。

最后,维权本身的难度大。一方面,对于处于弱势地位的消费者来说,信息的不对称性,使得其在证据收集的过程中显得心有余而力不足,如对对方真实身份的掌握,相关电子证据的保全等都存在困难。另一方面,虽然在法律上开通了协商和解、调解、申诉、仲裁、起诉等多方面的消费者维权渠道,但是由于解决起来周期往往比较长,消费者从时间成本上考虑往往会选择默不做声或言语回击的形式,不了了之。特别是在那些金额不是很大的网络交易行为中,这种行为更加普遍。

第三节 国外关于网络交易欺诈行为的法律规定

一、美国

美国是世界上最早发明计算机的国家,也是网络技术最为发达的国家,同时也是制定与网络相关的法律法规数量最多的国家。

在关于网络交易行为的规范方面,美国采用实体法与程序法相结合的模式来进行法律规制。联邦贸易委员会(Federal Trade Commission,简称"FTC")是美国联邦消费者保护的法律执行权力机构,其对电子商务领域的实践产生了重大的影响。FTC 的《联邦贸易委员会法案》(*Federal Trade Commission Act*)第五条规定,商业中或者影响商业的不公平或欺诈行为或者实践,适用于国际贸易以及其中的国际电子商务。FTC 的权力范围涵盖了"对消费者造成或可能造成实质的损害,消费者无法靠自己合理地避免这一损害并且不能通过实际的获益而得到补偿的"不公平实践。FTC 定义的欺骗性行为主要包括夸大产品质量和性能的欺诈性广告、误导性定价以及对产品危险性的不充分披露等。早在 1997 年，当时的克林顿政府为了鼓励发展电子商务，发表了《全球电子商务政策框架》，要求政府提供一个透明的和谐的法制环境，使商业活动得以进行，并以此作为战略性政策指导。之后，这份文件成了美国网络交易立法的原则性指引。为了规制网络交易过程中出现的欺诈行为，美国还专门设立了"美国互联网欺诈投诉中心"（The Internet Fraud Complaint Center, IFCC）来处理在网络交易过程中出现的这些问题。在立法上主要体现为《统一电子交易法》（The Uniform Electronic Transactions Act）、《统一计算机信息交易法》（The Uniform Computer Information Transactions Act）和《国际与国内商务电子签章法》（The Electronic Signatures in Global and National Commerce Act）这三部具有代表性的法律。具体来说，《统一电子交易法》是一部程序法，是由美国民间机构——美国统一州法全国委员会（NCCUSL）设立的，其主要目的是统一各州之间因网络交易发生纠纷而引起的法律冲突，从而为各州推荐其拟制的示范法律文本。这部法律主要是通过对电子记录以及电子签名在程序上的法律效力的规定来促使电子合同效力的规范化，从而减少网络交易中欺诈行为的可能性。值得注意的是，该法仅仅适用于双方当事人都同意以电子手段进行交易的电子商务行为。[①]《统一计算机信息交易法》是一部实体法，主要是涉及与电子合同相关的法律问题，通过对电子交易中消费者合法权益的保护来遏制网络交易中的欺诈行为。其中明确了"电子错误"的概念以及错误发生时双方的责任承担问题。其原则是消费者对于不是自己的原因产生的电子错误不负责任，由此来保护网络交易中消费者的合法权益。同时，该法还规定当电脑本身出错导致了电子错误时，网

---

① 李皖娜.电子银行业务自助签约的法律问题[J].金融与经济,2010(4),71—73.

络经营者不得以计算机出错为由而否认合同的效力。此外,对于若因网络交易平台服务商没有按照法定的或约定的标准提供服务,导致的信息传递错误,网络交易平台服务商应当承担责任。①《国际与国内商务电子签章法》对消费者权益保护做出了更加全面具体的规定。例如,该法中明确规定了网络经营者的信息披露义务,以防止消费者因处于弱势地位而被迫接受,同时也确保了消费者在网络交易中须表达真实意图。

在关于网络交易消费者个人信息安全方面,美国有几十部涉及个人信息保护的法律,包括《信息自由法》(*Freedom of Information Act*)、《公平信用报告法》(*Fair Credit Reporting Act*)、《电子通信隐私权法》(*Electronic Communications Privacy Act*)等等。而对于网络交易中消费者的隐私保护的问题,美国采用分散立法的模式,相关规定散见于以上这些不同部门的立法当中,包括了行业规则、电话通信规则、数据保护规则、消费者保护规则、版权保护规则、反欺诈和误传法规等多个方面,以此来强化个人信息的保护与管理。虽然美国联邦政府并没有制定统一的个人信息保护法律,但是美国已经基本实现了完善的网络安全法律体系。为了更好地保护消费者的在线隐私权,美国曾于 2007 年的《个人数据隐私和安全法案》(*The Personal Data Privacy and Security Act of 2007*)中提出:①建立特别的体系对侵犯数据隐私和安全的行为予以民事及刑事处罚,除此之外还对违法行为制定特别的行动方针。例如,与欧盟相似,法案要求在个人数据丢失、被盗或者受侵害时及时通知消费者。②对处理个人数据的公司提出一系列其应承担的义务。③对联邦机构使用包含消费者信息的商业数据库加强管制,从而加大联邦政府处理个人数

---

① 任国平.网络交易欺诈行为法律规制研究[D].重庆:西南政法大学,2014.

据所应承担的义务。由此可见美国对个人数据保护做出的努力。近期,美国拟颁布法案规范个人信息的收集和使用。这项法案可以设立企业"行为基准",将那些可识别的个人信息的使用方式纳入监管体系。它将建立一个第三方收集、使用、存储和分享用户个人数据的基本框架,防止个人信息在互联网广告及其他活动中遭到滥用。

　　此外,美国还拥有较为完善的行业自律体系,美国强调从行业自律的角度来保护个人信息,认为掌握个人信息的相关行业足以有能力通过自我约束、自我监督的方式达到保护用户个人隐私的目的,例如1977年美国直销商协会成功说服议会允许其用行业自律的方式解决直销中产生的侵犯公民个人信息的问题。[①]具体来讲,美国的行业自律体系主要包括以下两种方式:一种是建议性的行业指引,主要是指企业或行业组织通过制定该行业关于公民个人信息保护的行为准则,从而实现该行业内部对所掌握的公民个人信息的规范化管理,例如美国在线、美国民主与技术中心;另一种是网络隐私认证模式,也就是行业实体为实现网络隐私保护,在网络平台上张贴由权威行业协会颁发的隐私认证专门标志,而有标志的网络平台必须服从行业内部的监督管理,否则网民会对其产生怀疑,不认可其服务,以致其面临困境,以此"倒逼"网络服务商遵守各项规则。

二、欧盟

　　欧盟在1997年颁布了《欧洲电子商务方案》,对网络商务活动进行总体性的规范,之后又颁布了《关于信息社会服务的透明机制的指令》《关于建立有关电子签名共同法律框架的指令》《关于网络犯罪的公约》等法律规范来规制网络交易行为。

---

　　① 王静静.美国网络立法的现状及特点[J].传媒,2006(7),71.

在关于网络交易欺诈行为的立法规范上,欧盟最具有代表性的立法是 1999 年的《电子签名指令》和 2000 年的《电子商务指令》。《电子签名指令》这一法案明确了欧盟国家之间使用电子签名的法律效力及其行为规范,有利于保护消费者的合法权益,遏制合同欺诈等网络交易欺诈行为的发生。该法案第六条对电子签名证书服务提供者①所发行的证书的有效性、真实性以及限制条件进行了严格的规范,明确了具体责任的认定,通过对证书服务提供者所提供的注册服务、咨询服务等其他服务设定各项具体的义务以及严格的责任承担来充分保护在网络交易过程中处于相对弱势地位的消费者的合法权益,也在一定程度上有助于预防或减少因电子签名而产生的网络交易欺诈行为。《电子商务指令》从更加全面的角度对网络交易行为进行了规范,确定了基础性原则,以期达到平衡各方利益的目的。该指令中包括了电子合同的效力问题、网络服务提供者的义务和责任界定、网络交易争端的解决机制等重大问题,其中对网络交易平台提供者的责任进行了详细规定,明确要求网络交易平台提供者承担一定的监控义务,这对于规制网络交易中的欺诈行为具有重要意义。②

在关于网络交易行为的监管模式方面,仍然以最具代表性的德国为例,德国采用的是政府主导的网络治理管理模式,政府作为网络监管的主体,对网络内容、网络行为进行立法规范,早在 1997 年,德国就通过了《为信息与通讯服务确立基本规范的联邦法》,并以此作为网络的专门性法律来规制网络行为。此外,德国政府还设置了多个行政部门来对网络市场进行监管。

为了加强对消费者权益的保护,防范网络欺诈,欧盟出台了一系列相关指令。1995 年 10 月 24 日,欧盟通过的《欧洲议会与

---

① 证书服务提供者,是指发行证书或提供其他与电子签名有关的服务的实体、法人或自然人。

② 《电子商务指令》第二章第五条。

欧盟理事会关于在处理个人数据方面对个人的保护与此类数据的自由流动的 95/46/EC 指令》（以下简称《数据指令》）的主要目标是保护自然人基本权利和自由，特别是处理个人数据方面的隐私权。《数据指令》的最重要的特点就是强制成员国采纳并执行保护个人数据的立法。《数据指令》规定个人数据只能以具体、明确以及合法的目的收集，并且不能以与此目的不符的方式做出进一步处理。最重要的是，数据处理需要得到被处理对象的明确同意方可进行。这从很大程度上防范了不法分子为了获取消费者个人信息，利用在线交易对消费者进行欺诈的可能性。在对权利和救济的执行方面，《数据指令》要求每一个成员国设立数据保护局（Data Protection Agency，DPA），DPA 可以受理来自个人或者实体的诉讼并介入调查，必要时可以阻止违反《数据指令》中数据保护条款的行为。DPA 还有行政救济的权力，其中包括限制数据流入"违反《数据指令》条款的任何实体"。除了行政救济之外，《数据指令》还规定了对违反成员国数据保护立法的司法救济，成员国立法也在一定程度上加大了对违反《数据指令》的数据处理行为的赔偿责任以及惩治力度。

三、日本

　　日本政府在 2000 年发布了《数字化日本之发端——行动纲领》对网络交易消费者权益进行保护，其对电子签名和认证、网站经营者的法律责任、跨国电子商务等问题进行了具体规定。在电子签名和认证方面，对电子签名的法律地位进行了明确的定位，强调了技术手段应当保持中立，同时还比较了几种认证系统的优缺点。此外，日本还专门设立了受理消费者侵权案件的专门性法院机构来实现司法诉讼途径的救济，以维护其合法权益，特别是引入了团体诉讼，规定了获得诉讼资格认定并进行登记的消费者团体有权对消费者的被害获得提起诉讼①,如此更有利于解决消费者在网络交易过程中因上当受骗等而产生的权益受损纠纷。

在关于消费者的个人信息的保护方面,日本在立法上主要借鉴了美国和欧盟的经验。20 世纪 60 年代,随着计算机的普及,日本的《个人信息保护法》也在此期间得以出台,2000 年,日本还借鉴了欧盟的经验,设立了"个人信息保护法制化专门委员会",之后又出台了新法案,形成了个人信息保护关联五法,包括《个人信息保护法》《信息公开与个人信息保护审查设置法》《关于保护行政机关所持有之个人信息的法律》《关于保护独立行政法人等所持有之个人信息的法律》《对〈关于保护行政机关所持有个人信息的法律〉等的实施所涉及的相关法律进行完善等的法律》。② 日本对个人信息的保护除了专门性的立法规范外,还借鉴了美国的经验,采用了行业自律机制的形式来对个人信息进行保护。

四、韩国

韩国在 2002 年制定并颁布了《韩国电子商务消费者权益保护法》,专门针对电子商务中的消费者权益保护进行了集中的立法,系统性地对网络交易领域的消费者权益保护进行了规范。其宗旨是为了维护消费者的权益,构建正常的网络交易秩序,从而促进电子商务的发展。其中,规定了电子商务经营者的义务,包括约定电子商务的义务、交易记录的保存义务、设置确认程序的义务、保护消费者个人信息的义务、不实施禁止行为的义务、在线信息披露义务、商品或服务的安全保证义务等十三项义务。该法第十一条规定,经营者在电子商务过程中,需要收集或利用消费

---

① 陶建国.日本消费者团体诉讼制度评析[J].日本问题研究,2010,24(4),13—19.

② 田禾.亚洲法论坛[M].北京:中国公安大学出版社,2006,206—231.

者相关个人信息的,应根据个人信息保护法的有关规定,公正收集;如果消费者的个人信息被泄露或者被非法利用,则对消费者造成的损害或者财产损失应当予以赔偿。① 个人信息的保护是保障网络交易安全的一大重要问题,也是规范网络交易行为的一个关键问题。该法第十三条规定,网络经营者在进行商品的展示、介绍等广告信息时必须包括公司名称和法定代表人姓名、地址、联系电话、向公平交易委员会提供的备案编号等基本信息;同时要将商品的供销双方,商品名称、种类,交货方式和时间,退换货程序,争议解决等相关事项通报给消费者。② 要求经营者依照法律规定将网络交易商品的有关信息如实地告知消费者,这对于非面对面形式的网络交易是非常有必要的。

韩国《电子商务交易消费者保护法》第十七条、第十八条明确赋予消费者反悔权,即如果在商品与标示、广告内容不符,或履行与合同内容不同时,消费者自知道或应当知道该事实之日起 30 日内,且自收到该商品之日起 3 个月内,可撤回要约。此时,返回商品所需费用应由通信销售业者承担。要解决在缔约过程中因非谋面和非协商导致的信息不对称而使网络消费者自主选择权被弱化、知情权受损的问题,赋予网络消费者反悔权才是解决上述问题,最终保障网络消费信息安全的有效途径。

五、对我国的启示

通过对上述国家或国际组织关于网络交易欺诈行为相关法律规定的分析,我们可以得出如下启示。首先,在关于网络交易的立法模式上主要采用的是实体与程序相结合的方式,重视政府

---

① 齐爱民.电子商务法原论[M].武汉:武汉大学出版社,2010,248—258.

② 齐爱民.电子商务法原论[M].武汉:武汉大学出版社,2010,248—258.

以及权威机构对于网络交易立法的作用。同时注意到以一个总体性、原则性、纲领性的框架来指导并规范整个网络交易活动,然后再以个别立法的形式来加以具体行为的细化规范。这种先原则后具体规则的方式,有利于网络交易行为法律规制以及其管理的体系化,有利于更加科学地进行立法并逐步完善。其次,在关于网络交易欺诈行为的法律规制问题上,应当注意到行业自律组织的作用,充分发挥其自律性优势。以行业的自律性监管来督促相关行为人严格遵守网络交易行为规范,营造不敢进行网络交易欺诈的行业氛围和健康的网络交易环境。最后,要注意到发挥电子合同签名的重要作用,以及强调经营者的信息披露义务和对消费者个人信息的保护义务,这对于避免网络交易欺诈行为的发生具有关键作用。

第四节　网络交易欺诈行为法律规制的完善

一、完善网络交易的立法,加强对网络交易行为的监管

防范网络交易欺诈,国家的立法监管是必不可少的重要环节,没有具有威慑力的法律手段作为惩罚就不能有效地遏制网络欺诈。我国目前并没有制定特别的电子商务法律制度以应对迅速蔓延的网络消费欺诈,仅通过《合同法》《消费者保护法》《电子签名法》等法律并不足以有效打击网络消费欺诈行为,一些法律规范在网上消费领域中仍难以适用,因此应当进一步制定专门的法律法规来保护网络消费者的利益。

在制度设计上,需要注意以下几点。①应当考虑到法律规范的实用性和可执行性,并对社会经济发展具有推动作用。在设计法律框架时,应当积极引导电子商务行业向无欺诈交易的目标努力。②确定网络消费欺诈的主要形式、规制原则以及法律责任。

对于情节较为严重的网络消费欺诈,应当追究不法经营者的刑事责任。在民事责任领域,可以考虑适当引入惩罚性赔偿制度,加大网络消费欺诈的成本,同时也对不法经营者具有惩戒作用。③制定相关的信用管理法律法规,强化经营者的信息披露义务和网络市场准入制度,对违反法律法规的行为进行处罚。④建立权威的官方在线投诉网站和网上仲裁机构。在线投诉网站可以在各个地方设立分支机构,当消费者在网站投诉时,投诉资料就会被转发到被投诉电子商务经营者所在地的分支机构处,由该机构代表消费者与经营者协商解决纠纷,这样可更好地解决消费者对在线欺诈投诉的地域选择问题。

具体来说,2019 年 1 月 1 日起正式实施的《电子商务法》,作为针对电子商务领域的综合性法律,它对于整个网络交易市场来说具有指导性的意义,但是仍然存在着诸多值得深入探讨和分析的问题,例如,第五十八条对于第三方平台的连带责任也有待明确。虽然在第五十八条中规定了相关赔偿责任适用《消费者权益保护法》的有关规定,但纵观《消费者权益保护法》通篇,并未对先行赔偿问题做出明确的具体规定。网络交易平台提供者即第三方平台,其性质上与商场是一样的,对于商场,根据《消费者权益保护法》第四十三条的规定,当消费者在遭遇欺诈行为时可以向销售者主张赔偿,也可以向柜台的出租者主张赔偿,这是因为商场对本商场内的经营负有审查义务,应当承担连带责任;而对于网络交易平台提供者,理应与商场一样承担连带责任。但是,在《消费者权益保护法》四十四条中只对网络交易平台提供者的连带责任附加了条件,即只有在网络交易平台提供者不能提供经营者的相关真实信息时才需要承担连带责任,而这些基本信息对于本身占有优势的网络交易平台提供者来说是比较容易的,然而这样的立法规定无疑是转移了网络交易平台提供者的经营风险,加大了消费者的维权困难,这对于消费者来说是极为不公平的。因此,应当强化《电子商务法》第五十八条以及《消费者权益保护法》第四十四条中的网络交易平台提供者的责任承担。同时也要加强对网络交易欺诈行为规制的具体措施性法律法规的制定和完善,从规章制度层面加强对网络交易行为的规范化,对于相关的网络运营商、网络交易支付平台、电商等责任主体的行为提出具体可操作的规范来加强管理,细化监管的模式、责任的分工,以及争议的处理机制。

二、加强监管部门的合作,加大网络监管部门的监管力度

1. 成立专门机构,建立专业网络商品交易及有关服务行为监管队伍

由于网络监管不同于传统的市场监管,专业性较强,因此建议成立专门机构,负责对全市网络商品交易监管工作的指导、协调和整体部署、安排。各县、市、区工商部门也要建立专业队伍,在人员选配上,一方面,抽调综合掌握计算机网络技术、工商业务知识、法律法规知识的复合型业务骨干从事互联网商务监管工作。另一方面,注意吸收人才、强化培训,提高执法人员信息化操作技能,以适应网络市场监管工作需要。

网络商品交易和服务具有技术难度高、交易过程复杂的特点,它对管理人员的知识素质以及技术、设备等有较高的要求。因此,工商部门一方面要加强对现有的干部进行必要的网络知识、网上执法方面的业务知识培训,提高工商干部的业务素质和工作技能。另一方面,要培养一批掌握工商业务、精通网络技术的复合型人才队伍,力求做到"魔高一尺,道高一丈",打造一支类似公安部门"网络警察"那样比较专业的执法队伍和机构,才能适应网络商品交易和服务监管的需要。

2. 加强融合,注重长效

进一步加强调查,研究网络市场不同于传统市场的特点和规

律,立足本地区实际,着眼长远,明确网络市场的监管范围和职责,细化监管原则、管辖权限、巡查方法、取证规则、登记备案责任和工作流程等,建立一套立足实际并行之有效的工作规则、制度和办法等。同时,在网络商品交易监管平台建设的过程中将相关的规定、制度、工作规则在平台中体现出来。

3. 横向联系,信息共享

与通信管理、公安网监等部门以及大型的网络交易平台建立联系和合作,实现信息共享,丰富工商部门网络监管平台资源,使"以网管网"取得实效。建立工商、电信、公安联动机制。工商、电信、公安等相关执法部门和监管部门要依据职责,对所掌握和发现的一些销售商违规违法行为进行及时通报,并依据各自职责进行处理。

4. 采取灵活措施查处违法行为

针对网络商品交易和服务违法行为查处的难题,在相关法律法规没有明确取证规则前,工商部门可以采取灵活的证据采集固定措施,如采用拍摄网页照片或者用抓图、录像软件录制违法行为的证据页面和过程,现行打印保存,待现场检查时交当事人签字确认;对于无法及时保存证据的违法行为,而且网站已经关闭的,只要其服务器设置还在本地,可以通过检查并提取网站服务器中的网页源文件来获取证据;对于当事人可能篡改或关闭违法网站的行为,可以事先通过公证处对抓取网页所提取到的证据进行公证,并出具公证结果的文书,防止当事人不配合。

三、发挥行业自律组织的监督作用,维护消费者合法权益

首先,要加强行业自律和经营者诚信制度建设。要从根本上遏制网络交易欺诈,必须从本质上消除其存在的根源。网络交易欺诈的存在归根结底是由经营者的自律能力较低造成的。如果经营者能形成合法的经营群体共同抵制网络交易欺诈,那么网络

交易欺诈赖以生存的土壤将不复存在。行业自律机制和政府立法二者相辅相成,对网络交易欺诈的规制将更为有效。经营者自律组织可以通过以下方式对其成员进行约束:①制定行业章程以及规章制度来明确组织内部成员的责任,并建立相应的惩罚制度;②建立真实完善的成员信誉查询系统,包括公司信息及阶段性交易记录、交易评价以及被查处、投诉等信息;③设立专门的欺诈申诉机构,受理欺诈案件;④制定行业标准对经营者的信誉进行评价,并将评价结果定期公布给公众作为参考;⑤代表经营者与政府部门和消费者组织进行对话,必要时可以进一步地深化合作。在加强行业自律的同时,经营者诚信建设也必不可少。要在完善网络道德规范的前提下,提高经营者的道德认知能力,采取不同形式多渠道地宣传网络诚信的重要性。只有提高经营者的诚信水平,增强其信用意识,才会从根本上促进经营者的自律,从而消除网络消费欺诈。

其次,在关于消费者维权组织的问题上。第一,要发挥好消费者权益保护协会对消费者的合法权益维护的作用,特别需要加强对网络交易当中出现的消费者权益受到侵犯的现象的保护。在网络交易中,消费者的弱势地位更加明显,这就需要消费者权益保护协会发挥好其对消费者权益保护的作用。借助互联网络的便捷性,消费者协会应当建立起网络消费者维权中心、在线投诉中心等在线纠纷解决机制,并建立网上监督、调查、调解系统,以提高如网络交易欺诈行为等网络交易侵权事件的处理效率。①消费者协会也需要紧跟时代发展的步伐,及时地更新对消费者合法权益保护的方式和途径,最大限度地满足消费者的合法诉求。第二,消费者权益保护协会也需要加强协会自身的专业化建设,

---

① 邓贤仁. 网络交易中消费者权益保护相关法律问题研究[D]. 上海:华东政法大学,2015.

加强从业工作人员的专业性，并定期开展培训工作，强化职责意识，在互联网络发展迅猛、网络交易日益频繁的今天，在网络交易欺诈现象肆意发生的当下，要更加积极地发挥好、履行好保护消费者权益的职责。

四、规范网络交易行为，提高消费者维权意识

1.完善社会信用体系建设，规范经营者的经营行为

（1）要加快完善社会信用体系的建设。设置征信黑名单，将进行网络交易欺诈行为的单位和个人，纳入网络交易征信黑名单，定期进行公示和更新。《消费者权益保护法》第五十六条明确规定，对于经营者的售假行为要记入其信用档案，但该规定仍然过于笼统，需要相应的配套制度进行细化规范，从而对有意进行网络交易欺诈行为的行为人起到更好的警醒作用，将有不良信用记录的单位和个人剔除在外，也能更好地管理网络交易秩序。要建立起网络交易经营者的诚信档案，将网络交易经营者的行为作为参数，将网络交易经营者的网络交易欺诈行为作为重要依据，对其进行全面的信用等级考量和评定，将网络经营者的网络交易欺诈行为纳入征信黑名单，并建立全国统一的经营者信用信息平台，统一管理，定期向社会公示和更新征信黑名单，从而更好地对网络经营者形成约束力，规范其网络交易经营行为。

（2）要求网络经营者实名制。建立和健全网络购物电子交易信息处理机制。在网络购物中，网络提供商是至关重要的一环，只要他们的安全机制完善，那么诈骗者进行作案的机会就会大大减少。我们可以在交易网站设置严格的实名制审核机制，并且与公安机关合作，确认经营者的真实身份以及详细的家庭住址，这样就会在很大程度上杜绝一些浑水摸鱼的人加入其中，倘若出现问题，我们也可以找到经营者，并对他进行处罚，从而规范网络购物行为。我们应该加大对这些欺诈行为的法律制约，特别是对于

网上的这种虚假广告以及其他不正当的欺诈行为,逐步完善反欺诈法律。政府也要加大对电子商务的监管力度,消费者也应该保持较高的警惕性。

当然,对于网络交易经营者的工商登记可以针对网络的自身特点设置更加灵活的方式,例如网上预先登记、事后就近审核等方式尽可能地方便经营者,但不能因此而降低对网络交易经营者身份真实性的要求,不能降低对网络交易市场准入门槛的管控。对于网络交易经营者的工商登记也需要分情况进行处理:对于已经进行工商登记并有线下实体经营的经营者,必须核查其注册信息的真实性、合法性,对其进行严格的登记要求;但是对于只是在网络交易市场进行网络交易的这部分经营者,无论是单位经营者还是自然人经营者,也应当对其进行必要的工商登记,由工商行政部门核准其身份信息的真实性,以确保网络交易的正常有序开展,避免网络交易欺诈行为出现以后的追责困难。对于《电子商务法》中排除在外的这几类经营者,我们认为也应当列入强制工商登记的名单中,即对全体的网络交易经营者都应当进行工商登记,对其基本身份信息事项进行必要性的登记备案。

2. 明确网络交易平台提供者的监管义务

在由网络交易平台提供商承担特定义务的情况下,网络交易平台提供商必须要有健全的监管制度,并严格履行监管责任,以降低网络交易中欺诈行为的发生率是非常重要的。结合法条规定,网络服务提供者应承担的主要义务包括平台服务提供义务(包括提供安全稳定技术的义务、告知义务、市场准入审查义务、交易记录安全和保存义务,以及个人信息保护义务等)和交易监管义务。[①] 这里主要就网络交易平台提供者的市场准入核查义

---

① 齐爱民. 电子商务法原论[M]. 武汉:武汉大学出版社,2010,55—56.

务和交易安全保障义务对于网络交易欺诈行为规制的完善问题来展开探讨。

市场准入核查义务,它主要是指网络交易平台提供商对网络交易运营商的信息进行及时审查的义务。

(1)平台运营商要对主体身份信息进行审查,以确保主体资格的合法性,防止非法机构和组织以虚假身份进入服务平台,以中介平台为例:如58同城网、携程网、途牛网等服务类交易中介平台,要严格审核信息发布主体的身份信息的合法性,防止非法的组织、机构或个人冒充合法企业进行诈骗;比如淘宝、天猫、京东、考拉、拼多多等电子商务网购平台,也要对进入平台经营者的身份进行审查,确保其合法性、真实性。另一方面,是对经营者通过网络平台所发布的各类信息内容的审查,要严格审查信息的真实性,并及时进行监管,谨防利用虚假信息来欺诈用户,保障和维护平台交易中消费者的合法权益。此外,对于举报和反馈的欺诈类信息和欺诈行为也要及时审查、处理,防止受害面的进一步扩大。

(2)对信息网络从事的交易活动及时审查,运用先进的技术手段,对网络交易行为进行实时的监测,以防止利用平台进行不法交易,侵害消费者合法权益,一旦发现存在网络欺诈等异常交易行为,及时告知消费者并上报有关部门。除此之外,还要对网络服务的提供者违反该项义务进行追究和惩处。网络侵权特殊性在于权利人难以且不愿意向直接实施了侵权行为的网络商家主张权利。现行法规要求网络交易平台提供者对网络用户的主体身份进行审查,实名认证的公益正当性在于当网络经营者试图通过虚假广告或隐瞒主体身份欺骗消费者时,行政规制部门可以较快确定违法主体,使其无法逃避责任,从而达到对网络经营者行为进行约束的目的。网络交易平台提供者负有检查、监控通过平台提供商品或服务的经营者及其发布商品和服务信息的义务。

如果网络交易平台提供者已知网络商家利用其服务实施消费欺诈行为,仍然为网络欺诈行为提供网络服务,或者接到侵权投诉通知后没有采取适当措施避免网络欺诈行为继续发生,那么,网络交易平台提供者的行为与直接侵权的网络商家的行为具有相互结合的关联性。网络交易平台提供者和网络商家对网络消费者承担共同侵权的不真正连带责任。针对网络交易消费者索赔难的现状,我国《消费者权益保护法》第四十四条规定,增设网络交易平台提供者先行赔付制度,即消费者在该平台购买商品造成其合法权益受到损害时,如果网络商家已不在该平台经营,则先由网络交易平台提供者赔偿损失,然后再由网络交易平台提供者向有关经营者追偿。网络交易平台提供者与网络商家对消费者承担不真正连带责任,网络交易平台提供者"有过错"就需要承担连带责任。《消费者权益保护法》增加了网络交易平台提供者的风险和责任,可以想象将来网络交易平台提供者对卖家的审核会更加严格,会投入更多的人力、物力,切实保障网络消费者权益。

3. 强化消费者自身意识

我们必须加强消费者对自己的个人信息保护的安全意识。首先,完善消费者个人信息保护的立法是首要条件。法律不能保证所有经营者都能够遵纪守法,不法经营者总会寻找机会欺诈消费者,因此,消费者自身也要提高对不同类型网络欺诈陷阱的辨识,加强防范意识。例如,许多新版浏览器包含了 cookies 管理方案,可使消费者在无意间下载了黑客软件时减少被侵害的风险。许多电脑杂志和网站也提供各种各样的个人电脑保护程序,消费者可以建立防火墙以防黑客入侵以及个人数据被盗。其次,政府部门和民间组织也应当通过网络或媒体向消费者告知典型的消费欺诈行为,增强消费者对网络骗局的辨识度。只有将消费者自身能力的提高和法律强制性规范相结合,才能更好地保证网络消费的安全性和可靠性。再次,要加大相应的宣传。为了提高消费

者的认知安全防范意识,工商行政管理等有关部门应当注重对消
费者保护自身个人信息的宣传,以增强消费者的安全保护意识。
最后,作为消费者个人也要提高自身信息保护意识,不随意提供
自己的身份信息等个人资料。

消费者不仅要增强自身的维权意识,也要参与维权行动。对
于网络交易欺诈行为,一方面,消费者不能放任或者纵容,要坚决
地予以抵制,不能因为贪图小利而助长了网络交易经营者进行网
络交易欺诈行为的气焰,进而损害自己的合法权益。另一方面,
消费者应积极维护自己的权利,谨防欺诈。不能为了省事而放弃
对自身正当权利的维护,要通过维权,营造经营者不敢也不愿在
网络交易中进行欺诈的良好网络交易氛围。

简化维权程序、降低维权成本,也是消费者合法权益维护的
重要保障。由于网络的特殊性,网络交易欺诈行为的案件本身就
存在着证据收集困难、执行难度大等追责的难题,但维权程序烦
琐、维权成本高的问题,也使得不少想要进行维权的消费者止步
不前。因此,为了提高消费者维护自己的合法权利和利益的积极
性,需要考虑在一定范围之内简化相应的维权程序,例如,可以考
虑利用互联网的优势,通过互联网平台进行网络交易欺诈行为的
在线解决机制以提高案件处理的效率。此外,相关部门也应当加
强对网络交易欺诈行为维权途径的宣传,使得消费者在遇到网络
交易欺诈行为时有明确的维权途径的选择方向。

计算机网络技术的进步,推动了互联网经济的繁荣发展,促
进了网络交易的日益频繁。不可否认,高效便捷的网络交易越来
越普遍化,越来越成为主要的交易方式之一,但是,我们也必须看
到在繁荣发展的网络经济环境下隐藏的网络交易欺诈行为,严重
地妨害了经营者的正当经营行为,侵害了消费者的合法权益,破
坏了正常的网络交易秩序,不利于网络经济的健康发展。目前,
实际中频频出现的网络交易欺诈行为,对网络环境下的交易管理

提出了更高的挑战,也对法律法规的健全完善提出了更高的要求。因此,必须紧跟网络发展的步伐,从法律层面对网络交易欺诈问题加以规制。

第三章
互联网金融行为的法律规制

　　近些年来,互联网金融成为金融界的热点话题。不管是中共十八届三中全会提出的"普惠金融战略",还是互联网金融被写入政府工作报告,都表明了互联网金融正给现代金融行业带来巨大改革。2013 年是互联网金融元年;2014 年,互联网金融进入野蛮生长时期;而 2015 年是互联网金融持续深化之年。然而互联网金融作为一种新型的金融模式,如火如荼发展的背后也暴露出诸多法律风险,这也给现行金融监管方面提出了更高的要求。如何完善互联网金融立法、加强互联网金融监管、完善信用体系、加强金融消费者权益保护,是未来必须面对的问题。

第一节　互联网金融概述

一、互联网金融的概念及特征

　　对于互联网金融的定义,业界和学界没有统一的观点。谢平于 2012 年第一次在正式文献中提出这一概念,他认为互联网金融是依托于支付技术、云计算、社交网络以及搜索引擎等互联网工具而产生的一种新兴金融模式。不同于传统以物理形态存在的金融活动,而是存在于电子空间中,形态虚拟化,运行方式网络化。

　　从支付宝到余额宝、微信红包再到各种各样的网络理财产品,互联网金融以飞奔的速度冲击着人们对于金融的全新认识。

互联网金融和传统金融都属于金融业的范畴,两者都是为了满足用户投资、融资、支付的需求,本质来说都是金融活动,因此具有不少相似性。虽然金融机构是不断发展的,但金融功能相对稳定不变。传统金融模式与互联网金融模式都在于金融功能的发挥。然而,两者也存在着很多不同之处。互联网金融的出现对于传统金融业造成了一定的冲击,它以自身独具的特征迅速发展着。与传统金融业相比,它突破了时间和地域的限制,以更加便捷、更加公开透明的方式给予许多小额投资者提供了新的理财选择。

1. 成本低

在传统的金融模式中,存在着金融中介。而商业银行作为金融中介,负责为金融市场提供流动性。其参与者有投资者、银行以及融资方,这中间需要一系列的交易成本。传统金融业的利益链条长,运营成本高,金融机构与客户信息之间也往往存在信息不对称等问题。因此传统银行网点式、人工处理经营模式已经越来越不能满足用户的需求了。而新型的互联网金融就很好地弥补了传统金融成本高的缺点。在这一模式下,金融活动参与者无须再通过中介机构完成投资、融资、支付等金融活动,他们只需要通过网络平台自行利用信息完成各种金融活动,投资方和融资方就可以直接完成资金对接。这中间省去了大量的店面成本、人力成本、交易成本等,极大地节省了开支。在低成本的情况下,将会有越来越多的人投身于互联网金融之中,这极大地推动了互联网金融的发展,有效地激活了金融市场。

2. 覆盖广

传统的金融服务的目标客户偏向于"二八定律"中那20%的大客户,准入门槛高,那些小微人群往往会因为银行的成本计量而被排除在外,很多小微用户面临着融资难的问题,这就阻碍了中小微企业和众多普通民众平等获得金融服务的权利。随着互联网技术的发展普及,互联网金融以更广的覆盖面受到了许多中小微企业和普通民众的欢迎。互联网金融与传统金融不同,它利用互联网技术降低了各种成本。它的目标客户倾向于 80% 的中小微客户[①],因此,它更多地惠及了普通的民众,提高了服务的覆盖面,有效地解决了很多小微企业融资难的问题,使得金融业不只是那些有钱人的交易平台。

传统的金融服务会导致那些低收入人群不能融入现有的金融体系中,他们缺乏足够的资金去投入获得收益,而那些高收入人群却可以利用大量闲置的资金去投资从而获得更多的收益,这就使得低收入人群与高收入人群的差距进一步扩大,不利于实现共同富裕。而互联网金融可以给予那些低收入人群更多机会,哪怕是很少的资金,他们也一样可以通过存入余额宝等方式来获得收益,每个人都有平等地获得金融服务的机会。互联网金融通过对游离在传统金融之外的中小微企业和普通民众进行覆盖,争取到了更多的客户,使得中小微企业能够更好地发展壮大。除此之外,那些低收入人群也有机会去改善生活,从而实现了金融机构与客户的双赢。

3.效率高

互联网金融与传统金融相比效率得以大大提高。互联网金融的所有业务都在计算机或手机上进行操作,客户不再需要像传统金融业务那样去银行网点排队等候办理业务。除了资金的支付结算外,信息的征集、数据的存取等等这些都是借助于互联网技术来完成的。客户只要点击鼠标或者滑动手机屏幕,一项业务就能很快地完成,交易行为极为便利。

比如阿里小贷就体现了互联网金融高效便捷的特点。阿里小贷是以借款人信誉发放的贷款,无抵押,无担保,只要是阿里巴

---

① 中国人民银行衡阳市中心支行课题组,曾辉.互联网金融的创新与监管问题研究[J].金融经济,2014(16),33—35.

巴诚信通会员以及淘宝卖家都可以凭借信誉申请贷款,全程网络化操作,从申请贷款到贷款发放只需要几分钟的时间。与传统金融相比,业务处理速度大大提高。

4. 管理难

我国的互联网金融起步较晚但发展快,这就给监管带来了全新的挑战。这个新兴的领域比传统领域更为复杂,目前许多问题都还没有相关的法律法规来规范。目前我国的互联网金融并没有纳入人民银行征信系统,相关的风控机制也没有建立起来,缺乏行业的规范。传统的金融机构由于受到严格的监管,其安全稳定程度优于互联网金融;而互联网金融则存在着很多监管的"漏洞",开放式的系统很容易遭到黑客攻击,消费者的个人信息、资产也容易遭受侵害,管理相对比较难。

5. 风险大

互联网金融是科技进步发展的结果,其在促进整个金融行业发展的同时,也带来了诸多的风险。互联网金融与传统金融相比,门槛低,缺乏行业的规范,法律漏洞多,监管弱,这就使得互联网金融不可避免地出现很多问题,这些风险往往容易造成很多金融违规问题,例如出现非法集资、非法吸收公众存款、泄露消费者的个人隐私等网络金融犯罪,扰乱金融秩序。

在第三方支付平台上,互联网金融往往采用设置身份证号和登录密码的方式进行认证,这样的认证方式很容易为不法分子进行洗钱等犯罪活动提供良好的机会,因为他们可以借助于填写虚假的信息利用转账实现洗钱的目的,把不合法的资金变得合法化。除此之外,一些 P2P 融资平台还利用监管的漏洞来进行欺诈,进行非法集资、非法吸收公众存款等违法犯罪活动。这些问题都体现了互联网金融风险大的特征。

二、互联网金融的产生背景及发展历程

P2P 平台的前身为小额信贷,现代小额信贷起源于孟加拉诺贝尔和平奖得主穆罕默德·尤努斯(Muhammad Yunus)教授创办的"孟加拉乡村银行",其设立的最初目的是帮助没有抵押的低收入群体和失业妇女摆脱贫困,希望通过发放贷款,为他们提供创业机会。由于当时几乎不存在互联网的技术背景,贷款规模、从业者规模和社会认知层面等方面都存在一定的局限性。

进入互联网时代,小额信贷的主要形式也由单纯的"线下"模式演变为"线下"和"线上"并行的模式,线上模式以 P2P 平台的形式取得了快速的发展。2005 年 3 月,英国的四位年轻人理查德·杜瓦、詹姆斯·亚历山大、萨拉·马休斯、大卫·尼克尔森共同创造了世界上第一家 P2P 贷款平台 Zopa;2006 年,美国第一家 P2P 平台 Prosper 正式投入运营;2007 年,德国也成立了首家 P2P 网络借贷平台 Smava。随后,各式各样的网络借贷公司层出不穷。

相较于向线下民间金融机构借贷,P2P 网络借贷降低了中小企业的融资成本,近十年来,P2P 网络借贷在中国取得了迅猛的发展。尤其是 2013 年之后,P2P 网络借贷在我国发展速度令人瞩目。2013 年我国共出现约 800 家 P2P 平台网站,贷款存量 268 亿元,全行业实现 1058 亿元,与 2012 年 200 亿元左右的规模相比较呈现出爆发式的增长。截至 2015 年 3 月,全国可查询的 P2P 平台已超过 2500 家,发展形势异常迅猛。综观网络贷款在中国的发展历程,自 2007 年拍拍贷成立至今大致经历了四个阶段。

1.第一阶段:2007 年以前(萌芽阶段)

我国的 P2P 网络借贷起步较晚,早在 2007 年以前,小额贷款理念在国外就已经形成,但受到当时外界条件的限制,小额信贷的贷款规模、从业者规模以及社会认知层面都比较局限。直至全球第一家网络贷款平台成立,网络贷款行业在国外得以发展,网络贷款模式才因此传入中国。

2.第二阶段:2007—2010 年(初始发展期)

2007 年拍拍贷的成立,意味着 P2P 网络借贷这个新兴市场第一次被引入中国,其吸引了部分具有冒险精神和互联网创新精神的投资者开办 P2P 网络借贷平台,尤其是 2008 年金融危机以后,由于银行收缩了流动性,拒绝增加贷款额度,P2P 网络借贷平台开始吸引更多的关注。通过互联网,P2P 借贷平台提供了更灵活、更有效率、更高收益的融资方式,它注重于开拓传统银行不愿意涉足的市场,因此吸引了不少借贷双方通过 P2P 平台进行融资活动。

但是在 2007—2010 年,我国社会融资的需求和导向还没有从资本市场中转移,大部分资金集团还寄希望于资本市场的再次转暖,尽管市场对于新兴的融资平台期望较高,但是这一阶段 P2P 网络借贷的规模仍然较小,国内的 P2P 平台大约有 20 家,其中活跃平台不到 10 家,参与投资人数较少,投资金额较低。

在这一阶段,P2P 网络借贷从业人员相对较少,相关从业人员都是互联网创业人员,没有民间借贷经验和相关金融操控经验,更不具备 P2P 网络借贷的运营经验。因此,这一阶段的 P2P 网络借贷主要参考了最初成立和发展起来的拍拍贷模式:以信用借款为主,只要借款人在平台上提供资料,平台审核后就给予一定授信额度,借款人基于授信客户在平台发布借款需求。这一阶段的主要问题是:由于我国公民信用体系并不健全,平台与平台之间相互独立,信息交流较为闭塞,容易出现一名借款人在多家网站借款平台进行信用借贷,引发借款人信用风险问题。

3. 第三阶段:2010—2013 年(快速扩张期)

随着利率市场化的推进,以及民间借贷的火爆,国内网络借贷行业的发展速度逐渐提高。

尤其是 2013 年以来,P2P 网络借贷平台在我国的发展进入爆发期。据网贷之家发布的《2013 年中国网络借贷行业年报》显示,平台数量方面,2013 年 P2P 网络借贷平台数量达到近 800 家,是 2012 年约 200 家的近 4 倍;交易规模方面,2013 年我国

P2P 网络借贷成交规模达到 1058 亿元,比 2012 年交易规模翻了 5 倍,较 2011 年增长 10 倍。《2013 年中国人民银行年报》里提及:截至 2013 年末,全国范围内活跃的 P2P 平台已超过 350 家,累计交易额超过 600 亿元。

随着行业成交规模以及行业平台数量的不断增加,行业从业人数也不断增加。拥有民间借、放贷经验和关注网络创业人员开始涉足 P2P 网络借贷行业,同时一些软件开发公司提供了相对成熟的网络平台模板,弥补了这些具有民间线下放贷经验的创业者开办平台技术上的欠缺,降低了 P2P 网络借贷平台的开办成本。由于这一阶段开办平台的创业者具备民间借贷经验,了解民间借贷风险。因此,他们吸收了前期平台的教训,采取线上融资、线下放贷的模式,以寻找本地借款人为主,对借款进行有关资金用途、还款来源以及抵押物等方面的考察,有效降低了借款风险,保障了网络借贷平台业务的真实性。

4. 第四阶段:2013—2014 年(风险爆发阶段)

当平台数量呈爆发式增长时,问题也随之凸显。P2P 网络借贷的热潮让许多不法分子看到了非法牟利的机会,于是这个阶段出现了部分毫无资质的网络借贷平台,平台运营者只需要网络借贷系统模板,并租赁办公地点即可以开始上线圈钱。这些平台并不具备正常运营贷款的能力,只凭着虚假、浮夸的手段来吸引投资者,提供劣质产品,为 P2P 网络借贷行业的发展埋下了隐患。

据《2014 年中国网络借贷行业年报》统计:2014 年累计问题平台数量已达到了 367 家,其中,2014 年全年平台达 275 家,是 2013 年的 3.6 倍。2013 年问题平台多是诈骗、跑路平台;2014 年"诈骗、跑路"类和"提现困难"类问题平台数量不相上下,占比分别达 46% 和 44%;另外,还有部分平台因为停业或经侦介入等其他原因被曝光。

这一阶段之所以成为问题爆发期,从外部环境来看,经济疲软、借款人资金紧张造成逾期还款,股市回暖使得投资人纷纷撤出资金,这些都削弱了平台的还款能力。从内部环境来看,监管的缺失和平台的不规范运营是引发风险的主要原因。这个阶段上线的许多平台的共同特点是利用高利息吸引追求高利润的投资人,实质上,这些平台通过网络融资后偿还银行贷款、民间高利贷或投资自营项目。由于自带高息加大平台本身的风险,再加上平台本身资金实力和风控能力较弱,一旦出现负面消息,就容易导致挤兑现象。自 2013 年 10 月起,这些融资平台频频出现逾期、倒闭、跑路或不能提现的情况,致使部分投资者损失惨重,给国内贷款行业造成了不利的影响,破坏了国内正常的金融秩序。

5. 第五阶段:2014 年至今(政策调整期)

由于缺少必要的监管和法规约束,导致 2013 年以来,多家 P2P 网贷公司发生倒闭、跑路等恶性事件,给我国正常经营秩序带来不利影响,因此,市场开始重新审视 P2P 贷款行业的发展,对行业疯狂发展的现象进行反思,对行业的期待开始回归理性。

网贷平台方面,贷款行业呼吁各个 P2P 贷款公司组成行业联盟、资信平台,并积极向央行靠拢,寻求信用数据对接。贷款公司借鉴传统商业银行的经验,引入借款者的征信报告以及收入证明等材料,以此来衡量借款者的资质,进行风险控制。

政府方面加强对 P2P 网络借贷平台的监管。2014 年人民银行发布《中国金融稳定报告 2014》,要求 P2P 和众筹融资坚持平台功能,不得变相搞资金池,不得以互联网金融名义进行非法吸收存款、非法集资、非法从事证券业务等非法金融活动。2014 年 4 月,中国互联网金融协会正式获得国务院批复,未来将挂牌成立,该协会成员单位涵盖银行、证券、支付、互联网、P2P 等多个领域,入会标准划定了 P2P 四大准入门槛。2015 年,《关于促进互联网金融健康发展的指导意见》《网络贷款信息中介机构业务活动管理暂行办法(征求意见稿)》《最高人民法院关于审理民间借贷案件适用法律若干问题的规定》等一系列政策的出台，使得整个 P2P 网贷行业走向阳光化，P2P 网贷平台运营和监管有法可依；修订原有相关金融法律规范，完善 P2P 网贷行业的法律体系；进一步明确了 P2P 网贷的监管机构。

地方性政策方面，全国各地方政府出台政策，关注并扶持互联网金融的创新发展，如深圳出台了《关于支持促进互联网金融创新发展的指导意见》，天津开发区发布了《推进互联网金融发展行业方案》，南京成立了互联网金融中心扶持互联网金融的发展，广州公布了支持互联网金融创新发展方法，武汉出台了《武汉市人民政府关于促进互联网金融产业创新发展的实施意见》。

在这一阶段，国家表明了鼓励互联网金融创新的态度，并在政策上对网络借贷平台给予了大力的支持，使得很多大型国有企业和金融巨头开始尝试创立网络借贷子公司或以入股已有 P2P 贷款公司的形式参与 P2P 贷款市场的竞争。

随着市场的进一步发展，投资者交付趋于理性，借贷平台的利率水平也会更加稳定，国内贷款行业的竞争将会加剧，在激烈的竞争中，劣质的平台将会被淘汰，优质的平台将会逐渐壮大，使得市场份额更加集中，平台数量也趋于稳定。未来几年内，监管机构将会继续出台相关的法律法规，逐步提高网贷平台的准入门槛，规范平台运行，使得 P2P 网络借贷逐步步入正轨。

随着资本经济的快速发展，资金的流动和周转就意味着财富值的增长，谁可以率先获得资本和缩短资本的周转期，谁就可以更快地获得更多的财富。在全球经济的这一大背景下，融资成了个人和企业的重要任务。

相较于银行等传统的金融和非金融机构，对于普通个人来说，往往会选择民间借贷这一高效的融资方式，这种借贷方式通常依赖于血缘、地域关系，这种借贷方式简单灵活，手续便捷。民间借贷的发展随着互联网的发展而创新，将自身和互联网技术、互联网思想相结合,打破了血缘、地域限制,信息交换更加便捷和频繁,融入了信息交互、资源共享、优劣互补、平等自由的互联网思想,使得民间借贷的地域范围更加广泛,信息更加透明公开。

根据福布斯和宜信公布的《2014 中国大众富裕阶层财富白皮书》,中国私人财富快速增长,2013 年中国私人可投资资产总额约 94.1 万元,相比 2012 年增长 13.3%,2013 年末大众富裕阶层规模已达 1197 万人,相比 2012 年增长 0.4%。同时,大众富裕阶层的财富保值增值需求强劲,但是除了 24.1% 的人认为自己已经有了资深的投资经验(包括 4.1% 的专业投资人士)外,剩余的人并没有充足的经验。因此,该阶层普遍追求中低等风险和较确定的回报,其比重占到了 90.4%,将近 94% 的投资者希望投资资金在 1—2 年内回转。而 P2P 这一市场正好符合该阶层的发展和投资偏好。根据网贷之家的调查,P2P 市场的借贷用途通常是个人短期的借款以缓解个人资金周转困难问题,其比重占到了 47%,这个周期通常是在一年以下的,甚至更短,利息收益由双方当事人约定,预期收益较为固定。P2P 理财相较于其他理财产品并不需要十分专业的金融知识,具备一定的风险意识即可投资,符合大众富裕阶层的需求。

P2P 行业率先在英国兴起和发展,随后在欧美国家得到快速发展。自 2006 年起,P2P 行业引进中国,在中国大地上得到飞速发展。根据《中国 P2P 借贷服务业行业白皮书 2014》的统计情况来看,中国 2014 年底的 P2P 平台数量已达 1500 家,相比 2013 年增长了 100% 以上。

最近几年,我国 P2P 平台的发展呈现出爆炸式增长,其中,广东和浙江的数量分布位居前二。这些平台的发展无疑是金融的创新,是经济发展新的血液,它促进了民间经济的快速发展,促进了利率市场化。但是,在该新兴行业急剧发展的同时,我们不应忽视该行业给社会带来的隐患和挑战。

以英国著名的 Zopa 和美国有名的 Prosper 及 Lendingculb 为例，Zopa 和 Prosper 成立于 2005 年，Lendingclub 成立于 2007 年。尽管三家企业成立的时间有所不同，但是三家公司成立的初衷却惊人地相似，他们都希望通过自己的企业服务来满足各个金融消费者的金融需求，通过自身这个创新的模式来满足消费者。同样地，他们在创始之初也受到过国内传统金融行业的打压，经历过过渡时期的混乱状态，但是英美两国通过长期的试验得到了一些值得我国 P2P 行业借鉴的优秀经验。

我们可以看到美国看重保护消费者的合法权益，包括出借人和借款人及相关利益人，美国先后出台了《真实借贷法案》《公平信用保安法案》《信贷机会平等法案》等，同时还设立了美国消费者金融保护局，这些都是为了保护金融消费者的利益。两国互联网金融行业的监管的另外一个侧重点就是 P2P 平台的信息披露，英国政府要求 P2P 行业在遵守政府相关法律规则的同时，也要严格遵守 P2PFA 所制定的规则，其中极为重要的就是 P2P 平台的信息披露制度。

三、我国互联网金融发展现状

我国互联网金融虽然起步晚，但发展迅速。相对于传统金融而言，它在支付渠道、投资融资渠道、理财渠道等方面进行了创新。2013 年的十八届三中全会正式提出"普惠金融战略"，互联网金融迎来新的机遇；2014 年 3 月，央行行长周小川明确表示余额宝不会被取缔；同年 3 月互联网金融被写入政府工作报告[①]；2015 年 3 月股权众筹试点被写入政府工作报告，"股权众筹融资试点"被列为当年金融改革内容之一；同年李克强总理造访腾讯微众银行，并释放出监管层有意通过互联网推动金融行业深化改

---

① 赵静.互联网金融的法律风险[J].金融经济,2014(16),38—39.

革的信号,随后央行发布了《关于推动移动金融技术创新健康发展的指导意见》。这些都表明了互联网金融产品在我国的崛起发展以及决策者对于互联网金融持支持的开明态度。

纵观互联网金融的发展历程,我们可以看到早在 20 世纪 90年代,互联网金融就以潜移默化的方式影响并改变着人们的生活。自 1997 年招商银行推出第一家网上银行,随后各种网络银行、网络证券等网上金融如雨后春笋般出现。到了 21 世纪,越来越多的互联网企业利用电子商务、云计算、社交网络以及搜索引擎等互联网工具开展金融业务,第三方支付、P2P 网络贷款、众筹、大数据金融、信息化金融机构、互联网金融门户等新型互联网模式层出不穷。据统计,2014 年中国移动网民规模达到 5 亿多,2015 年有望突破 6 亿。截止到 2014 年我国互联网理财余额超过8000 亿元。据网贷之家数据统计,截至 2015 年 3 月,我国 P2P运营平台数量已经达到 1728 家,贷款余额高达 1500 多亿元。根据支付宝数据显示,目前支付宝移动支付日交易笔数超过 4500万笔,2015 又将迎来移动互联网金融元年。可见,互联网金融已经深入到普通民众生活之中,各种创新的金融工具丰富了我国的金融市场,未来互联网金融产品将会走向更加多元化的创新道路。

第二节 互联网金融发展的相关理论

互联网金融与传统金融的最大区别在于金融理论不同,传统金融以二八定律为基础,互联网金融则以长尾理论为基础。互联网技术的应用使得互联网金融建立于平台经济的基础之上,增强了企业的风险控制能力,降低了金融服务的成本,提高了配置金融服务资源的效率。

一、长尾理论

"长尾"这一说法最早出现在美国。2004 年 10 月,克里斯·安德森(Chris Anderson,美国《连线》杂志总编)在他所写的一文中提到了"长尾"一词,用以说明类似互联网上的亚马逊和 Netflix 等的商业和经济模式,后随着学界的深入研究和广泛应用,长尾理论开始逐渐形成。

所谓长尾理论是指,只要产品的存储和流通的渠道足够大,需求不旺或销量不佳的产品所共同占据的市场份额可以和那些少数热销产品所占据的市场份额相匹敌甚至更大,即众多小市场汇聚后可与主流相匹敌的市场能量。也就是说,企业的销售量不在于传统需求曲线上那个代表"畅销商品"的头部,而是那条代表"冷门商品"经常被人遗忘的长尾。举例来说,一家大型书店通常可摆放 10 万本书,但在亚马逊网络书店的图书销售额中,有四分之一来自排名 10 万以后的书籍。这些"冷门"书籍的销售比例正在高速增长,预估未来可占整个书市的一半。这意味着消费者在面对无限的选择时,真正想要的东西和想要取得的渠道都出现了重大的变化,一套崭新的商业模式也跟着崛起。简而言之,长尾所涉及的冷门产品涵盖了几乎更多人的需求,当有了需求后,会有更多的人意识到这种需求,从而使冷门不再冷门。

长尾理论的基本原理是聚沙成塔,将传统的小市场积累创造出大的市场规模。长尾价值重构的目的是满足个性化市场的需求,通过互联网平台经济,在创意上具备个性化价值内容的产品更加容易获得顾客的需求,开创一种与传统大众化完全不同的商业经营模式。在互联网金融时代,传统的增加品种满足小微客户而产生亏损的情况将在云计算和大数据的支持下,演变成利润丰厚的增长点。

长尾理论是网络时代兴起的一种新理论,由于成本和效率的因素,当商品储存、流通、展示的场地和渠道足够宽广,商品生产成本急剧下降以至于个人都可以进行生产,并且商品的销售成本急剧降低时,几乎任何以前看似需求极低的产品,只要有地方卖,都会有人买。这些需求和销量不高的产品所占据的共同市场份额,可以和主流产品的市场份额相当,甚至更大。

二、平台经济

平台经济学是互联网发展的背景下脱胎于产业经济学的一个学术理论分支。在互联网不断发展的背景下,产业组织形式的种类也变得纷杂繁多,平台(Platform)正是其中较为新颖的形式之一。随着经济的发展,金融市场对各种金融平台的建设也愈发关心,平台经济学的理论研究也得以愈发成熟。

平台经济的典型经济学特征是构建平台的边际成本基本为零,而边际收益却很高。作为现实或虚拟的交易空间或场所,平台可以通过促成买卖双方或多方客户之间的交易来收取恰当的费用以获得收益。规模经济效益也是平台的典型特征,只要在平台上聚拢足够多的买方就能够吸引卖方及相关者的加入,从而形成聚集效应。

1. 平台经济的诞生

2016—2017 年,互联网平台企业成为全球经济中最强大、最具创新精神的关键部分。在互联网平台上,呈现出数字化信息的快速流动与大规模社会化协作,融合互联网经济与实体经济,平台本身成为经济与社会的新主角。互联网平台连接人们的线上线下生活,由平台企业演化出平台生态或平台经济已是大势所趋。

互联网平台呈现出三个重要特征:一是平台成长到与市场、企业同等重要的位置;二是整个社会中的主导公司形态从产品型公司转向平台型公司;三是技术驱动的互联网平台成为经济、社会与生活中新的资源配置与组织方式。随着互联网与产业融合加深，平台的产业领域不再局限于零售业电商平台，而是趋于多元化发展。随着平台进入产业领域越来越丰富，其对产业和产业组织变革的影响力越来越大，平台逐步由一种商业现象发展为一种经济形态。中国经济增长正处在新旧动能转换时期，又步入了创新资源全球化阶段。"互联网＋"改变了传统的产业链组织方式，正在以平台为核心重组产业生态。平台经济的崛起为中国制造业弯道超车带来了重要机遇。

2.平台经济的特征

平台经济就是指依托实体交易场所或虚拟交易空间，吸引产业链上下游相关因素加入，并以促成双方或多方之间进行交易或信息交换为目的的商业模式。从这一定义中不难发现，平台经济是一种商业模式的革新，而非产品本身的创新。支撑互联网的技术因素有九个要素，分别为"技术驱动"——云计算（Cloud）、移动终端（Mobile）、技术表达（App）；"关键环节"——数字化（Digitalization）、连接（Connection）、精准匹配（Match）；"人的需求"——社交化（Social）、赋能（Enabler）、生态（Ecosystem）。也可称作互联网平台特性的九宫格。

（1）平台经济最主要的特征就是依赖于用户参与。平台能调动用户参与生产，也会对用户产生巨大影响。乐观派们强调，以优步为代表的平台能够释放未被充分使用的个人资产的商业价值，而类似于Youtube的平台则能让每一位用户都成为具有灵活工作时间并从平台得到收益的创业者。为劳动者和工作任务提供匹配服务的平台可能使劳动力市场更有效率，同时会出现一个工作岗位和价值创造都极度分散化的社会。

（2）平台经济的第二个特征是信息精确匹配。某种类型的交易，如果有很多潜在买家和卖家，如何撮合两个群体达成交易将至关重要，而平台效率也集中体现为撮合效率。平台经济之所以有价值,是因为其连接一切的特性及其虚拟空间能打破时间限制与物理空间距离,使得企业超越区域小市场,面向全国或全球大市场,从针对存量的"头部"发展到拓展增量的"长尾",从以人工操作处理为主发展到工具的技术替代。平台是连接上下游、供需端或买卖方的第三方或第四方服务,也是在撮合交易、资源配置、开源创新等过程中,通过降低交易费用、分享价值增值收益的经营实体。

(3)平台经济的第三个特征体现为双边市场、交叉网络外部性。网络外部性有很多类型,但其中一种特别值得关注,即"双边网络外部性"。"双边网络外部性"意味着,已加入该平台的买家越多,则卖家加入该平台的潜在收益也越高;同样,已加入该平台的卖家越多,则买家加入该平台的潜在收益也越高。由此,买家和卖家是否加入该平台,乃是一种"鸡生蛋,蛋生鸡"的正反馈过程。而对平台企业而言,如何达到正反馈,流量是基础,如何持续获取流量是打造平台生态圈的关键。

(4)平台经济的第四个特征就是跨界。随着资源共享范围越来越广、程度越来越深,产业内部的边界越来越模糊,产业通过平台实现的跨界融合现象也愈加显著。新经济格局下,产业的界限越来越模糊,打破原有产业边界,产业之间跨界现象显著。平台型企业通过连接多边群体,整合多方资源,设立规则与机制,满足多边群体的需求,充当连接、整合的角色。传统企业也可利用连接、整合的思维去创造更大的价值。企业通过减少不必要的中间环节,创造更多的价值连接,提升效率,带来增值。企业还可以通过协同上、下游伙伴,甚至同业竞争者,一起设计新格局、新规则,为供应方及需求方带来更大增值。此外,企业可通过跨界整合,创造全新的价值。

总之,平台追求的是在环形的、不断循环的、受反馈驱动的过程中,最大化生态系统的总体价值。对平台企业而言,难以复制的资源是社区及其成员拥有和贡献的资源，生产者和消费者的数据是平台企业的首要资产。平台经济的魅力在于凝聚资源，将传统经济链条式的上、中、下游组织重构成围绕平台的环形链条。平台将原本冗长的产业链弯曲成了环形，企业端用户通过平台直接触及消费者，节省的各个环节都提高了产业效率。

三、大数据、云计算理论

在维克托·迈尔-舍恩伯格及肯尼斯·库克耶编写的《大数据时代》中，大数据指不用随机分析法（抽样调查）这样的捷径，而采用对所有数据进行分析处理的方法。大数据的"4V"特点：Volume（大量）、Velocity（高速）、Variety（多样）、Value（价值）。对于"大数据"研究机构，Gartner 给出了这样的定义："大数据"是需要新处理模式才能具有更强的决策力、洞察发现力和流程优化能力的海量、高增长率和多样化的信息资产。

提到大数据时，人们常把它和云计算关联起来。云计算是一种按使用量付费的模式，这种模式提供可用的、便捷的、按需的网络访问，进入可配置的计算资源共享池（资源包括网络、服务器、存储、应用软件、服务），这些资源能够被快速提供，只需投入很少的管理工作，或与服务供应商进行很少的交互。

从技术上看，大数据与云计算的关系就像一枚硬币的正反面一样密不可分。大数据必然无法用单台的计算机进行处理，必须采用分布式计算架构。它的特色在于对海量数据的挖掘，但它必须依托云计算的分布式处理、分布式数据库、云存储和虚拟化技术。

互联网消费信贷的产生正是基于大数据和云计算的运用，最明显的体现就是，无论是"京东白条"还是"蚂蚁花呗"的授信评估系统，都离不开对上述两者的运用。消费者在互联网平台上留下的交易情况、资金状况、投资偏好、最常消费种类、借款还款情况等一系列信息,都会通过大数据、云计算的运用技术,最终成为互联网消费信贷评估授信额度的数据基础。

第三节　互联网金融的基本模式

互联网金融的基本模式主要有第三方支付、P2P 网络贷款、众筹、大数据金融、信息化金融机构、互联网金融门户六大模式。现主要介绍第三方支付、P2P 网络贷款、众筹、大数据金融四大重要的互联网金融模式,包括它们的概念、流程以及各自的优点。

1.第三方支付

第三方支付是指以非金融机构作为支付中介,利用信息技术,采用与各大银行签约的方式提供电子支付的平台。这个非金融机构得具备一定的实力和信誉保障,它与银行之间签订协议进行数据交换和信息确认,一端联系着各大商业银行,另一端联系着消费者与商户。在第三方支付中,买方首先将货款支付给第三方而不是卖方,这个第三方与买卖双方都无直接联系,当买方收到货物后通知第三方,第三方再把货款转移给卖方,这就保障了交易的安全。

第三方支付平台作为独立于客户和商家的第三方,不属于任何金融机构,提供的中间服务相对比较公正。首先对于商家来说,可以避免遭受发出货物却收不到货款的风险。除此之外,更是降低了商家的经营成本。因为在传统的金融模式中,商户要与银行建立联系来完成货款或者是货到付款的交易,手续复杂,成本较高。而在第三方支付平台中,商户只需要选取一家非金融机构作为第三方,与其合作的银行的联系就建立起来了,使得支付更加方便快捷,经营成本更加低廉。其次对于客户而言,既可以避免遭受收不到货物的风险,又可以保障货物的质量。交易安全性相对较高,这使得很多消费者可以放心地进行网上购物。最后对于银行而言扩展了其业务的范畴。在整个交易过程中,货物质量、交易诚信都能得到相对可靠的保证,且整个交易过程方便快捷,支付成本也比较低。

2.P2P 网络贷款

P2P 网络贷款是随着民间借贷和互联网的发展而兴起的一种新型的互联网金融模式,即点对点信贷,是指个人与个人之间通过第三方互联网平台由借贷双方自由竞价,撮合成交而实现的借贷方式。这种贷款方式不同于传统的贷款方式,P2P 网络贷款平台不属于借贷资金的债权债务方,它是给借款人和贷款人提供信息交互,促成双方完成交易的中间服务方。它与民间借贷存在着关联但又不同于民间借贷,在形式上它是在 P2P 网络平台上完成的,不管是申请、资料的提交还是资格的审核都是在互联网上完成的。作为中介机构的 P2P 网络平台既不放贷也不赚利息差,仅仅收取一定的服务费用,这与银行和民间小额贷款公司都有着很大的区别。

P2P 网络贷款有其自身的流程。首先,借贷双方都需要在网络平台上注册账号。然后借款人结合自身情况选择合适的贷款方式,提交相关的资料等待网络平台进行审核。网络平台对借款人的资质进行审查,审查通过即在平台上发布借款人的信息来等待贷款人投标。贷款人可以根据相关信息选择借款人决定借出的资金数额,而一个借款人的借款资金可以由多个贷款人的资金出资构成。最后,贷款到期借款人偿还本息。

如今 P2P 网络贷款已经成为贷款的一种趋势。利用互联网技术实现的贷款,省时省力省成本,交易方式灵活高效,能够满足借款人、贷款人各种各样的需求。无抵押无担保的优势更是可以让陌生人之间凭借着良好的信用就能互相建立借贷关系。除此之外,低准入门槛吸引了那些中小微企业、个体广泛参与其中,解决了那些小微企业融资难的问题,使得参与群体广泛化。

3. 众筹

众筹是指个人或者小企业采用团购预约的形式,利用互联网向大众筹集项目资金的模式。那些小企业或者个人为了筹集到需要的资金,在平台上展示自己的产品、项目以获得公众支持得到资金的援助,这为那些小企业或者个人进行创业提供了机会平台。在募集资金的同时筹资人也达到了宣传推广的效果。根据筹集目的和回报方式,众筹还可以分为商品众筹和股权众筹两类。2015 年股权众筹融资试点写入政府工作报告,从此政府认可了这种融资方式是市场的一部分。这对于推进我国众筹行业发展、完善金融体系有着重要的意义。

相对于传统的融资方式,众筹更加草根化、平民化。筹资者在众筹平台上展示自己的项目,网友都可以通过投资来支持自己喜欢的项目,这为许多小企业或者个人提供了很大的机会;而对于筹资者来说,他们需要在平台上介绍展示自己的项目、产品,这就激发了他们的创造力,提高了创业的效率。除此之外,众筹平台提供了不同群体间互相交流的机会,提供投资帮助,解决信息不对称的问题,这不仅有助于投资者做出理性的投资决策,而且帮助创业者更快、更方便地获得发展所需要的资金,激发其创业的积极性。

4. 大数据金融

大数据模式又称作电商金融模式,指集合海量非结构化数据,通过对其进行实时分析,可以为互联网金融机构提供客户的全方位信息,通过分析和挖掘客户的交易和消费信息掌握客户的消费习惯,并准确预测客户行为,使金融机构和金融服务平台在营销和风险控制方面有的放矢。基于大数据的金融服务平台主要指拥有海量数据的电子商务企业开展的金融服务。大数据的关键是从大量数据中快速获取有用信息的能力,或者是从大数据资产中快速变现利用的能力。因此，大数据的信息处理往往以云计算为基础。

大数据金融模式下，具体有两种金融模式。

一是平台金融模式。平台金融模式是在电商平台基础上形成的网上交易信息与网上支付形成的大数据金融，通过云计算和模型数据处理能力而形成信用或订单融资模式。其与传统金融依靠抵押或担保的金融模式不同在于，阿里小贷等平台金融模式主要基于对电商平台的交易数据、社交网络的用户交易与交互信息和购物行为习惯等的大数据进行云计算来实时计算得分和分析处理，形成网络用户在电商平台中的积累信用数据，通过电商所构建的网络信用评级体系和金融风险计算模型及风险控制体系，来实时向网络商户发放订单贷款或者信用贷款，批量快速高效，例如阿里小贷可实现数分钟之内发放贷款。

二是供应链金融模式。供应链金融模式是企业利用自身所处的产业链上下游，充分整合供应链资源和客户资源而形成的金融模式。京东商城是供应链金融模式的典型代表，其作为电商企业并不直接开展贷款的发放工作，而是与其他金融机构合作，通过京东商城所积累和掌握的供应链上下游的大数据金融库，来为其他金融机构提供融资信息与技术服务，把京东商城的供应链业务模式与其他金融机构实行无缝连接，共同服务于京东商城的电商平台客户。在供应链金融模式当中，电商平台只是作为信息中介提供大数据金融，并不承担融资风险及防范风险等。

大数据金融模式较传统金融也有其独特的优势。

一是运营成本低，客户群体大。由于这种资金融通以大数据云计算为基础，以大数据自动计算为主而非以人工为主参与审批，故其成本低廉，不仅可以针对小微型企业金融服务，还可以根据企业的生产周期来灵活地决定贷款的期限。电商金融不仅整合碎片化额需求和供给，而且拓展服务领域服务数以千万计的中小企业和中小客户,进一步拉低了数据金融的运营与交易成本,边际成本低效益好。

二是精准营销个性化服务,放贷快捷。无论平台金融还是供应链金融都是建立在长期大量的信用及资金流的大数据基础之上的,任何时点都可以通过计算得出信用评分,并通过网上支付方式,实时根据贷款需要及其信用评分等大数据来发放贷款。由于建立模型是根据每家企业的信用评分及不同生产流程进行放贷,大数据金融不受时空限制,能较好地匹配期限管理,解决流动性问题,可针对每一家企业的个性化融资要求提供不同的金融服务且快捷高效准确。

三是科学决策,风险管理和控制好。由于平台或供应链聚拢了信息流、物流、资金流,且平台贷款或者供应链贷款都是在大数据金融库里积累的持久闭环的产业上下游系统内部,因此贷款方熟悉产业运作及风险且掌握能力较强,便于预警和防范风险,基于这些交易借贷行为基础上的大数据金融记录了违约率等相关指标,可以实时给出信用评分,能够解决信用分配、风险评估、实施授权甚至识别欺诈问题,利用分布式计算来做出风险定价、风险评估模型。建立在大数据金融模式基础上的风控科学决策能有效降低不良贷款率。大数据金融的信息处理和数据模型优势,不仅可以替代风险管理、风险定价,甚至可以自动生成保险精算。

第四节　互联网金融存在的法律风险

一、民法风险

1.隐私保护和尽职披露的矛盾

P2P平台的运作模式是指 P2P 平台了解出借人和借款人的意向,撮合借款人和出借人,并收取佣金。根据《合同法》第四百二十四条规定"居间合同是指居间人向委托人报告订立合同的机会或者提供订立合同的媒介服务,委托人支付报酬的合同"。P2P 平台完全符合居间合同的要求,因此,我们将 P2P 平台定位为介绍债权配对的中介机构是比较合适的。在去年的银监会发展论坛上也明确指出 P2P 平台的定位是中介机构,既然是中介机构,那就意味着平台自身不能做担保,不能做资金池,要保持中介机构的独立性和中立性。

　　根据《消费者权益保护法》第二条:"消费者为生活消费需要购买、使用商品或者接受服务,其权益受本法保护;本法未作规定的,受其他有关法律、法规保护。"P2P 行业提供信息服务,属于服务消费,因此,P2P 当事人受到《消费者权益保护法》的约束和保护。出借人享有知情权和隐私权,借款人也享有知情权和隐私权。另《合同法》第四百二十五条规定,"居间人应当就有关订立合同的事项向委托人如实报告。居间人故意隐瞒与订立合同有关的重要事实或者提供虚假情况,损害委托人利益的,不得要求支付报酬并应当承担损害赔偿责任"①。在运作过程中,P2P 平台应当尽到诚实尽职的义务,如实告知出借人和借款人与债权债务息息相关的必要信息。但是,《合同法》并未具体规定如实报告的要求,因此,我们认为如实报告的总的原则是 P2P 平台报告的信息应该是必要充分但却是有限的:必要充分指的是和债权相关的必要信息,有可能影响债权债务正常有效运作的相关因素均应该如实报告;有限指的是和债权债务无必然联系的私人信息应该得到法律的保护,不应该泄露客户的隐私等。另外,该条的另一个缺陷是并未详细规定损害赔偿的具体算法和金额、方式。我们认为,赔偿金额应当以所借金额和直接损失为限,不能将借款有可能谋取的利益归纳到赔偿范围里来;否则,一是有可能导致当

---

① 《合同法》第四百二十五条。

事人蓄意隐瞒必要信息引起道德风险,二是过高的赔偿责任将打击 P2P 行业的积极性,不利于新兴的 P2P 行业的发展。本法条只规定了 P2P 平台"故意隐瞒"重要信息的情形,未对过失的情形做出规定,笔者以为,过失的情形应当参考《合同法》第一百零七条:"当事人一方不履行合同义务或者履行合同义务不符合约定的,应当承担继续履行、采取补救措施或者赔偿损失等违约责任。"

2.夸大宣传引诱投资带来的风险

P2P 平台为了撮合双方的借贷关系,往往以高息引诱投资者,而这一部分高利息大多得不到实现,这样一来容易触犯法律的有关规定。

根据《合同法》第五十二条的有关规定。有下列情形之一的,合同无效:

(1)一方以欺诈、胁迫的手段订立合同,损害国家利益。

(2)恶意串通,损害国家、集体或者第三人利益。

(3)以合法形式掩盖非法目的。

(4)损害社会公共利益。

(5)违反法律、行政法规的强制性规定。

以虚假高息相诱,显然存在欺诈的嫌疑,根据《合同法》第五十二条第一款的规定,合同无效,另外根据《消费者权益保护法》第五十五条的规定,"经营者提供商品或者服务有欺诈行为的,应当按照消费者的要求增加赔偿其受到的损失,增加赔偿的金额为消费者购买商品的价款或者接受服务的费用的三倍;增加赔偿的金额不足五百元的,为五百元"。

3.技术风险的责任承担者

P2P 平台自身本质上还是金融问题,涉及金融,最重要的还是资金、信息的安全问题,尤其是互联网金融,它不仅仅具有金融的风险,还具有互联网的信息风险。在平台设计上,计算机技术的短板将造成难以弥补的后果,一旦出现有人潜入网站盗取出借人、借款人、借款往来等相关信息的情况,应该由谁来承担当事人的损失? 我们认为侵权人实施侵权行为,造成侵权结果的发生,并且其行为和结果之间有因果关系,因此,侵权人应当承担责任,赔偿损失。另外,如果 P2P 平台没有采取必要的网络保护措施、客户信息安全维护措施,也应当承担连带责任。不过通过计算机侵权有一定的隐蔽性,想要侦查破案也有一定的难度,往往从行为人处得不到赔偿。

二、刑法风险

1. 借贷利率过高带来的风险

P2P 无疑给中小企业融资带来了巨大便利,促进了市场经济的发展。但是,我们应该意识到目前的 P2P 本质上仍然是一种民间借贷的延伸,是互联网上的民间借贷。首先,从借贷双方的关系和资金流向上来说,借款人和出借人都是自然人,仍然是直接的借贷方。其次,双方自愿约定利率及借款期限等相关信息。因此,P2P 这一互联网借贷也就适用《关于人民法院审理借贷案件的若干意见》,其中第六条规定民间借贷的利率最高不得超过银行同类贷款利率的四倍(包含利率本数),否则不予保护。高利率固然可以吸引出借人,增长出借人的投资热情,但是,在高投资的背后,高于银行同期四倍利息的部分将得不到法律的保护,借款人一旦出现资金无法回笼的问题,出借人的债权将无法得到法律的保护,最后出借人往往走上私人催债的道路。

2. 非法吸收公众存款罪的陷阱和集资诈骗罪

根据《刑法》第一百七十六条的规定,非法吸收公众存款罪指的是非法吸收公众存款或者变相吸收公众存款,扰乱金融秩序的行为①。P2P 平台的近亲属、股东及网站管理人员等和 P2P 交易管理有密切联系的自然人或者公司利用或者变相利用 P2P 平台，通过和 P2P 有关联的第三人的借款行为变相地将借款资金隐蔽地转入 P2P 账户或者平台管理人员的账户，以达到非法吸收公众存款的目的，甚至在成立 P2P 平台的时候就居心不良，想要蓄意占有资金，这样就有可能触犯集资诈骗罪。这样一来不仅影响了我国的金融秩序，更重要的是影响了市场经济。

3. 高利转贷罪的扩大解释假设

根据《刑法》第一百七十五条规定，高利转贷罪主要是指从金融机构贷款后，以高于金融机构的利率转贷给他人。随着互联网金融的发展，P2P 平台有着金融机构的一部分相同的性质，它和传统的银行一样都是以金融为经营内容的。假设一个出借人 S 从 A 平台以 8％ 的借款利率借得一笔钱，然后转手又以 12％ 的利率借给了 B 平台介绍的借款人，这样一来，S 从中赚取了 4％ 的利息差，这样的情况就是 S 在空手套白狼，事实上，这样的行为是十分危险的。原本在市场上关系不大的 A 平台和 B 平台此时就成了同一条船上的蚂蚱，一旦像 S 这样的套白狼者多了，A 平台的资金回笼就全靠 B 平台的资金周转，一旦 B 平台资金链断裂，A 平台也就很有可能面临资金链危机。

显然，在 P2P 的高利转贷行为和在银行的高利转贷行为的后果无差别，但是目前《刑法》规定的高利转贷罪的范围仅仅局限于金融机构，这显然已经跟不上互联网金融的发展。因此，应当将高利转贷罪的适用范围做扩大解释，将该罪的适用范围扩大到互联网金融行业，以便更好地维护金融秩序。

4. 防止变相的公司之间的借款

中国人民银行《贷款通则》第六十一条明确规定，企业之间不

---

① 《刑法》第一百七十六条。

得违反国家规定办理借贷或者变相借贷融资业务①。也就是说企业和企业之间不得相互借款,最高人民法院在《关于对企业借贷合同借款方逾期不归还借款应如何处理问题的批复》中明确规定:企业借贷合同违反有关金融法规,属无效合同②。许多公司通过变相的方式,由某一自然人 A 为出借人,B 公司为借款人,由此形成的债权债务关系有效,但是,有些 P2P 平台将债权购买下来,平台成为债权人,虽然表面上两家公司没有直接订立借款合同,但是事实上,两家公司之间已经形成了债权债务关系,而这种关系无法得到法律的保护。

第五节　互联网金融法律风险的应对

1.强化互联网金融监管,防范互联网金融风险

建立监管协调机制和分类监管机制相结合的监管框架,提高监管的针对性和有效性。

(1)建立互联网金融监督管理委员会。应充分考虑由央行牵头,银监会、证监会、保监会、财政部、国务院法制办等部门参与,联合组建一家国务院下属的全国互联网金融监督管理委员会,全面负责互联网金融行业的监管,出台互联网金融业务相关监管规定,确保监管的专业性和全面性,并且要建立稳定的交流合作机制和信息共享机制,防止系统性金融风险的发生。

(2)要充分发挥行业自律的引领作用。建立行业自律和协会组织,加强行业自律。应该积极推动各类互联网金融自律组织的成立和相互交流。健全自律体系,制定和完善自律规则,成立行业自律协会,监督和保障行业自律组织的运行。

---

① 《贷款通则》第六十一条。

② 最高人民法院《关于对企业借贷合同借款方逾期不归还借款应如何处理问题的批复》(1996)。

（3）建立分类监管机制。如，涉及民间借贷行为的，要求互联网企业对企业资金来源、资金运用、资金担保等做出明确规定；针对理财行为可以按照符合客户利益和风险的承受能力的原则，通过制定《互联网理财条例》来进行监管。

（4）强化属地监管。2014年3月13日，央行下发紧急文件暂停支付宝、腾讯的虚拟信用卡产品，同时暂停的还有条码支付等面对面支付服务。线下条码支付突破了传统手艺终端的业务模式，其风险控制水平直接关系到客户的信息安全和资金安全。虚拟信用卡突破了现有信用卡业务模式，在落实客户身份识别义务、保障客户信息安全等方面尚待进一步研究。中国人民银行支付结算司要求中国人民银行杭州中心支行支付结算处及时向支付宝公司提出监管意见，要求其立即暂停线下条码支付、虚拟信用卡有关业务，采取有效措施确保业务暂停期间的平稳过渡。此外，还要求中国人民银行杭州中心支行支付结算处遵循监管原则：要求辖内商业银行、支付机构在推出创新产品与服务、与境外机构合作开展跨境支付业务时，应至少提前30日履行业务报备义务。

以P2P网络借贷平台的监管为例：首先，要明确监管的主体，由哪些部门进行监管，要做出具体的规定。监管主体的职责是什么，监管哪些方面也应该有统一的标准。针对P2P平台模式的复杂性和跨区域性，其对应的监管措施应该由单线监管向多线监管的方向转变。其次，平台资金由第三方监管，创新P2P利率定价手段。无论是转账资金还是"资金风险池"均应适用第三方资金管理平台防范。禁止使用公司账户或高管账户进行资金周转。网络借贷平台内部应该明确资金转账的详细流程，确保每一笔资金的到位情况及其责任情况。应该把那些因为用户转账行为而产生的相应的在途资金存到委托监管银行的无利息监控账户里面去，接着再由监管银行对网络借贷平台的转账行为进行实时监控,并负责向监管部门转交托管的报告。再次是创新 P2P 利率定价手段,防止高息投机行为。现今,中国人民银行已经逐步放宽对商业银行的贷款利率浮动空间,积极地推进利率市场化的改革。可结合地区、行业、产业等实际情况,确定 P2P 平台合理的利率范围;规范 P2P 平台利率定价,遏制高利贷行为。

2.加强互联网金融消费者权益保护,促进互联网金融的良性竞争

(1)制定专门的互联网金融消费者权益保护法,对交易过程中的风险分配和责任承担、机构的信息披露、消费者个人信息保护等做出明确的规定。从 2013 年开始,我国的互联网金融才开始真正快速发展起来,《消费者权益保护法》的客体主要是普通的商品及服务,对于金融商品及服务的相关立法,就只有修改后的第二十八条。如此孤立的条款显然无法满足消费者保护的需求。《消费者权益保护法》本身的规则设计着重于一般的商品与服务中的消费者保护,且强调的是"为生活消费需要"的目的,这里"产品与服务"强调的是共性。然而"金融产品与服务"的特殊性是不言而喻的。即便金融消费者也是消费者,但不是普通的消费者,在这个消费者群体中,相当一部分自然人对消费(包括购买金融投资类产品)的"商品或服务"根本不具备基本的识别、辨别能力,这些金融产品看不见、摸不着,但又蕴藏着极大的风险。《消费者权益保护法》专门针对金融消费者权益保护的特别规定屈指可数,导致对金融消费的特点未能做出充分的回应,对金融消费者的保护无法满足现实的需要,不能实现"金融机构应将合适商品销售给适合客户""金融机构应履行严格的告知义务和风险提示义务""金融机构提供复杂性产品给予客户犹豫期"等特殊要求。尽管《商业银行法》《证券法》《保险法》等金融法律都原则性地提到了要保护或者维护存款人、投保人或者投资者的合法权益,但是《消费者权益保护法》对这一类消费者的保护没有进行系统的

顶层设计,欠缺整体性、全面性和协调性,难以达到保护金融消费者的目的。某些国家和地区对待互联网金融商品及服务是有专门立法保护的,值得我国借鉴。例如日本于 2006 年出台的《金融商品交易法》,我国台湾在 2011 年出台的关于金融消费者保护的有关规定。因此,鉴于消费者权益保护的一般法难以全面地覆盖金融消费者权益保护的各个领域,金融消费者的合法权益无法得到有效保障,我国应尽快地制定金融消费者权益保护特别法,主要内容应该包括:清晰界定金融消费者的概念,确立金融消费者保护规则,明确要求金融机构应当履行的法定义务(包括应将合适产品销售给适合的消费者、履行严格的告知义务和风险提示义务、提供复杂性产品应给予客户犹豫期等特殊要求),同时还要赋予金融管理机构监督检查、产品与规则审查及追究金融机构相关法律责任的权力,建立适合我国国情的金融法律纠纷非诉解决机制,从根本上解决金融消费者权益保护中的法律支撑与制度供给不足、消费者求告无门等问题。

(2)成立以"一行三会"为基本框架的互联网金融消费者保护体系,解决相应的金融纠纷,加强对互联网金融消费者的教育。

(3)政府有关部门、各类金融机构、互联网企业应当发挥带头作用,充分地利用网络媒体及时向公众开展宣传教育工作,积极向公众传递金融知识。面对不同的受众,采取不同的宣传教育方法,让消费者们对互联网金融方面的常识有更多的了解,能够学会合理地应用,从而提高他们的维权意识和风险防范意识,把互联网金融的不利影响降至最低。同样以 P2P 借贷为例:首先,向借贷双方宣传 P2P 网络借贷平台的本质是提供信息附属,借贷是贷款人和借款人之间的经济行为,其风险在很大程度上是由借贷双方承担的。其次,让贷款人对贷款的风险有充分的认识,在追求高收益时也要全面关注风险,并根据自己的收入和财产状况合理确定投资规模。最后,对借款人的借款用途进行引导,努力保障借款资金的合理用途,减少道德风险。

当今社会,互联网金融能够得以迅猛地发展,究其原因,不仅在于互联网在其技术方面的进步,更主要的是互联网企业能够把互联网技术与传统的金融服务结合起来,这既满足了小微企业金融服务的需求,又创造性地改变了传统金融服务的提供和获取方式,顺应了互联网发展的潮流。互联网金融的发展,也在金融市场中引发着"鲶鱼效应"。倒逼传统的金融机构开始思考如何才能进一步提升金融服务的质量和保持自身的竞争力,从而更好地服务金融消费者与实体经济。互联网金融的发展在完善金融市场体系、推动普惠金融方面的成绩是显著的,但毋庸置疑的是互联网金融的发展往往伴随着一定的风险和监管难题。我们既要以乐观积极的心态对待互联网金融的发展,也要对其风险和挑战保持高度的关注。政府方面应该及时进行反思,对现有的监管政策进行必要的创新,适时关注新出现的风险,及时处理,保障互联网相关金融产业的发展、壮大。企业方面,建立自律组织、协会,健全互联网金融企业内部管理体制,规范互联网金融企业的内部管理机制。消费者方面,在面对互联网金融带来的创建立新时,我们应当保持一种接纳、鼓励、加强监管的态度,对于互联网带来的法律风险,我们应该提高警惕、未雨绸缪,积极地应对。鼓励创新与监管平衡,是我们对待互联网金融的应有态度。我们既要以乐观积极的心态对待互联网金融的发展,也要对其风险和挑战保持高度的关注。

3.加快相关法律法规的出台,加速互联网金融立法进程

从法律法规层面上规范互联网金融,是实现互联网金融健康发展的基础。2014年1月国务院办公厅印发的《关于加强影子银行监管有关问题的通知》中新型网络公司被认定为影子银行的第一类,由中国人民银行牵头银监会等部门一同来进行协调监管。但这还只是一个宏观方面的框架,目前还没有出台相关的实施细

则。互联网金融创新日新月异、发展迅猛、形式多样,需要相应的法律法规作为保障。同时,不容忽视的是法律法规的制定应当全国统一、标准恒定、研究深入、考量综合。当前就出现了互联网金融监管方面的法律法规相对滞后的问题。因此,建议尽快从法律法规层面对互联网金融的定义、业务范围、机构形式、监督管理和法律责任等方面进行界定规范。一是修订现有的金融法律法规。修订商业银行法、保险法、证券法和银行监督管理法等法律。二是制定专门的《互联网金融法》。规范界定互联网金融的范畴、市场准入标准、交易行为准则、市场操作规范和监督管理主题等问题,并在此基础上进一步制订相应的配套规章制度和行业标准。三是在立法条件不成熟的情况下,由国务院在综合有关部门意见的基础上,制定印发《关于促进互联网金融稳健发展的若干意见》,对互联网金融的市场定位、组织形式、业务范围、监督管理和风险责任等进行规范,待时机成熟再制定《互联网金融法》。以P2P借贷平台风险管理为例:一方面,应该尽快完善相关的法律法规。可以研究制定一个《网络平台管理实施办法》,因为借贷属于金融业务范畴,所以有关立法工作应该由银监会带头联合全国法制办,发动银监会派出机构、各省法制办公室和金融办开展对网络借贷平台的深入调研。另一方面,明确界定网络借贷的性质、经营的方式、组织形式等,把提供网络借贷服务的网站平台定性为一种充当中介机构的民间借贷组织,对那些非法的民间中介组织及其相关活动进行严格的限制和取缔。

第六节　高利贷行为入刑的必要性和可行性

基于刑事立法空缺且滞后于司法实践、高利贷行为利弊权衡争议、高利贷行为模式化特征明显且复杂多变、民刑监管方式争议等现实因素,在刑事立法、刑法典规范层面上讨论高利贷行为,会必然性地随带一系列争议问题、争议概念,对此学界争议由来已久。但起码而言,当下社会实际所反映出的、逐渐模式化的高利贷行为的严重犯罪化倾向和法益侵害趋势,已为"高利贷行为入刑"概念的提出提供了可供分析的现实基础和信息来源。

本书所述"入刑"指在刑法典现有规范中另创新罪,而非刑法典内部的替代性规制,即以高利贷行为涉及的相关罪名对其加以规制。本书从犯罪学角度出发,以高利贷行为相关争议概念的厘定为总起,从强调社会治理现实需要的必要性分析、强调实践基础上的可行性分析两方面展开具体论证。

一、相关概念、观念厘定

1. 刑法语义上的"高利贷行为"

在刑法学语义上讨论高利贷行为,如何厘定其概念成为学界争论的焦点,标准各异:如以是否含有"以暴力方式实现债权"因素界定、以是否面向不特定高利贷对象界定、以高利率抑或高利润界定、借鉴民刑规范的界线加以界定,等等。

从法益侵害角度、适当的积极干预的刑法定位出发,本书认为,"高利贷行为"在刑法学语义,尤其是犯罪学语义上应当独立为特定的规范用语,固定其本身的含义,意指明确。

(1)以伴随或者极易伴随法益侵害行为(如以暴力方式实现债权、涉黑犯罪、"软暴力"犯罪等)为特征的高利率、高利润放贷行为。

(2)时间因素方面,可适当延展至涵盖高利贷行为涉及款项的来源、流动、收回等多个环节。

(3)考虑到借贷行为在利益获得方式上的特殊性(资金使用的代价),一定程度上尊重当事人的契约自由,肯定高利贷行为对于资金融通的利好作用,仅强调上述(1)中所述情形下高利贷行为本身的可罚性,而不指其他正常、无法益侵害性的高利放贷行为本身。相应地,其他远未达到法益侵害程度的高利率民间借贷行为则更应成为私法保护的对象,纳入民法规范、调整的范围。

(4)利率是明确高利贷行为的标准,但不应僵化理解为刑法语境下定义高利贷行为的唯一要素,现行民法上36%的限制性利率可以加以借鉴;但同时,也应当对在某些低于此限制性利率的情形下,同样伴随法益侵害行为的以较高利率放贷行为适当加以认定。

2.我国民法对社会借贷的利率管制

民间借贷的利率存在管制性上限的传统可追溯到周代、汉代;同时,超过社会观念认可的利率上限的高利贷的概念也不断形成。这两方面构成了我国传统民间借贷观念的主要内容。

社会观念默认的利率上限,体现为社会实践长期形成的、有一定保持力的观念看法,个人的具体借贷行为无法改变,同时此观念也会影响社会个体间的借贷行为。

(1)社会个体间的借贷利率在社会观念默认的利率上限上下浮动,保持民间借贷市场的正常运行。

(2)借贷利率一旦突破社会默认的上限,债权能安然实现则罢,否则债权人基于求利心态、社会化效仿心态,为确保其债权实现,突破社会观念认可的利率上限,强行实现被法律规制为无效、为民间传统观念所不容、债务人客观履行不能的高利债权,极易伴随反社会行为,即以非法行为、暴力行为、反社会行为手段,私力强行实现瑕疵债权。

民法上36%的利率红线正是明确了社会观念认同的利率上限,此时,利息债权的正当性优先于商法的效率原则,其债权整体缺乏正当性,故以无债权效力加以规制。但债权人后续为实现约定利息的相关行为,因过于关注个体利益而忽视行为的社会评价,充满反社会性、不确定性、风险性,民法无力加以调整,此时便存在着相当的刑法介入空间。

综上,刑法对高利贷行为存在应然的、当然的规制必要,不因现实情况、犯罪化趋势的变化而转移;社会实际的犯罪化趋势强弱,至多影响刑法的具体规制措施。

3.适当的积极干预的刑事立法观念

面对风险社会与网络化、信息化社会交杂下的时代背景,刑法积极干预的姿态日益清晰,主动介入和积极预防的举措纷至沓来。

社会实践中高利贷行为犯罪化趋势、相关法律规范的规制无力的困境为刑事立法的介入留有相当余地,此时,刑法应适当提前介入,达到保护相关法益的目的,积极预防性的立法形象被适当突出,以应对当下转型期社会观念快速发展和犯罪行为不断革新的客观需要,同时回应网络时代、信息时代下的犯罪新特征,以淡化相关风险。当然,也应注意避免在司法实践中不当扩大打击面的问题。

二、高利贷行为入刑的必要性

1.高利贷行为存在的合理性

(1)明确刑法规制高利贷行为应然性的必要:高利贷入刑的社会学、经济学基础。本部分以社会学、经济法为分析视野,对民法上规制高利贷行为的利率限制规则的原理加以阐释,同时明确刑法规制高利贷行为的应然性、当然性。

民间借贷行为是民法内容,但更是商事行为、商事活动,故而引入商法的效率原则,对 24%、36% 等利率限制的制度原理加以分析:民法依据 24%、36%、36% 以上等三个标准将民间借贷的利息,进行债权效力上的递减直至无债权效力,其实质是利息约定正当性与效率性的博弈、对比,具体分析见下文。

另外,依据民间传统观念(二分利、三分利等),具体实践(民间借贷利率普遍落于 20% 至 30% 区间),外国立法例等因素,本书对 24％、36％ 等限制性利率的数值本身持肯定意见,仅从法教义学角度对相关民法规范本身进行原理阐述。

(2)民间借贷市场的客观性与规律性。民间借贷市场伴随人类经济文明的发轫而逐渐形成,其客观存在、不断变化的特征在经济交流、经济发展过程中不断得到突出;同时,其自身的自治性、规律性也日益明显。

就借贷市场的发展历程而言,基于商事特性,借贷需求始终存在且随经济发展呈现波动性上升趋势;放贷者的卖方市场与借贷者的买方市场交替呈现,继而存在总体的资本价格波动,不断试探双方可接受的价格极限;随着借贷市场不断成型,利率逐渐成为借贷市场运行的核心概念。

同时,利率是资本价格的直观表现,遵循共性的市场规律,资本价格总是在民主化运作之下形成、协定的,不同借贷主体对其各有看法、各有决策,在利率的不断变化中使借贷双方需求、社会总体融资需求得到满足。

故而,对于民间借贷引发的社会问题、社会危害,借以法律的规制得以完全避免是不现实的;尊重其自身规律加以适当市场治理、适当利率管制,协商市场秩序,借贷市场规律的作用理应在合理限制之下适当突出。

此种情况直接反映为民法上 24％ 的利率限制,低于 24％ 的利率约定适用其自身的市场规律加以调整,民法不做,也不应做特殊规制。

(3)资金成本的风险特性决定高利贷行为存在的法律风险。将闲置资金用于放贷,从而获取非生产性、高额利润的动机,因而极易约定过高、过当的利率,丧失利率的民主特性,此可谓资金成本的风险特性,高利贷的产生历程大致如此。

此风险特性使得上述民间借贷市场的规律性失灵,凸显大量社会治理问题:

①资金的需要不同于普通物品，于商事活动而言，资金需求是其他普通需求的前提，其需求弹性较小。在社会融资整体困难的情形下，社会总体融资成本存在激增风险。

②继而影响社会整体融资成本，并伴随生产经营，将过高的、非生产性的融资成本转嫁至其他社会主体，不利于社会产业经济发展。

③同时，过高利率将债权债务双方置于违约成本与债权实现的风险之中，利益纠纷不断产生，无谓支出不断增长。

此时，民法对于利率的风险特性的限制体现为 24％—36％利率区间的"自然债"规则：

①超过 24％部分的过高利率存在正当性瑕疵，因而免除债务人的给付义务，利息债权的诉请履行力受限。

②但商法强调的效率原则仍应保持，即已经给付的，不得主张返还，利息债权存在受领保持力，以避免产生后续纠纷、进一步纠纷，从而违背民法限制利率以加速资金融通、促进社会总体效率的立法宗旨。

2.刑法规制高利贷行为的应然性

（1）极易伴随衍生犯罪。广义而言，高利贷行为以其相关款项的来源、流动、收回为线索，在具体实践中可涉及多方被害人，伴随多种行为、多种犯罪。回看社会中高利贷行为的犯罪化现状，高利贷行为的犯罪化趋势、迹象愈发明显：

①基于高倍利率带来的天然的、道义上的不公平性，高利率债权的实现存在诸多阻碍因素、不确定因素。

②为确保债权实现、降低违约风险，行为人在高利贷行为的事前、事中、事后以一定的高危害性犯罪行为相加于被害人（不仅限于欠款人），已经成为高利贷行为运作的必然模式。

③同时，行为人以高危害性犯罪相加，被害人的复仇心态极易被激发，对向性、不可控的暴力行为不免发生。

此类高危害性犯罪虽以伴随状态、衍生形式出现，但严格而言，高利贷行为导致的当事人间利益的绝对失衡是其产生的真正根源，且两者间的因果联系逐渐呈现必然化、模式化趋势，而其他因素仅起催化、辅助作用，故而高利贷行为本身的可罚性得以突显。以适当的积极干预的刑事立法对根源性的高利贷行为加以规制，是回应社会客观需要必要性的可采之法。

（2）伴随暴力犯罪。行为人以高利贷行为攫取高额利润，被害人的履行不能或违约风险是其债权实现的最大阻碍，以暴力犯罪相对，诸如故意伤害、故意杀人、非法拘禁、绑架等，是现下高利贷行为犯罪化的主要模式。

然而，在对暴力犯罪的处理问题上，容易落入以相应的衍生犯罪具体规制的无效境地。不问动机，单就外部行为而言，行为人的暴力行为虽然可以直接认定其构成某种具体的衍生犯罪，但仅以此种方式处理，不免欠缺实际意义上的直接的规制、打击高利贷行为犯罪的实质含义和外观表现，无论个别打击抑或一般预防的刑法功能都难以实现。

（3）伴随"软暴力"犯罪。"软暴力"多指以滋扰、纠缠、聚众造势等形式侵扰和恐吓他人，进而形成心理强制，或者足以影响、限制人身自由、危及人身财产安全，影响其正常生活、工作、生产、经营的违法犯罪手段。在高利贷行为语境下，"软暴力"可理解成前述暴力犯罪的转化形态、逃避形态，行为人以"软暴力"行为回避暴力犯罪的行为模式、成本代价、不利后果等，达到相同的本金回流目的。

"软暴力"的作用重点在于使被害人产生一定的心理强制、环境强制，影响其相关行为，虽无明显外部侵害行为，但其无异于将侵扰、恐吓行为转化为间接的实际侵害行为，将其犯罪行为的作用链条延长，更易成为社会治理的顽疾。而如上所述，高利贷行为作为其重要的诱发因素，加以立法规制的必要性得以突显。

（4）刑事规范中的高利贷行为的涉及罪名。高利贷行为入刑课题中，争议较为突出的一点，即刑法典内部规范中存在替代性规制的问题：以高利贷行为涉及的相关罪名对其加以规制，即所谓的"司法入罪"。此类罪名可分为衍生的犯罪、概念相近以致混淆的犯罪两类，本部分主要讨论后者。

此时，应从高利贷行为的外部行为特性出发，与相关罪名规制的犯罪行为做严格区分，避免"高利贷入刑"课题的分析研究向"以何种罪名对其加以规制"方向流变。

司法实践中，易和高利贷行为概念相近、相混淆的犯罪主要分为以下两类，对其进行适用上的排除，也可间接说明高利贷行为本身的可罚性。

①非法经营罪。高利贷行为极易落入《刑法》第二百二十五条第四款"其他严重扰乱市场经济秩序的非法经营行为"兜底性的规制情形，以非法经营罪论处。

抛开非法经营罪本身的合理性不谈，就其规范本身而言，非法经营罪前三条具体规制情形的共同特点，即所谓的非法经营行为特点表现为以下几个方面。或者说为了规范该兜底性条文的适用范围，对其具体的适用应从以下方面考虑。

第一，就形式而言，已有明确的具体行政法规范或其他法规范（即条文中所述"国家规定"），对相关违法经营行为加以界定、调整、规制，刑法只是对其特别严重的行为进行进一步规制、加重规制。如上文中对行政法规范规制无力的分析，基于行政权运行的侧重点，我国当下尚无明确的、体系化的行政法规范对借贷行为、借贷行业加以规范，本条中"国家规定"此类前置性规定无从寻找。同时，对"经营"概念不宜进行扩大解释，应限于社会日常理解的、法律及政策已明确对其市场秩序加以管理的经营活动；故而不宜将交易性质特殊、表现形式各异的借贷行为纳入其中。

第二，就实质而言，相关行为须严重扰乱广义的社会主义市场经济秩序,立法的本意在于维护、保障社会主义市场经济秩序;同时,就狭义而言,相关行为严重扰乱已有的、成型的特定市场秩序或尚在有序形成中的市场秩序。而就当下而言,很难为民间借贷行为定义可供规范分析、规范解释的市场秩序概念。

第三,适用该罪,应保持谨慎态度,防止向"投机倒把"口袋罪的适用方向倒流。解释此类开放性、弹性条款的具体适用情形,应以体系解释为首要方法。

基于上述三点,高利贷行为、借贷行为不宜落入非法经营罪的规制情形。

②高利转贷罪、骗取贷款罪、非法吸收公众存款罪。此类犯罪着眼于高利贷行为的相关资金来源、资金流向,以其作为主要的规范对象。

但无论是高利转贷行为或是骗取贷款行为,其强调银行等规模化金融机构的信贷资金的安全性、稳定性,面对现下日益社会化、社群化的高利贷行为,亦属规制无力。

第一,此类犯罪实际上是将一类具体化、特殊化的高利贷行为模式,即以从金融机构获取放贷本金这一特定的高利贷行为模式为打击对象,故而处理此类行为与高利贷行为存在一定程度的同质性,在未来刑事立法时可适当吸收,合并处理。

第二,社会实际中的高利贷行为,鲜有以自有资金为放贷本金的,其资金来源值得考量,如银行贷款等金融机构的信贷资金是其中的重要来源。在打击高利贷行为时,与衍生犯罪处理相同,或从资金来源角度出发,或从衍生犯罪角度出发,存在打击上的间接性。

后者指涵盖面更为宽泛的非法吸收公众存款行为,具体分析与前两者类似,其在规制高利贷行为时,存在打击上的间接性。

3.高利贷行为本身即存在法益侵害性

如前述所言,民事规范、行政法规范基于其自身特点从而对高利贷规制无力，刑事规范的替代性规制亦对其规制无力，同时也重点明确高利贷行为本身的法益侵害性、可罚性。

资金来源方面的犯罪、衍生犯罪等，与高利贷行为的深层次联系体现为：

第一，过度的高额利率、高额利润等资金使用代价，带给借贷关系双方的行为动机（放贷方的短期高额逐利动机、借贷方的短期大量融资动机）。其中以放贷行为人确保其债权实现，而实行不法行为为主要方面。

第二，此种联系在社群社会、信息社会背景下，逐渐演化为高利贷行为的必然趋势、必然后果。而以其他具体罪名规制，难以切断此深层次联系，处理的效果浮于具体犯罪行为表面。

4. 高利贷行为入刑的必要性

本书基于高利贷行为本身的法益侵害性，以及其与衍生犯罪间逐渐必然化、模式化的因果联系，主张高利贷行为适时入刑，而非以其他罪名对其进行替代性规制。理由如下：

（1）加强转型期社会治理。以套路贷、校园贷为代表的涉网络犯罪，皆是传统的、成熟的高利贷行为衍生犯罪或概念相关犯罪，而随着网络时代下信息化社会的不断扩张，任何犯罪在其之下都极易在原有的犯罪形态基础之上将自身加以转化，涉网络犯罪、信息化犯罪概念不断明确；其中以校园贷、套路贷为代表的，利用网络信息确立借贷关系的，具有一定转化形态的涉网络、信息化高利贷行为大有扩张、蔓延之势。

货币的流向天然呈现多源化，其获取渠道也呈现多源化，而网络时代的信息社会特征，将"多源化"特征进一步放大，直接加速了高利贷行为的犯罪化。

第一，信息不对称性是涉网络犯罪的核心话题。贯穿涉网络高利贷行为全程的信息不对称性，在借贷信息的发布、借贷合同的签订、款项资金的流向、平台间的暗中联系、行政机关的侦查与监管等方面,行为人占据的信息优势会将上述过程、环节中的犯罪化风险无限放大。

第二,借贷信息面向更广泛、更多样的受众群体发布,通过扩大潜在被害人基数,以提高放贷可能性。

第三,犯罪成本相对较低,侦查监管技术不完备等。

故而,对当前网络时代下信息社会的利弊共存局面,应以适当的积极干预的刑事立法,应对信息不对称性在高利贷行为上的负面影响。

(2)转型期的社会呼吁积极立法。社会转型期、网络信息化更应适当强调立法主导下的社会治理,立法必须保持积极干预社会生活的姿态,辅之以高效的执法、司法实现。

转型期的社会观念发展、犯罪行为革新,将使得现有方式和现有规范规制高利贷行为带来的不确定性、不系统性进一步突显,对高利贷行为进行适当的积极立法干预将在行为预期塑造、行为观念树立、社会治理等方面提供良好方案。

①明确刑法语境下的高利贷行为、非高利贷行为,确定具体的打击范围,进一步激活正常高利贷行为在资金融通方面的利好作用。

②明确相关行为人对高利贷行为的行为预期和后果选择,通过多种手段降低犯罪率,避免相关伴随性、衍生性犯罪。

③明确刑法规制对象,继而明确其他非刑事法律规范层面的治理措施,以刑事立法统领其他治理措施、其他治理主体,形成社会治理上的合力。

④以规范网络化、信息化高利贷行为为因其突破口,对涉网络犯罪适当提前干预,规范网络秩序。

(3)防范化解基层风险的必要:对金融法律秩序的负面影响。

从社会治理角度而言,高利贷行为全程与大小不同、形式各异的金融行业风险、产业风险、社会治理风险挂钩。

①企业融资情况恶化、地区产业发展障碍、企业破产风险等企业发展风险。

②返贫、校园贷、套路贷、个人信息泄露等社会治理、网络治理顽疾。

③前文所述衍生犯罪、暴力犯罪风险。

同时,高利贷行为因其分散性、隐蔽性、地下性、交易不规范等特征导致上述诸多风险沉聚在社会基层,以立法上入刑对其加以规制,较之民法有更强保护力度的优势,较之行政法有统领现行政策、形成社会治理合力的优势,对于防范、化解因高利贷行为而导致的基层金融风险有较大助益。

三、高利贷入刑的可行性

上述必要性分析,立足社会治理、转型期社会的立法等多种需求,强调各方面对以立法规制高利贷行为的需要。本部分则立足客观可行性,从比较法学视角、对高利贷行为的现实治理实践与民众观念看法两个角度,强调高利贷行为入刑、独立成罪这一立法行为在中外立法例、现实治理基础和观念基础层面上的可行性。

1. 比较法学的借鉴

(1)我国历史立法。我国传统立法观念对于民间借贷行为的定性、规制大致持两分法观点:对正常民间借贷持开放态度,肯定其作用;对高利、暴利借贷行为持反对态度,以利率管控对其加以限制,如汉代规定年利率不得超过 10 分,唐代上限月利率为 4 至 6 分不等,以约束私人高利贷行为过度泛滥。自明清至晚近,民间私人高利贷行为愈盛,高利贷资本由积累进入增值阶段,其矛盾伴随生产关系变革、自然经济解体等因素愈发尖锐,政府的相关管制也呈强化趋势。

就治理模式而言,我国古代刑罚立法本位也影响着对高利贷

行为的管制方式,其大致可分为两类:

①将设定利率上限作为习惯性、形式性的规制措施,同时对危害严重、规模化的高利贷行为科以刑罚后果。即形式上遵循传统的刑罚立法本位,实质上实现了刑民规制的交替。

②政府适当干预,以官营放贷介入民间借贷市场。但民间高利贷基于自身强烈的社会化、社群化因素,存在一定程度的不可替代性;官营放贷所代表的强权统治与市民社会的天然隔阂阻碍了其社会传播;相关措施大多伴随偶发性、上层性的改革而生,民间传统思想基础、社会基础较为薄弱;改革目的仍旧放眼于国家财政维持,无法体现明显的对高利贷行为的规制态度等因素,故而此类行政意义的规制几近无效,法律实现效果不良。

综上,就传统法律观念而言,在处断意义、社会治理意义上将高利贷行为纳入刑罚范围而非片面强调其民事债权属性,即将其入罪。

前文所述的古代高利贷罪虽阙如现代刑法价值观念,但起码而言,在刑罚范畴中对高利贷行为科以不利后果、刑罚后果,在其民事属性之上复加一定程度的刑罚非难、刑罚谴责,已经在我国传统法律文化、传统法律观念中形成较为稳定的思想基础,也直接影响着当下民众对高利贷行为具有较大危害性、一定程度的可罚性这一普遍看法的形成。

(2)域外立法例。包括美国、意大利、西班牙、日本等在内的西方国家,多将高利贷行为加以刑法上的规制使其独立成罪,且实际治理效果较为理想;同时,不论是暴利罪、重利罪、高利贷罪等罪名中的高利贷行为,都指向高利率、高利润、暴利行为、伴随暴力等类似概念,规制对象存在同一化。

2.高利贷行为的社会治理实践与社会观念

(1)治理实践。从本书上述内容可知,虽然对于高利贷行为能否入刑、入罪而言,因存在立法空缺而引发较大争议,但这也足以间接说明,高利贷行为在我国已经形成了长期、广泛的治理实践基础。诸如刑法内部的替代性规制、刑事政策的规制、行政法上侧重金融行业和资质准入的规制等治理尝试和探索,直接反映了"高利贷行为的广泛危害性"和"需要对高利贷行为加以综合性的治理"等观念已经成为人们普遍的共识。

（2）观念看法。前文已述,我国传统法律文化中包含着对正常民间借贷的肯定和对高利、暴利借贷的反对,时至今日,民众对高利贷行为的负面、反对、消极看法已经相对稳定且成为主流看法。

同时,加之风险防范、社区普法、金融治理等工作在基层有效推行开来,传统的对高利贷行业负面看法一定程度上融合了部分现代法治观念,以刑事立法治理高利贷行为的观念基础已经逐渐成熟。

综上所述,高利贷行为引发的社会治理的实际需要和对高利贷行为的社会治理的实践基础相互补充、相互证成,对高利贷行为入刑这一课题进行必要性、可行性两方面的证成。同时,以刑事立法对当下社会化、网络化的高利贷行为加以规制,实际上是以积极干预的刑事立法本位,应对信息不对称背景下的网络犯罪的新特征。其规制意义并不仅限于高利贷行为自身,对于基于网络表达无序、网络规制乏力等,将原有犯罪效果无限放大,诸如网络诈骗、网络软暴力、个人信息犯罪等的网络犯罪、信息犯罪,积极的刑事立法也不失为加强网络空间治理的可采之法。

第七节　非法吸收公众存款罪的刑法规制

一、问题提出

1. 立法演进

在改革开放之前,中国践行的经济体制是计划经济,当时人们主要以工分与饭票、肉票等形式换取生活所需，少有直接的货币交易。一方面由于公众自身可支配的资金数量较少，另一方面则由于商品经济的不发达，民间对资本的需求基本没有。因此，在 1979 年颁布的第一部《刑法》中并未就非法吸收公众存款设立一个专门的罪名，而是在第一百十七条①对违反金融、外汇等经济法规较为严重的行为，概括式地规定了刑事责任。在改革开放后，为了刺激经济活力，以达经济发展之目的，国家在宪法层面赋予了私有制经济的合法性，民营企业开始蓬勃发展。在公众手头上可支配储蓄增多的同时，民营企业对于资本的需求量也在激增。但由于向银行等金融机构融资的门槛较高、成本较大，限制了民营企业的资金来源，因此，通过向普通群众吸收资金的模式开始发展了起来。民间集资作为当时的新型金融形式，属法治的空白领域，民间集资活动缺少相应行为规范的指导，在当时呈现一片乱象。

到 1993 年"沈太福案件"的爆发，高达 13 亿余元的涉案金额引起当时社会的巨大反响，虽然沈太福最终以贪污罪、行贿罪被定罪，但该案也引起了法学领域对民间集资规制的思考。1995 年接连出台的《商业银行法》《关于惩治破坏金融秩序犯罪的决定》等文件开始关注对吸收公众存款的违法行为的规制。以此为基础，1997 年《刑法》修订后，正式规定了非法吸收公众存款行为的刑事责任。② 根据 1997 年《刑法》关于非法吸收公众存款罪的描述，不难发现其主要立法目的是保护合法设立的金融机构对于

① 1997 年版《中华人民共和国刑法》第一百一十七条："违反金融、外汇、金银、工商管理法规，投机倒把，情节严重的，处三年以下有期徒刑或者拘役，可以并处、单处罚金或者没收财产。"

② 1997 年版《刑法》第一百七十六条："非法吸收公众存款或者变相吸收公众存款扰乱金融秩序的，处三年以下有期徒刑或者拘役，并处或者单处二万元以上二十万元以下罚金；数额巨大或者其他严重情节的，处三年以上十年以下有期徒刑，并处五万元以上五十万元以下罚金。"

储蓄业务以及国家在金融市场建立的管理秩序。而后出台的《非法金融机构和非法金融业务活动取缔方法》《关于审理非法集资刑事案件具体应用法律若干问题的解释》(以下简称《解释》)等法律文件,都体现出该法所保护法益是金融秩序和金融机构垄断地位的意图。值得注意的是,《解释》中总结性地提出非法吸收公众存款罪的四个基本构成要件,并将"存款"进行了扩大解释,将以期获得投资收益的"资金"也纳入到了非法吸收公众存款罪的调整范围内。但对"存款"这般扩大解释,难免有类推解释的嫌疑,而在司法实践中非法吸收公众存款罪也时常被当作"口袋罪"①,实质上不利于刑法定罪原则的落实和法治国家的建设。尤其是在"互联网+金融"井喷式发展的时代,诸如P2P等网络金融模式的出现,非法吸收存款案件数量暴增,当前关于非法吸收公众存款罪的规定急需进一步完善。

2. 问题提出

学界中许多学者对非法吸收公众存款罪的立法、司法等的完善有不同的看法。一些学者认为非法吸收公众存款罪的扩大适用,既不利于对非法集资行为形成有效的规制体系,也压榨了民间金融发展的必要空间。还有些学者认为在尚未完善的金融制度前,设立非法吸收公众存款罪立法本身就存在着问题。当然,还有部分学者认为非法吸收存款罪适用扩大,一出现涉众的经济社会问题,出于维护社会安稳的目的,就动用刑法手段加以规制。实质上这样的模式会淡化出资人应有的风险意识,即抱有"即使出事也有刑法予以保障"的心态,而在出资时缺少必要的考虑,将本应属于投资风险问题转化成了国家调节市场的尺度问题。②

① 姜涛.非法吸收公众存款罪的限缩适用新路径:以欺诈和高风险为标准[J].政治与法律,2013(8),52—61.

② 姜涛.非法吸收公众存款罪的限缩适用新路径:以欺诈和高风险为标准[J].政治与法律,2013(8),52—61.

基于非法吸收公众存款罪所要保护的法益出发,有学者认为该罪名所保护的是我国的金融管理秩序,因此,其认为立法的目的在于处罚未经批准擅自吸收公众存款的行为,即只要实施了民间集资的行为就侵犯了金融管理秩序,无须考虑行为人筹集资本之后的用途。此种观点将非法吸收公众存款罪视为行为犯。还有学者认为以金融秩序为法益过于抽象不利于罪刑法定原则的落实,提出以保护公众资金安全为目的的主张。其认为当前从《刑法》条文来看非法吸收公众存款罪确属于行为犯,但在相关的司法解释中本罪实质既可归为行为犯,又有结果犯的属性。其理由在于《集资案件解释》第三条确立的入罪标准中,既有单纯吸收公众存款数额以及被吸收存款对象的数量(行为犯的规定),又有非法集资行为造成严重后果的规定(结果犯的规定),所以其认为应当参考加重情节的规定,对条文进行调整,用不同的量刑匹配危险犯与实害犯。① 为改善非法吸收公众存款罪存在的问题,学者们提出了许多建议诸如"废除论""限缩论"②等。但都还存在不完善之处,直接废除非法吸收公众存款罪,有可能直接导致刑法漏洞,毕竟在司法实践中确实存在非法吸收存款而导致严重后果的社会现实。而"限缩论"则主要从集资的用途限缩和提高入罪标准两种途径,但"限缩论"通过法律解释的途径进行限缩解释,从根本上并没有改变以保护金融秩序为立法目的的现状,实质上并没有摆脱金融抑制的窠臼。

综上,学界对非法吸收公众存款行为规制的界限与目的还未达成基本共识。我们认为,在刑法领域内完善对非法吸收公众存款行为的刑事规制固然重要,但被认定为非法吸收公众存款罪的

① 郝艳兵.互联网金融时代下的金融风险及其刑事规制——以非法吸收公众存款罪为分析重点[J].当代法学,2018,32(3),40—47.
② 刘伟.非法吸收公众存款罪的扩张与限缩[J].政治与法律 2012(11),44—49.

行为,往往具备双重违法性质。在司法实践中,时常忽略了在刑法规制之前,经济法领域对民间集资行为的归责。基于刑法谦抑性原则要求与司法实践中非法吸收公众存款罪过度泛化的事实,先在经济法领域对吸收公众存款行为做初步的合法性审查,是合理分配民间金融发展空间与抑制违法集资行为界限的有效途径。

二、货币政策对非法吸收公众存款罪犯罪的影响

非法吸收公众存款行为规制的基本矛盾在于:一方面实践中打击范围过大,抑制了民间金融的合理发展空间;另一方面民营企业在银行等传统金融机构中得不到需要的资金流。据不完全统计,在国民经济份额占比超过 60% 的民营经济在银行业贷款余额仅占到 25%。曾有学者对总计 15000 余件的非法吸收公众存款罪案件进行统计,发现涉案主体中民营企业与个体工商占比高达 62%,加上企业性质无法确定的主体,该比例甚至能达到 98%。据此,非法吸收公众存款罪的出台,对民营企业的资金来源造成了较大的影响。这是由于经济法领域对民间集资行为规制的缺位,为确保资金安全,国家不得不过多依赖刑法手段,挤压民间金融的生存空间。但民间金融的存在是金融体系的重要补充部分,直接利用刑法手段限制其空间并不利于经济的发展。因此,我们认为,对于吸收公众存款行为的规制,应当先在经济法领域内制定其规范,而那些利用吸收公众存款行为侵害他人资金安全并造成严重后果的,再利用刑法手段对其进行惩罚,这是刑法谦抑性原则对刑法规范的必然要求。

1. 货币政策影响到非法吸收公众存款罪的犯罪率

货币政策作为国家宏观调控的重要手段,中国货币政策的调控主要依赖于信贷渠道,通过调整金融机构的信贷规模来控制货币政策的松紧程度,即信贷规模越小,货币流通量越小,反之,信贷规模越大,则货币流通量越大。考虑到非法吸收公众存款罪的

主要矛盾在于金融机构贷款难与民营企业的资金需求。而中国整体金融管理秩序还存在许多不完善之处，这是促使该矛盾产生、激化的重要原因。因此，从经济法视角分析货币政策等金融手段对于非法吸收公众存款行为的影响，制定行为的合法标准，厘清经济法的调整范围，对于解决非法吸收公众存款罪的基本矛盾，促进民间金融模式的发展都是必要的举措。

货币流通量与非法吸收公众存款罪的犯罪率成负相关，即流通量越小，非法吸收公众存款罪的犯罪数量越高。原因在于，我国紧缩货币在民间的流通量主要是通过缩小银行等金融机构的信贷规模来完成的。而信贷规模的缩小，意味着信贷难度的增加，这对于本身就存在贷款难的民营企业来说更是雪上加霜，因而其需要通过民间集资的方式获得资金。有需求就有市场，民间集资也催生出了民间具备金融机构性质的组织、"互联网＋金融"等。在民间金融管理方面，经济法领域内并未形成较为完整的规范体系，对违反金融管理秩序的行为也并未规定相应的责任。国家对民间集资行为的规制主要凭借刑法手段，并没有给民间金融留下合理的生存空间。此外，应当注意的是，从 2014 年开始案件数量急速增长，除了货币政策的影响因素之外，"互联网＋金融"模式的出现又是一个重要原因。首先互联网具备共享、开放等特性放大了非法吸收公众存款行为的社会风险，但归根到底互联网在其中扮演的是"催化剂"的角色，实质上问题的核心仍是前文所提及的民间集资的基本矛盾问题。因此，无论是传统民间金融模式还是互联网金融模式，我们认为，都应先从经济法角度进行分析，对民间集资行为的合法性做初步的判断。

2.货币政策决定了非法吸收公众存款罪的客体只能是公众资金安全

从民间融资的用途来看，非法吸收公众存款罪主要用以企业的日常经营与利用吸收的存款进行金融信贷业务。主张"限缩论"的学者们认为,非法吸收公众存款罪所保护的法益是金融秩序和维护国家金融垄断主义,国家禁止非法吸收公众存款罪的目的在于禁止行为人利用集中的民间闲散资金进行信贷业务,只有行为人是以进行金融业务而向民间集资的才需要被刑法规制,仅为了解决企业、个人生活经营所需就不属于非法吸收公众存款罪的打击范围。"泛泛而论的市场经济秩序终究是抽象的,犯罪化应当建立在具体法益受侵害或者威胁的基础上。"①金融秩序作为抽象的制度性法益,给解释留下了太多的空间,其内涵与外延法确定权从立法机关转移给了实际解释机关,实质上并不符合罪刑法定原则的要求。此外,即使是以经营为目的而向民间筹集资金,也可能出现行为人主观上存在恶意,隐瞒重要信息或者是债权人陷入错误认知进而做出处分行为等情形,所以即使目的是企业的日常经营,也可能出现需要刑法规制的情形。因此,立足于以保护金融秩序为目的的"限缩论"并不能完全解决对民间集资行为的规制问题。对抽象的金融秩序法益保护,目的还是通过完善的秩序完成对资金更安全的保护,因此,应当认识到公众资金的安全是非法吸收公众存款罪实质保护的法益。无论是在经济法领域还是刑法领域,立法目的的明确,都是进一步研究问题的基本前提。我们认为,以上的观点都仅是从刑法的角度所做的理解。刑法是保护社会秩序的最后一道防线,在此之前,经济法规制才是非法吸收公众存款行为面临的第一道合法性审查程序。因此,在讨论刑法领域问题之前,有必要先从经济法视角分析非法吸收公众存款行为的合法界限与违法标准。

2010 年最高人民法院《关于审理非法集资刑事案件具体应用法律若干问题的解释》(以下简称《解释》)第三条提出:"非法吸

---

① 孙国祥.20 年来经济刑法犯罪化趋势回眸及思考[J].华南师范大学学报(社会科学版),2018(1),53.

收或者变相吸收公众存款,主要用于正常的生产经营活动,能够及时清退所吸收资金,可以免予刑事处罚;情节显著轻微,不作为犯罪处理。"虽然《解释》对用于日常经营的民间集资行为做了免责化规定,但其中的"可以""不作为"等表述实质还是体现了行为的违法性。第三条规定在刑法领域内给予了民间金融一定的生存空间,但基于经济法领域规制的不完善,仅仅通过刑法这一个角度是不能从根本上解决主要矛盾的。我们认为,《解释》的目的在于给民间金融保存发展空间,但其并未从经济法与刑法的界限角度出发,而仅仅从刑法角度做出了免责化处理。这样的处理方式,并未解决问题的根本,反而产生出选择性执法这一新的问题。

另一方面,结合非法吸收公众存款罪的案件数量和货币流通量之间的相关性,从金融管理秩序的不完善以及金融机构垄断地位的现实等方面来看,不难发现,非法吸收公众存款行为在经济法领域并没有得到很好的解决,甚至可以在一定程度上说,金融管理秩序自身的不完善是催生非法吸收公众存款的重要原因之一。

国家为了更好地提供公共服务,会通过金融、税收等手段对经济进行调节,作为调制受体的市场主体可以选择接受或者遵从,调制受体针对国家宏观调控政策所做的选择性行为则被称为"市场对策性行为"或者简称"对策行为"。这就意味着,虽然国家金融调控行为在经济法中处于重要的主导地位,但不代表调制受体就只能被动接受,即市场主体可以依据自己的利益追求和可能的选择,进行与调控政策的博弈。因此,从调制主体与调制受体之间的博弈行为分析,国家通过信贷渠道而日益紧缩的货币政策,导致市场主体尤其是其中的民营企业,向传统的金融机构借贷资金的困难程度增大,为了企业的生存、发展的需要,市场主体选择通过民间集资的方式向特定主体筹集资金的行为,实质上属于市场主体对国家调控行为所做的对策行为。在经济法领域内,行为主体实施的对策行为的评价应当由经济法来评判与制裁。值得考虑的是,在经济法体系中,经济法自己独立的法律责任形态还未盖棺定论,对经济法主体的经济法责任主要还是借助传统民事、刑事以及行政责任。这也造成人们时常忽略了经济法对市场主体行为的评价的现象,在非法吸收公众存款行为中也存在同样的问题,忽略经济法对民间吸收公众存款行为的评价而直接用刑法进行规制。

我们认为,企业为日常经营所需通过合理手段向特定主体进行民间集资的行为实质上属于对货币政策的对策行为,应当先经过经济法的评价。再结合金融制度自身的不完善,民营企业向金融机构信贷的门槛过高等方面,民间集资的模式很大程度上是为了解决金融体制下民营企业的资金难题,因此对该对策行为并不应当进行否定式评价,更不应该纳入刑法的规制范围。当然,这里还存在着民间集资缺少国家信用的背书的问题,一旦企业经营不善,就可能使得公众资金受损,从而引发社会问题。但民间集资本身具有还本付息的既定规则,具备一定的营利性。而盈利是与风险并存的,因此需要借款人在借款时考虑到可能存在的风险。另一方面,由于缺少国家信用的背书,所以对民间集资行为的人数上应当有所限制,否则量变引起质变,一旦出现涉众多、资金量大的集资行为,可能直接危害社会的稳定。同时,用于经营的目的也并不是非法行为的保护伞,企业即使是用于日常经营,但在筹集民间资金时采用欺诈、隐瞒风险信息等手段使得出借人陷入错误认知的情形,仍属于危害公众资金安全,应当受到刑法的规制。

3. 非法吸收公众存款罪只能规制民间资本的间接融资

用于金融信贷赚取利润是非法吸收公众存款行为的另一主要表现形态,与用于日常经营的集资行为不同,以信贷形式进行牟利的集资行为并不属于市场主体的对策行为,而是基于服务对策行为而衍生出来的新的行业。同时,近几年互联网技术的发展与普及以及共享经济概念的兴起,使得"互联网＋金融"模式在短短几年时间里蓬勃发展了起来,属于民间金融的新形态。

与用于日常经营的直接融资模式不同,用于金融信贷赚取利润的集资行为属于间接融资行为。"法律禁止非法吸收公众存款,并未禁个人或者单位吸收资金,而是禁止他们未经批准从事金融业务,像金融机构那样用所吸收的资金去放贷,从事资本经营。"①可见刑法所规制的集资行为,主要是间接融资行为。由此可知,两种用途不同的集资行为,无论是在经济法领域还是在刑法领域两者行为性质都是不同的。再者,以金融信贷为目的的集资行为,行为人为了获得资金来源与寻找需要资金的企业,在整个吸收资金、借贷资金再分配收益的过程中,会涉及人数众多的各方主体。且在集资过程中因为借贷双方之间存在时间差,所以极有可能形成资金池。由于民间机构缺少国家信用的背书,一旦出现资金安全的问题,则有很大概率会因为集资行为的涉众性而衍生成严重的社会后果。因此,该种集资行为,无论是从社会危害性还是可责性上都远远大于用于日常经营的集资行为。

美国社会学家、芝加哥学派的主要代表人物,罗伯特·E. 帕克对刑事规制的界限进行研究时,提出必须满足以下几点才能被定为犯罪:①行为须在大多数人看来是显著的社会危害性的行为,且不专属于任何意义的社会阶层;②将该行为纳入刑事制裁不会违背惩罚目的;③抑制该行为不会约束人们合乎社会需要的行为;④须通过公平且不歧视的执行来处理;⑤通过刑事程序来控制该行为,不会使该程序面临严重的定性或定量的负担;⑥没有合理的形式制裁替代措施来处理该行为。即意味着刑事制裁

---

① 谢望原,张开骏.非法吸收公众存款罪疑难问题研究[J].中国检察官,2012(5),77.

具有终局性、必要性等特点。作为对策行为的集资活动,其目的在于满足企业日常经营的需求,在民营企业贷款难的背景下是合乎人们的社会需求的。如果直接动用刑法手段进行规制,从效果上看似乎解决了集资问题带来的资金安全的问题,但民营企业资金来源困难这一根本问题却被忽视了。因此,直接动用刑法规制合理的对策行为无疑是扬汤止沸的做法。而以金融信贷为目的的集资行为则不同,其是以对策行为为基础衍生出来的新产业。一方面,民间金融组织在集资过程中存在涉众广、资金量大等特点,一旦出现问题造成的社会危害性极大、影响面极广。另一方面在间接融资模式下金融机构承担了一部分的投资风险责任,但在出借时,民间金融机构对借款人的还款能力、企业的经营状况等缺少必要的审查环节,实质上存在危害公众资金安全的高风险。当前民间间接融资机构存在违反经济法规定时,在经济法主体的归责方面,尚须借助民事、行政以及刑事责任规制。尤其是对于涉众广、吸收资金量大的集资行为,行为本身存在侵害资金安全的高风险,可责性与社会危害性远超出一般的犯罪行为。因此,在直接融资的模式能满足一般市场主体的资金问题与间接融资的高风险的基本前提下,适用刑法手段规制民间间接融资行为,能更妥善地解决以信贷投资为目的的集资行为带来的公众资金安全问题。

三、非法吸收公众存款罪立法完善

1. 经济法视角下的完善

改革开放至今,中国逐渐从资本穷国变为资本大国,民间借贷成了国家金融体系中非常重要的补充部分,在经济政策上,国家多次明确鼓励民间资本进入金融领域。直接用刑法手段抹杀民间金融发展空间并不利于整个社会的经济发展。但当前在经济法领域内对民间集资的规制规定还不完善,我们认为,主要可以在以下几个方面进行改进。其一,承认作为国家金融调节行为的对策行为,即以日常经营为目的的民间集资行为存在的必要性。但为了保护公众资金安全,须立足金融实践,在民营企业向传统金融机构融资难的情况下,在经济法领域内制定民间直接融资行为合法性的标准,例如明确特定人数、偿还的利息上限以及公司经营信息披露的必要尺度等方面的义务。其二,应当根据社会需要制定出民间金融机构存在的必要标准,明确其在民间金融活动中是以金融中介机构的身份还是以间接融资机构的身份。本书倾向于以金融中介机构的身份,即为借贷双方提供借贷信息的平台。一方面由于民间金融机构在并不完善的金融体系下还存在许多方面的问题,并不利于公众资金安全的保护;另一方面,民间机构的出现在一定程度上提高了社会整体的贷款成本,不利于经济的发展。其三,尽早明确经济法独立责任形态,经济法归责主要还是借用刑事、民事以及行政责任,缺少部门法的独立责任形态,在一定程度上导致经济法与刑法规制界限不清,在非法吸收公众存款罪的司法实践中更是体现了这一点。因此,明确经济法独立责任形态,是非法吸收公众存款行为,和整个经济刑法体系的谦抑性原则的体现的重要保障。

2.刑法视角下的完善

在刑法领域,应当从以下几个角度进行改进。其一,当前非法吸收公众存款罪以金融秩序为其所保护的法益,由于金融秩序的抽象性,给了司法机关过大的解释空间,各地司法、执法机关对于法条的理解方式、执法口径的不同,容易导致司法实践尺度的不统一,也容易出现违反罪刑法定原则的现象。因此,应当认识到对金融秩序保护的最终目的是保护公众的资金安全,所以重新树立公众资金安全为非法吸收公众存款罪的法益,是完善刑法领域对非法吸收公众存款行为规制最基本的一步。其二,鉴于以日常经营为目的的集资行为是经济法概念中市场主体所做的对策行为,刑法规制应当在经济法规定的合法集资行为的基础之上,对那些违反经济法中对集资行为规定且危害了公众资金安全的行为进行否定评价,并对当前已经以用于日常经营为目的的集资行为所做出的免责性规定,转化为去罪化规定。其三,鉴于当前对非法吸收公众存款罪既有行为犯规定又有严重结果的规定,而司法实践中直接融资与民间间接融资机构对公众资金安全的危害程度相差甚远,故可以考虑适用加重犯的规定,对实施非法吸收公众存款行为处以相对较轻的处罚,而对实施非法吸收公众存款行为且造成严重后果的行为人,适用加重情节,处以更加严厉的刑罚。

第八节　非法集资行为的刑法规制

一、集资诈骗罪概述

集资诈骗犯罪行为是以集资的面目挤入合法资金市场,侵犯的是国家正常的金融管理秩序和公私财物的所有权。因而,集资诈骗罪的对象具有一定的广泛性。被骗人数的广泛性,也是集资诈骗罪的重要特点之一。而普通诈骗罪的行为人也可能一次行为诈骗多个被害人。如果行为人以借款为名多次诈骗了众多受害人,但每次诈骗的却是特定个人或单位的钱款,即使受骗人数众多,也不能认定为集资诈骗罪。因此,要认定行为人的行为属于集资诈骗,必须能够证实行为人实施了向社会公众非法募集资金的行为;对未实施此行为的诈骗行为,应认定为普通诈骗行为。

集资诈骗罪是指以非法占有为目的,违反有关金融法律、法规的规定,使用诈骗方法进行非法集资,扰乱国家正常金融秩序,侵犯公私财产所有权,且数额较大的行为。本罪侵犯的客体是复杂客体,既侵犯了公私财产所有权,又侵犯了国家金融管理制度。

本罪在客观方面表现为行为人必须实施了使用诈骗方法非法集资且诈骗数额较大的行为。构成本罪行为人在客观方面必须有非法集资的行为。本罪的主体是一般主体,任何达到刑事责任年龄、具有刑事责任能力的自然人均可构成本罪。依据《刑法》第二百条的规定,单位也可以成为本罪主体。本罪在主观上由故意构成,且以非法占有为目的。即犯罪行为人在主观上具有将非法聚集的资金据为己有的目的。所谓据为己有,既包括将非法募集的资金置于非法集资的个人控制之下,也包括将非法募集的资金置于本单位的控制之下。在通常情况下,这种目的具体表现为将非法募集的资金的所有权转归自己所有,或任意挥霍,或占有资金后携款潜逃等。根据《关于进一步打击非法集资等活动的通知》的相关规定,"非法集资"归纳起来主要有以下几种:①通过发行有价证券、会员卡或债务凭证等形式吸收资金;②对物业、地产等资产进行等份分割,通过出售其份额的处置权进行高息募集;③利用民间会社形式进行非法集资;④以签订商品经销等经济合同的形式进行非法集资;⑤以发行或变相发行彩票的形式集资;⑥利用传销或秘密串联的形式非法集资;⑦利用果园或庄园开发的形式进行非法集资。

二、非法集资案件的原因及特点

1. 非法集资罪的原因

改革开放以来,每一轮的银根紧缩都催生了民间信贷的井喷,而每一轮的宏观调控也伴随着非法集资罪的高发。

在银行的存款准备金率处于历史高位时,大量信贷资金由国有企业垄断,民间资金需求的失衡急剧上升,融资更加困难的中小企业只有更多依靠民间借贷。根据温州人民银行监测的数据,2012 年 1—3 月借款综合年利率分别为 23.0%、24.1% 和 24.8%,一季度上涨 11.9%,比上季度上升 8 个百分点。且从趋势上看,民间借贷的利率仍在上升。国务院发展研究中心金融研究所也证实了这一点:2009 年中小企业融资约占 10%。几乎所有商业银行都对政府支持的大项目提供长期贷款,而对中小企业的流动资金贷款通常在一年内,基本上不提供长期贷款和固定资产投资贷款。民间借贷是中小企业无奈的选择。自 2018 年以来,在国内通货紧缩、国际经济形式动荡的环境中,温州中小企业已经非常困难,为了生存,被迫进行超高利息的民间融资。但由于经济不景气,民间贷款违约率在上升,故放贷方又提高了利率,这样一来企业的负担更重了。最高人民法院《关于审理借贷案件若干意见》对民间借贷的利率也做了明确规定,即可适当高于银行利率,但最高不能超过同类借贷利率的四倍,同时利息不得计入本金计算复利。以 2013 年一年到三年的贷款利率 6.15% 为例,同期借款利率 4 倍速为24.6%。这样看来在温州办企业必须保证每年 25% 以上的利润,否则利息付不出,只能跑路。如果再加上企业的各种税费及成本,实体经济日渐式微也就是情理中的事了。

高利贷利率过高,借款人面临风险,但我们应该看到,造成今天这种局面的罪魁祸首不是民间融资本身,它是长期的金融抑制的结果。根据马科维茨的资产组合理论,利率是承担风险的回报。由于民间金融一直被过度地监管,一些行之有效的金融产品仍不能在阳光下运行,直接导致了金融服务的供给不足,利息自然就高了。由于法律法规的限制,民间借贷款合同的保障机制存在缺失,民间借贷也不能像正规融资渠道那样获得足够的市场信息,而且不能根据市场信息来判断借款人的风险。合同风险、法律风险是如此之高,自然贷款利率就上涨了。

在高度垄断和较高利率的金融抑制下,中小企业自然成了受害者,消费者也在分摊着经济运行的高成本,而始终无法走在阳光下的民间金融从业者也不是赢家,因为地下的业务很难做大,而高危险所带来的不稳定性也时刻威胁到他们的生存。这是一个恶性的循环,它可以引起连锁效应,对区域金融和经济甚至社会稳定都是一个威胁。

过去的十几年已经证明,无论多么严厉的惩罚,中国民间金融仍在增长。原因很简单,中国目前的金融体系已经严重滞后于经济现实,在现实经济生活中存在着现有法律金融体系无法填补的巨大真空。这个真空必须有一个填补,政府不能做或不便做,自然有民间的力量去做。

2. 非法集资罪的特点

(1)涉案数额越来越大。非法吸收公众存款的行为人知道自己行为的违法性,自然不会大张旗鼓,具有一定的隐蔽性。而一般参与人员法律意识淡薄,缺少投资常识,深陷其中而不知,有的即使察觉到有问题,却担心公安机关立案的话,个人损失难以追回,因而隐瞒不说,使得更多不明真相的群众卷入其中。由此使得涉案金额不断增加,少则几百万,多则上千万近亿元,给人民群众造成极大的经济损失。

(2)巧立名目,多与实业相连。非法吸收公众存款的行为人有些是通过招揽拉拢亲戚好友,一传十、十传百,利用老百姓轻信熟人的心理,口头约定真实利息,借据看起来与平常的民间借款并无不同。而更多的则往往是合法成立的公司或企业,已经获得工商登记,具有核准的经营范围,有些甚至还在当地颇有声誉,其法定代表人曾经受过多种荣誉,相关产品也获得过多项大奖;只是未经相关部门许可,并无吸收公众存款的资质。这些公司或企业常打着响应国家产业政策、支持新农村建设及环境保护的号召,向公众表示,他们的筹款活动,是经有关部门批准同意的,并以很高的利率作为诱饵,大量地非法吸收公众存款。

(3)涉及人员范围较广。一般认为,受骗群众往往是文化程度较低,缺少社会阅历,才会受蒙蔽。但事实上,由于现在非法吸收公众存款的行为人往往有正式的公司或者企业，而且巧立名目，有各种冠冕堂皇的理由，表面功夫做得非常到位，再加上现代社会物质水平的不断提高使得人们更加浮躁、更加逐利。从现有的案例来看，非法吸收公众存款的受害人人数众多且涵盖社会的各个阶层，不仅有渴望改变生活困境的城郊农民、单位职工、下岗工人，甚至还有本身家境较为优越的党政军离退休干部、军人、高校教授等。

（4）以民间借贷为表现形式，高息利诱。涉案人集资的形式都是通过民间借贷的方式，一部分表现为区域合作合同、会员制消费合同的形式，一部分签订借款协议。同时，涉案人全部许诺高息返利，月息从 1 分到 6 角不等，远远超过银行存款利息。

（5）以口口相传为主要宣传方式。一些案件的集资对象是通过宣传单吸引或者是在店门口直接被拉到店内的客户，多数不认识，属于典型的不特定对象。而多数集资对象或多或少有点认识，有些是亲戚，有些是朋友，或者是通过亲戚、朋友介绍，通过打篮球、吃饭、打麻将认识，甚至是旅途结识的朋友。因此，这些案例直接集资对象多为通过一定方式认识的一般朋友。

（6）未归还金额比例极高，且因资金链断裂导致案发，参与者损失严重。非法集资案中，多以朋友做生意资金周转、银行转贷、公司经营缺钱为由借钱，集资款部分用于经营，大部分用于归还前债、炒股、购车、购名表等，最后资金链断裂而案发。未能归还的金额比例极高，社会危害不小，对社会和谐稳定造成了极大的负面影响。

三、刑法应打击危害严重的非法集资行为

刑法理论上对民间借贷的可罚性也有不同的认识。非法集资自入罪以来，就引起了各界学者的不断争议。有学者认为，借贷融资这一经济活动不可避免地会存在风险，融资双方当事人各自负担怎样的风险将成为非法集资与合法借贷融资的争议的关

键。在吴英等人非法集资等个案中,许多借贷者都为他们申冤,认为他们罪不至死,许多学者也认为,吴英等人在借贷时都签订了借贷协议,借贷行为应当是合同行为,应该贯彻合同自由原则,坚持当事人意思自治,借贷方既然享受到了高额的回报就应当承担一定的风险,借贷方在签订合同时就应当对后果有一定的预知和判断能力,因此不能将全部责任归结于集资者,集资者和借贷者的自由行为更不应当用刑法加以规制。

还有学者认为应当对民间借贷进行区别对待,认为"对于基本生活领域,由于涉及基本权利,欺诈标准不能因人而异,刑法实行家父主义,给予每个人同等的保护,不因智商高低而做出取舍;而在市场、投资领域,由于不涉及基本权利和生存,刑法实行守夜人的模式,提高欺诈标准,实现差别对待,智者得其所需,愚者损失自负"。

我们认为当前把非法集资完全合法化弊大于利,非法集资合法化将带来许多社会问题,不但危害社会稳定,也将给社会道德乃至社会价值观念带来严重影响。在当前非法集资形势十分严峻的情况下,刑法对危害严重的非法集资有规制的必要性。

非法集资在国外被称为庞氏骗局,是一种最古老、最常见的投资欺诈。1920 年,美国金融家查尔斯·庞兹承诺在三个月内能让投资者的钱翻一倍。他用后期投资者的钱支付前期投资者的本金和利息,在短短的几周就集资了数以亿计的美元,最后因无法兑现收益,破产坐牢。美国民间资本运行方式盛行,在推崇自由交易的国度,对属正常的民间借贷给予了较大的支持力度,然而,对于这种变相的集资方式,也处于严厉打击的范围内。因为这种资本的运行模式,不仅扰乱了市场经济管理的秩序,更重要的是,它所带来的危害性在于国家无法通过宏观调控对其进行规范,而资本的紊乱会冲击整个资本市场,带来和经济危机一样的社会动荡。非法集资这种涉众型经济犯罪更有可能引发群体性事件,造成社会秩序的不稳定。

当前非法集资数额越来越大,涉及的人员越来越多,日益成为刑事犯罪的"导火索"。遗憾的是现在社会上也还有不少人对于非法集资持宽容的态度,认为民间金融是参与者私人之间的事情。当一种社会行为与社会认识成为公民生活与意识的一个组成部分之后,便增加了消除它的难度。非法集资一旦崩盘又会引发新的刑事案件,进而引起群体性事件影响社会的稳定。非法集资对社会的危害性使得在现阶段实现非法集资的完全非犯罪化变得不可能,因而我国仍有对具有可罚性的非法集资进行规制的必要。

四、处理非法集资案件的基本原则

1. 坚持刑法谦抑性原则,避免客观归罪

刑法的谦抑性是指刑法应当力求以最小的支出——少用甚至不用刑罚而获得最大的社会效益,有效地预防和控制犯罪。德国著名学者耶林说过:"刑罚如两刃之剑,用之不得其当,则国家与个人两受其害。"谦抑性要求只有在运用民事的、行政的法律手段和措施仍不足于抗制危害行为时,才动用刑法手段。在当今中国特定经济环境下,特别是在金融垄断性领域,毋庸置疑市场竞争是不平等的,民间金融一直披着高利贷、非法集资等灰色外衣,民间金融罪与非罪之间存在着灰色地带。作为涉众型经济犯罪的非法集资罪因为涉案人数众多极易引发群体性事件,为此在刑法适用中应当坚持刑法谦抑性原则,防止任意扩大刑法适用的范围。

民间借贷引发的非法集资案件,应当坚持主客观相一致的定罪原则。非法吸收存款罪和集资诈骗罪两者之间存在着千丝万缕的联系,两者很难划分。司法机关在定罪时,常往返于非法集资罪与非法吸收存款罪两罪之间。由于非法吸收存款罪、集资诈骗罪之间存在着难以划分的灰色地带,导致实践中司法机关难以把握,而这中间的罪刑差异可谓生死之别。司法适用往往是以后果来选择罪名,这看似个案的"正义",却违反了主客观相统一的定罪原则,并导致轻罪重判,同案不同罪,损害了司法的公信力和公正性。例如吴英集资诈骗案,一审法院对吴英以集资诈骗罪判处死刑,而对集资近亿元给她的同案犯杨某却以非法吸收存款罪判处较轻的四年有期徒刑。而衡量是否构成集资诈骗关键还是在于其集资时是否有非法占有的故意集资诈骗。而这个主观故意在实践中因为认定困难却没有被坚守,以至于实践中对集资诈骗罪的数额认定就是以未还的数额来定罪,这种定罪方法难免有客观定罪之嫌。

2.加强刑法与民法、行政法的衔接协调,化解社会矛盾,最大程度维护债权人的合法权益

针对民间金融案件,司法机关要善于运用民法和行政法的手段,尽量减少运用刑法手段来处理危机。从当前的司法实践的处理结果来看,很多运用刑罚手段去解决的案件处理结果都不尽如人意。从现实选择来看,不少当事人已经不再简单地将民间资本借贷作为刑事案件报案了,而是冷静地选择了民事诉讼处理。吴英、曾成杰非法集资案一再告诉他们,不受监督的公权力的介入后的恣意妄为,不仅没有使他们的财产得到保障,反而为腐败提供了寻租的机会,最终损害了自己的利益。近来,浙江省各地法院民间借贷的民事案件数量大幅度地上升,也说明了老百姓在此类案件中的诉求是追回财产,群体性事件中老百姓的诉求仍是财产,并不赞成死刑。政府及司法机关应当顺应民意,学会用民法和行政法的手段来处理民间金融危机。若能如此,这当是政府和公检法部门对中小企业最大的支持。

3.转变刑法观念,加大集资诈骗罪违法所得的追缴

市场经济具有两重性,它是一种最有效的竞争经济,通过市

场可以实现社会资源的最佳配置。各竞争者以利润最大化为目的，以便在残酷的竞争中求得生存和最大的发展。经济活动的合法和非法、罪与非罪的确定，不是一件轻而易举的事。政府对经济活动管制得过严，可能遏制了经济犯罪但也伤害了市场主体从事经济活动的积极性。管制得太松，虽然可以促进经济发展，但同时也纵容了违法犯罪活动，最终损害了社会生产力的发展。这种利弊交织的"两难局面"是经济犯罪独有的。这需要立法者在划定经济犯罪圈时必须协调以下两种利益——既要维护经济秩序和消费者的利益，也要保持白领阶层从事经济活动的积极性。

经济犯罪行为并不具有暴力侵犯人身的特点，其属于法定犯范畴，其主观方面应受谴责的程度逊于自然犯，故其刑罚自然应该轻于自然犯。经济犯罪与市场经济具有自然共生性，经济犯罪主体具有贪婪的心理，因此对待经济犯罪必须在严密法网的同时，适度把握自由刑，加大财产刑和资格刑的适用，并加大对集资诈骗罪的非法所得的追缴。

非法集资的产生、发展，与一个国家金融资源的配置及金融秩序密切相关，厘清非法集资罪与非罪也会受到经济、政治等各个方面的影响。刑法介入民间高利贷领域仍然是有必要的，但要把握合理的"度"，必须认清惩治集资诈骗行为，维护金融秩序，是金融改革中不可缺少的一部分，而解决非法集资的良策，还取决于金融改革和司法制度的有效保障。

五、集资行为罪与非罪的界限问题

司法实践中，集资诈骗行为与一般正常合法的集资行为（尤其是与集资经济合同纠纷）之间的界限往往容易混淆。我们认为，区分的关键是要认真进行综合考察。

（1）考察行为人的目的，即考察行为人是否具有非法占有的目的。正常合法的集资行为，无论是否发生集资纠纷，双方当事人在签订集资合同时，主观上均不存在无偿占有他人财物的故意或目的；而集资诈骗罪的行为人则在主观上有占有他人集资款或物的故意，其与他人签订集资合同并不是为了履行合同，而是作为一种诈骗的手段，因为在签订集资合同时，行为人已经具有了非法占有他人财物的目的。

（2）考察行为人集资的方法，即考察行为人是否采用了欺骗的方法。一般来说，正常合法的集资行为，并不需要采用欺骗的方法，也不会用欺骗的方式来达到自己的集资目的；而集资诈骗罪的行为人则必须使用欺骗的方法，使人上当，从而达到占有他人财物的目的。

（3）考察行为人履行集资合同的能力和诚意。一般而言，正常合法的集资行为当事人，对集资合同中约定的义务在客观上有完全履行能力或部分履行能力，且在主观上有履行的诚意并做了一定的努力；而集资诈骗罪的行为人则根本无履行合同的诚意，也不会为合同的履行做任何努力。

（4）考察行为人违约后的态度。正常合法的集资行为的当事人，在违约后不会故意逃避责任；而集资诈骗罪的行为人则必然会采取潜逃、抵赖等方法进行逃避，使投资者无法追回钱财。

六、集资诈骗罪与非法吸收公众存款罪的界限问题

集资诈骗罪与非法吸收公众存款罪有许多相似之处，例如，两罪均可能以"集资"的形式实施犯罪，两罪的集资均是非法的，两罪所吸收的均可能是公众的资金等。但是，两罪又具有明显的区别。

（1）行为的目的不同。集资诈骗罪的行为人必须具有非法占有所募集的资金的目的，包括据为己有，据为单位或者他人所有。而非法吸收公众存款罪的行为人主观上则不具有非法占有的目的，而是通过非法吸收、变相吸收公众存款用于营利活动，以牟取暴利。实践中,判断行为人是否具有"非法占有"的目的是区分集资诈骗罪与非法吸收公众存款罪的关键。

（2）行为方式不尽相同。前者是使用诈骗方法,即使用捏造事实、编造谎言或者隐瞒真相的方法骗取公众财物;而后者则不要求必须使用诈骗方法,但哪怕是以真实的方法来吸收公众存款,也可以构成非法吸收公众存款罪。

（3）侵犯的客体不同。前者主要侵犯的是公司或个人财产的所有权,而后者主要侵犯的是国家金融管理秩序,如果允许这样的行为蔓延,则国家的金融管理秩序必将混乱,金融危机也在所难免。

七、非法集资行为的认定及处理

（1）凡未经中国人民银行批准,任何企业擅自从事下列活动一律认定为无效:

①非法吸收公众存款,是指未经中国人民银行批准,向社会不特定对象吸收资金,出具凭证,承诺在一定期限内还本付息的活动。

②变相吸收公众存款,是指不以吸收公众存款的名义,向社会不特定对象吸收资金,但承诺履行的义务与吸收公众存款性质相同的活动。

③未经依法批准,以借贷或其他任何名义向职工或社会不特定对象进行的非法集资。包括擅自从事的以还本付息或者以支付股息、红利等形式向出资人进行的有偿集资活动,或者以发起设立股份公司为名,变相募集股份的集资活动。

（2）非法集资案件的具体处理:

①确认该集资行为为无效民事行为。

②返还财产,即集资方将所收取款项（本金）立即返还出资人。

③对于双方恶意串通,损害国家、集体或第三人的利益,以及其他违反法律、法规情节严重的,对过错方处以相当于非法所筹资金金额5%以下的罚款,或按照双方约定的利率收缴非法所得。

第四章
网络交易平台提供者的法律责任

第一节　网络交易平台概述

网络交易是以互联网为载体进行的商务活动，它的内容广泛，既包括互联网科技及商事活动本身，也延伸到金融、教育、艺术等其他方面；它旨在通过电子手段建立一种新秩序，高效利用互联网高科技来引导一场前所未有的商务实践，这将会对原有的交易模式带来广泛而深刻的影响。

网络交易的开展，需要技术和制度予以支持，于是在这个过程中，逐渐产生了新的主体——网络交易平台提供者。网络交易平台提供者为交易双方提供媒介服务，使经营者和消费者能够顺利完成交易。这些服务主要是指开展网络交易所必要的计算机和电子数据系统，这个系统包含网络资源、电子数据、硬件及软件等。对于网络交易平台提供者这一称呼，由于当前该方面的法律规定并不统一，也有其他近似称呼，如网络服务经营者，其实质含义是相同的，本书中"网络交易平台提供者"的称呼引自《消费者权益保护法》第四十四条。

参照相关规定，联系网络交易平台提供者的功能，网络交易平台提供者可被定义为：借助互联网为经营者和消费者提供中介服务和虚拟的商谈场所，并保障服务持续良好运行的企业法人或者其他营利性组织。通过这个平台的服务，经营者和消费者能够从事各种商务活动，如拍下订单、支付货款等。

一、网络交易平台的作用和特点

1. 网络交易平台的作用

电子商务建设的最终目的是发展业务和应用。一方面网上商家以一种无序的方式发展,造成重复建设和资源浪费;另一方面商家业务发展比较低级,很多业务仅以浏览为主,需通过网外的方式完成资金流和物流,不能充分利用 Internet 无时空限制的优势,因此有必要建立一个业务发展框架系统,规范网上业务的开展,提供完善的网络资源、安全保障、安全的网上支付和有效的管理机制,有效地实现资源共享,实现真正的电子商务。

企业电子商务平台的建设,可以建立起电子商务服务的门户站点,是现实社会到网络社会的真正体现,为广大网上商家以及网络客户提供一个符合中国国情的电子商务网上生存环境和商业运作空间。

企业电子商务平台的建设,不仅仅是初级网上购物的实现,并且能够有效地在 Internet 上构架安全的和易于扩展的业务框架体系,实现 B2B、B2C、C2C、O2O、B2M、M2C、B2A(即 B2G)、C2A(即 C2G)、ABC 等模式的应用环境,推动电子商务在中国的发展。

电子商务平台通过互联网展示、宣传或者销售自身产品的网络平台载体越来越趋于平常化。电子商务平台扩展另外一种途径——互联网营销,让用户多一种途径来了解、认知或者购买商家的商品。

电子商务平台可以帮助中小企业甚至个人自主创业,独立营销一个互联网商城,达到快速盈利的目的,而且只需要很低的成本就可以实现这一愿望。

电子商务平台可以帮助同行业中已经拥有电子商务平台的用户,提供更专业的电子商务平台解决方案。发展电子商务,不是一两家公司就能够推动的产业,而是需要更多专业人士共同参与和奋斗,共同发展。

2.网络交易平台的特点

(1)更广阔的环境。人们不受时间的限制,不受空间的限制,不受传统购物的诸多限制,可以随时随地在网上交易。跨越时间、空间,商家在特定的时间里能够接触到更多的客户,为商家提供了更广阔的发展环境。

(2)更广阔的市场。在网上这个世界将会变得很小,一个商家可以面对全球的消费者,而一个消费者可以在全球的任何一家商家购物。一个商家可以去挑战不同地区、不同类别的买家客户群,在网上能够收集到丰富的买家信息,进行数据分析。

(3)快速流通和低廉价格。电子商务减少了商品流通的中间环节,节省了大量的开支,从而也大大降低了商品流通和交易的成本。通过电子商务,企业能够更快地匹配买家,实现真正的产—供—销一体化,能够节约资源,减少不必要的生产浪费。

二、网络交易平台的类型

1.B2B模式

B2B(Business to Business),是指商家与商家建立的商业关系。例如我们在麦当劳中只能够买到可口可乐是因为麦当劳与可口可乐为商业伙伴的关系。商家们建立商业伙伴的关系是希望通过大家所提供的东西来形成一个互补的发展机会,大家的生意都可以有利润。例如阿里巴巴、慧聪。

B2B模式是电子商务中历史最长、发展最完善的商业模式,能迅速地带来利润和回报。它的利润来源于相对低廉的信息成本带来的各种费用的下降,以及供应链和价值链整合的好处。它的贸易金额是消费者直接购买的10倍。企业间的电子商务成为电子商务的重头。它的应用有通过 EDI 网络连接会员的行业组织,基于业务链的跨行业交易集成组织,网上及时采购和供应营运商。

B2B电子商务模式主要有降低采购成本、降低库存成本、节省周转时间、扩大市场机会等优势,目前常见的B2B运营模式主要有垂直B2B(上游和下游,可以形成销货关系),水平B2B(将行业中相近的交易过程集中),自建B2B(行业龙头运用自身优势串联整条产业链),关联行业的B2B(整合综合B2B模式和垂直B2B模式的跨行业EC平台)。B2B的主要营利模式是:会员收费、广告费用、竞价排名费用、增值服务费、线下服务费、商务合作推广、按询盘付费等。

2. B2C 模式

B2C(Business to Consumer),就是我们经常看到的供应商直接把商品卖给用户,即"商对客"模式,也就是通常说的商业零售,直接面向消费者销售产品和服务。例如你去麦当劳吃东西就是B2C,因为你只是一个客户。例如当当、卓越、优凯特。

B2C网站类型主要有综合商城(产品丰富的传统商城EC化),百货商店(自有库存,销售商品),垂直商店(满足某种特定的需求),复合品牌店(传统品牌商的复合),服务型网店(无形商品的交易),导购引擎型(趣味购物、便利购物),在线商品定制型(个性化服务、个性化需求)等。B2C的营利模式主要是服务费、会员费、销售费、推广费等。

3. C2B 模式

C2B(Customer to Business),比较本土的说法是要约,由客户发布自己要些什么东西,要求的价格是什么,然后由商家来决定是否接受客户的要约。假如商家接受客户的要约,那么交易成功;假如商家不接受客户的要约,那么交易失败。C2B模式的核心,是通过聚合分散分布但数量庞大的用户形成一个强大的采购集团,以此来改变B2C模式中用户一对一出价的弱势地位,使之享受到以大批发商的价格买单件商品的利益。例如 U-deals、当家物业联盟。

C2B模式的一般运行机制是需求动议的发起，消费者群体自觉聚集，消费者群体内部审议，制订出明确的需求计划，选择合适的核心商家或者企业群体，展开集体议价谈判，进行联合购买，消费者群体对结果进行分配，消费者群体对于本次交易结果的评价，消费者群体解散或者对抗。

4. C2C 模式

C2C(Customer to Consumer)，指客户之间自己把东西放上网去卖，是个人与个人之间的电子商务。例如淘宝、拍拍、易趣。C2C的主要盈利模式是会员费、交易提成费、广告费用、排名竞价费用、支付环节费用等。C2C的一般运作流程是：卖方将欲卖的货品登记在社群服务器上，买方通过入口网页服务器得到二手货资料，买方通过检查卖方的信用度后选择欲购买的二手货，通过管理交易的平台分别完成资料记录，买方与卖方进行收付款交易，通过网站的物流运送机制将货品送到买方。

5. O2O 模式

O2O(Online to Offline)即将线下商务的机会与互联网结合在一起，让互联网成为线下交易的前台。这样线下服务就可以用线上来揽客，消费者可以用线上来筛选服务，还有成交可以在线结算，很快达到规模。该模式最重要的特点是：推广效果可查，每笔交易可跟踪。O2O模式的优势有：充分挖掘线下资源、消费行为更加易于统计、服务方便、优势集中、促使电子商务朝多元化方向发展。

第二节　网络交易平台涉及的法律关系

一、网络交易平台提供者的法律地位

　　网络交易的本质是借助互联网方便、高效、快捷的特性，实现交易主体的商事需求和盈利需求。通过网络交易平台，能够使得多方商事经营者、参与者摆脱以往的一对一或者一对多的交易模式，进而形成类似于证券市场中"多对多"的交易模式。但是网络交易在不断发展的同时，网络交易纠纷也在不断增多，产生纠纷的原因是多样化的，所涉及的主体是多元化的，明确网络交易平台提供者的法律定位对于纠纷的顺利解决具有现实意义。

　　1. 居间人说

　　该学说认为网络平台提供者提供交易平台给买卖双方当事人的过程，即形成了居间合同关系。《合同法》第四百二十四条规定："居间合同是居间人向委托人报告订立合同的机会或者提供订立合同的媒介服务，委托人支付报酬的合同。"居间合同中的居间人是为委托人提供服务的，但这种服务的内容是为委托人报告订约的机会或者为订约的媒介，此观点认为，平台提供者只是提供一个中介服务。但是，平台提供者在与销售者所签订的《服务协议》中所约定的，只是提供一个平台以及附加一些其他额外服务，这一行为说明，网络平台提供者并没有接受买卖方委托其寻求交易机会的意思表示。在现实生活中，网络平台提供者仅仅只是一个网络空间的提供者，或者可以名曰技术服务的提供者，并没有主动向买卖双方提供从业信息的行为，从而可以得出该行为并不符合居间的本质。再者，居间服务为有偿行为，提供服务者会要求需要服务者支付一定的报酬，然而，现实生活中，以淘宝网、易趣网为例，此类平台提供给经营者和消费者之间所需的网

购平台都是免费的。

2. 行纪人说

该种学说认为,在网络交易过程中,网络平台提供者以自己的名义为委托人从事贸易活动。这一行为中,行纪人以自己的名义为委托人进行交易,直接与第三人发生合同关系,然后将交易的后果转移给委托人,对此在学理上成为间接代理。一般而言,行纪是由特定的行纪机构接受客户委托,以自己的名义与第三人订立合同并独立承担法律后果的行为。而在 C2C 电子交易中,网络交易平台提供者并不会代表客户与他方进行交易,也不参与买卖双方的合同订立以及交易过程。同样地,"代理人在代理权限内,以被代理人的名义实施民事法律行为,被代理人对代理人的代理行为承担民事责任",而平台提供者仅为注册的用户提供有利于在线交易的服务,服务的表现形态是提供一种交易平台,既不同于委托中受托人以委托人或自己的名义办理委托事务,也不同于代理人以委托人名义代为交易,在电子商务平台上买卖双方是自行达成交易的,而未授权平台提供者去为自己处理交易。

3. 柜台出租说

该观点主张的是网络交易平台提供者与销售者之间签订的是"柜台"租赁合同,并向租赁者收取一定的商品展销费,类似于对某一空间的占有使用费或"柜台"使用费。提供者只面向销售者收费而不会去寻求消费者支付此类费用。而在实体交易过程中,"柜台租赁"是指作为交易一方的商家向柜台或场地的所有者租赁摊位,并给予一定费用的情况。对于一般的买方,场地或柜台所有者并不会向其收取任何费用。将两者进行对比,读者不难发现,这两种销售模式是极其相似的,故可将网络交易平台提供者定义为网络中的"柜台出租方"。

然而此类学说只是说明了两者具有某种相似之处,并未指出网络交易就等于现实交易。由于网络本身的虚拟性,在具体到某种权利与义务时，两者之间还是有明显的不同的。仅据此认定租赁关系是不够严谨的。而且从交易平台提供者与平台使用者签订的服务协议可以看出，并没有租赁网络空间的条款，从而使得使用网络交易平台上提供的网络空间并不能成为租赁关系存在的凭证。再者，网络空间作为法律上何种权利的存在尚需研究。租赁网络空间的行为是否能等同于传统的租赁出租房所享有的物权的行为，双方之间所承担的法律责任与法律后果是否相同，这都是需要学者们去研究的。例如淘宝网等购物网站并没有对用户收取登录费、成交费之类的，这显然与柜台出租方出租柜台以获得租金不同，因此交易平台提供者与销售者之间并不存在所谓的租赁关系。

国内对于"柜台出租方说"还有此类观点：即柜台出租的法律规定只适合 B2C 这类的交易，而不适用于 C2C 这样的交易。《消费者权益保护法》第四十三条规定："消费者在展销会、租赁柜台购买商品或者接受服务，其合法权益受到损害的，可以向销售者或者服务者要求赔偿。展销会结束或者柜台租赁期满后，也可以向展销会的举办者、柜台的出租者要求赔偿。展销会的举办者、柜台的出租者赔偿后，有权向销售者或者服务者追偿。"假使 C2C 模式中的电子商务平台提供者适用该条款，那么卖家的身份问题以及柜台租赁期届满后赔偿责任承担的问题需重新考量。因为《消费者权益保护法》所针对的只是具有经营者身份的当事人，在 C2C 模式中，卖家身份能否等同于经营者的身份，并未明确给出相应的条文规定。其次，在网络交易中，由于互联网的虚拟性，买卖双方之间不能当面交易，使得买方不能实际对比货物，卖方亦不会如实描述，这都是诚信问题所导致的。这种将"柜台出租说"适用于电子商务的做法有违公平，假使将其完全适用，那么就意味着，作为平台提供者将承担网络经营者违法产生的后果的风险，这不利于网络平台提供者的发展，也有碍于电子商务的发展。

我们认为,网络交易平台提供者的法律性质并不等同于柜台出租说中所说明的一方,不能完全适用现有的柜台出租方的法律条文。以柜台出租方来认定电子商务平台提供者的主体地位有一定的合理性。现有的理论仅局限于网络交易的某一方面的特性,并不会将其拓展开来,从而使得该行为的特点难以得到全面的诠释。网络购物作为一种新兴的交易模式,并不一定要用传统的观点去看待它,因为电子商务平台提供者所提供的服务是多样性的,应对其在不同的交易情境中所担任的角色区别对待,从而使得其承担相应的法律责任。

二、网络交易平台涉及的法律关系

1. 网络交易平台提供者与网络用户的关系

网络交易平台为经营者提供了虚拟的营业场所,同时也为消费者提供了虚拟的购物场所,作为交易的媒介,网络交易平台的存在促成了交易的完成。以淘宝网为例,任何人通过淘宝网销售商品或者购买商品均需先进行注册成为淘宝会员,签署《淘宝平台服务协议》,用户只有在同意全部条款的情况下才能成功注册,享受其提供的网络服务。对于该格式合同,用户只能以全有或全无的方式选择适用,而不可以与淘宝网协议更改个别条款。由此可以看出,在通过第三方网络交易平台进行的交易中,网络交易平台提供者与经营者、消费者之间均成立网络服务合同关系。网络服务合同,是指网络交易平台提供者均向网络用户提供信息展示、传输、存储、交流服务,供用户阅读他人上传的信息或者自己发送的信息而形成的法律关系,它表明在网络交易平台提供者与网络用户之间存在着以提供与接受服务为核心内容的权利义务制度安排。

通常情况下,合同双方之间的权利义务关系由合同事先约定,但在网络服务合同中,由于主体的特殊性,为公平起见,我国法律法规对网络交易平台提供者的义务进行了专门的规定,主要包括三个方面。一是保密义务。网络交易平台提供者因经营者注册时需要提交的个人真实信息,或者消费者网购时要填写准确的物流信息而掌握众多用户的商业秘密和个人隐私,平台对此应当严格保密,否则可能承担违约责任。二是不得不当免责的义务。由于网络交易平台提供者作为营利性主体,追求利益与规避法律风险是其本性,处于信息优势的他们通过"霸王条款"使自己免于承担法律责任,可能会损害到其他用户的利益。对于这种情况,应对网络交易平台提供者的此类行为进行监管,限制其通过"霸王格式条款"逃避应当承担的法律责任。三是调查和补救的义务。现实中网络交易平台提供者对网络经营者提交的个人信息以及商品信息进行实质性审核是不可能的,在发生侵权行为时,被侵权人可以要求平台提供者就侵权行为进行必要的调查,或者采取一定的补救措施,如强制侵权商品下架,取消网络经营者的经营资格等。

2.网络交易平台提供者与监管者的关系

2007年6月,《电子商务发展"十一五"规划》中第一次将网络交易市场列为"十一五"期间发展电子商务的重要监管对象。网络交易平台提供者是网络交易活动必不可少的主体,也是行政监管的重点内容。当前,政府对网络交易平台提供者的监管主要是指市场准入监管。

市场准入制度,是指行政机关允许特定的商事主体进入特定市场,进行商品与服务交易的制度,也是国家对经济市场进行调控和监管的基本制度,是国家管理工作的起步,其基本目标之一是保护社会公共利益。网络交易平台提供者的市场准入,包括企业注册登记和增值电信业务经营许可两个方面。

注册域名是设立网站时的首项环节,目前企业设立网站主要依据的法律规定是国务院2000年9月发布的《互联网信息服务管理办法》和《电信条例》。一般情况下,网络交易平台提供者的性质是法人,需要经工商行政管理部门登记,获得营业执照才可经营网站。设立经营性网站必须办理增值电信业务经营许可证,这是进行工商登记的前置程序,其主管单位是省、自治区、直辖市电信管理机构或者国务院信息产业主管部门。

3. 经营者与监管者的关系

在我国,以商事主体的组织形态为依据,可以将商事主体区分为商法人、商合伙与商个人。只有成为商主体才能以自己的名义实施营利性行为,同时根据我国相关立法,无论是商法人、商合伙还是商个人都需要经由工商登记管理机关核准登记后才拥有市场准入资格。如果这些主体从事网络经营活动,与普通的实体经营活动并无本质区别,也必须进行工商登记后才具备从事经营活动的基本条件。

需要注意的是,我国目前立法中,自然人还不能以个人名义进行工商登记从事经营活动,依据现有工商登记法律条文,自然人只能以成立的个体工商户、个人独资企业等营利性主体的资格申领营业执照。总之无论是公司、自然人,还是合伙企业、独资企业,都必须到工商部门办理营业执照,在工商行政部门确认其市场主体资格地位后,方可以进行商事交易。

网络交易中,C2C 模式占有相当大的比重。严格的 C2C 模式只能界定为自然人个体依托网络交易平台,非以持续营业行为从事交易行为,如偶尔进行的物品拍卖、二手物品买卖、以物易物等交易活动。但通过对 C2C 网络交易平台中实名认证、开店时间和交易历史的考察,有不计其数的实际自然人主体在从事着持续性营业活动,这显然与我国有关市场准入和主体资质的法律规定相悖。由此,此问题与现象在我国现有法律框架内是无解的,一方面我国法律规定明确而具体,但另一方面现实网络经济生活中又存在有大量"违法"的客观情况。

在目前网络交易(特别是 C2C 范围)的参与者大多数是自然人的情形下,应提倡和支持个人经营者从事在线交易,这有利于加强网络交易实践、积累网络交易经验,为未来网络交易立法打下良好的理论和实践基础。针对网络交易领域内大量存在的与现行法律相冲突的现象,2010 年 5 月底,国家工商行政管理总局开始实行《网络商品交易及有关服务行为管理暂行办法》(以下简称《暂行办法》),对自然人作为经营者是否应该登记的问题进行了很好的协调。根据该《暂行办法》规定,自然人利用网络交易平台进行商品交易,只要向平台提供者提出申请,并且出示真实的姓名、住址等个人信息即可,网络交易平台提供者予以形式审查并登记,建立档案。由此可见,我国的相关立法对自然人在网上进行经营活动"网开一面",并不强制其登记,这实质上已经承认在网络空间内自然人无须经过工商注册登记就可以从事商事交易,而且工商行政管理部门不但不予以禁止,相反对于这种行为,出于促进网络交易产业的发展考虑,是予以支持和鼓励的,这在法律层面扫清了网络空间内自然人直接从事商事经营活动的制度障碍。

第三节　网络平台提供者的信息披露义务

网络日渐普及,网络平台现今已成为人们生活中重要的一部分。在网络使生活更为便捷的同时,通过网络平台产生的纠纷也不断增加。在广东省肇庆市中级人民法院审理的林展祺与浙江淘宝网络有限公司网络服务合同纠纷中,原告林展祺以淘宝公司拒绝提供卖家身份,直至林展祺起诉其承担责任时才提供信息为由控告淘宝公司不履行作为网络交易提供者的义务,要求其承担赔偿责任。法院认为:"根据《消费者权益保护法》第四十四条的规定,向消费者提供销售者或者服务者的真实姓名、地址和有效联系方式是网络交易平台依法应承担的信息披露义务,该披露义务应以事前谨慎审查及事后及时提供为限。"尽管法院最后依法判定淘宝公司已履行其信息披露义务,但是本案也能引发一系列思考:网络交易平台提供者作为一种新型的民事主体,独立于买卖双方,其是否有披露被指控侵权人信息的义务? 如果有,网络平台提供者履行信息披露义务的必要节点、履行的程度及披露内容的有效性又该如何判断?

以网络平台为媒介的侵权案件不断增多,网络诈骗等案件层出不穷。由于网络的特殊性,受害人往往无法直接掌握侵权人的身份信息,维护权利受到阻碍,但网络服务提供者由于其特殊性可以根据相关规定获取侵权人的真实信息,甚至通过特殊手段加以锁定,所以在网络侵权案件中,对网络平台提供者苛以信息披露义务,将成为解决上述因网络的特殊性所引发的问题的关键。但根据安全港原则,网络服务提供者又负有保护客户隐私、恪守用户秘密的义务,因此若对其负担信息披露义务的条件不加以限制,既是对其合同义务的违反,又是一种侵犯隐私权的行为。因此在这种状况下,如何实现网络服务提供者的这种信息披露义务,同时又要保障网络用户的个人信息安全,成了亟待解决的问题。

一、信息披露义务的主体和范围

信息披露制度的权利主体为被侵权人,信息披露制度的义务主体为网络服务提供者,包括网络接入服务提供者、网络内容服务提供者、网络平台提供者等[①]。

但因为本书把侵权着重定义于网络用户的侵权这一角度,并

---

① 郭娟,易健雄.网络服务提供者(ISP)信息披露制度——以著作权法领域为中心[J].重庆邮电大学学报(社会科学版),2016,28(2),52—58.

且我们认为为平衡被侵害人、网络平台提供者、网络用户三者之间的利益，保护网络用户的隐私，网络平台提供者信息披露的范围仅限于被侵权人维权所需的确认侵权人的基本信息，包括姓名、联系方式、地址、身份证号码等。然而这些信息比起网络接入服务提供者和网络内容服务提供者，网络平台提供者有着更充分的掌握，且被侵权人与网络平台提供者的联系更紧密，网络平台提供者是被侵权人更容易去伸张权利要求其履行信息披露义务的对象，所以本书以网络平台提供者为履行以披露被侵权人维权所需的确认侵权人的信息为内容的信息披露义务的主体。

2018 年 8 月 24 日，温州乐清发生滴滴顺风车司机强奸杀人案件，家属收到求救短信后要求滴滴平台提供车主的个人信息被平台拒绝。乐清顺风车司机强奸杀人案也对本书的研究提出了一个新的问题：亲属、朋友能否作为请求网络平台提供者履行信息披露义务的主体？如果可以，什么情况下可以行使被侵权人的权利？例如上述案件的情况，涉案司机的身份信息资料对维护被侵权人的权益是至关重要的，在被侵权人迫于情况危急无法行使其所拥有的权利时，而被侵权人向亲属朋友发了求救短信，在亲属朋友证明了与被侵权人的关系的情况下，提供求救短信作为证据再加上网络平台提供者自身知悉该侵权人是否乘坐滴滴顺风车，所以其应该向被侵权人亲属提供必要信息。综上，我们认为被侵权人的亲属、朋友可以成为请求网络平台提供者履行信息披露义务的主体，但必须满足下列几个条件：①能够证明与被侵权人的关系；②为了维护被侵权人的合法权益；③被侵权人本人授权或者因为特殊原因无法自己主张权利；④不得违背被侵权人明确或可推知的不愿要求网络平台提供者履行信息披露义务的意思。

二、信息披露义务的方式和条件

由此，需要进一步解决的问题是，在何种条件下、谁有权要求网络平台提供者向谁提供涉嫌侵权的网络用户的个人信息？进而，如何实现网络平台提供者的这种信息披露义务与其对网络用户个人信息保密义务之间的平衡与协调？

对此，比较法上主要有两种模式，即私力模式和公力模式。私力模式，顾名思义，是指被侵权人直接要求网络平台提供者披露涉嫌侵权的网络用户的身份信息，无须通过司法程序。但此模式下，被侵权人要求网络平台提供者披露涉嫌侵权人的信息也有法定的方式和程序，否则网络平台提供者有权拒绝。公力模式下，被侵权人无权直接要求网络平台提供者披露网络用户的身份信息，只能通过司法程序，向法院提出申请，由法院责令网络平台提供者披露侵权人的身份①。

1.立法状况

从我国域内立法来看，两种模式的立法都存在。《最高人民法院关于审理利用信息网络侵害人身权益民事纠纷案件适用法律若干问题的规定》第四条规定，人民法院本身在审判过程中可以根据原告的请求或者具体情况，责令网络服务提供者提供涉嫌侵权人的相关信息。该条将可以请求网络服务平台提供者履行信息披露义务的主体限定于司法机关一类公主体，而并不适用于私主体。但我国《最高人民法院关于审理涉及计算机网络著作权纠纷案件适用法律若干问题的解释》第六条规定，著作权人本身可以要求网络服务平台提供者提供侵权行为人的相关信息以追究行为人的侵权责任，因此又赋予了被侵权人直接向网络平台提供者请求披露侵害人信息的请求权。可见关于究竟谁有权要求网络平台提供者履行信息披露义务，我国还没能形成一个完善的法律体系加以规定。

---

① 杨临萍,姚辉,姜强.《最高人民法院关于审理利用信息网络侵害人身权益民事纠纷案件适用法律若干问题的规定》的理解与适用[J].法律适用,2014(12):22—28.

在最高人民法院发布的《〈最高人民法院关于审理利用信息网络侵害人身权益民事纠纷案件适用法律若干问题的规定〉的理解与使用》一文中,强调要求网络平台提供者履行信息披露义务,必须是原告已经对网络平台提供者提起诉讼,且网络平台提供者以涉嫌侵权的信息系网络用户发布为由抗辩的情况下。这样种种的限制让被侵权人丧失了请求网络平台提供者履行信息披露义务的主动权。从最新颁布的《网络安全法》中也可见一斑,《网络安全法》第四十二条甚至规定网络运营者未经被收集者同意,不得向他人提供个人信息,这样的规定要求网络平台提供者在披露信息之前要取得被收集者的同意,很大程度上限制了以要求网络平台提供者履行信息披露义务为内容的请求权发挥作用。

2. 立法状况分析

由上述关于网络平台提供者的信息披露义务的域内立法状况可以看出,现在的立法目的更倾向采用公力模式去保护网络用户的个人信息,但我们认为对网络用户信息的保护不应该成为违法者的保护伞。首先,如若完全采用公力模式并加以上述种种限制,过分地保护网络用户的个人信息反而不利于达成共建和谐网络空间的目的,反而会使违法者更加猖獗,借此规避法律责任;其次以网络诈骗为例,网络诈骗人可能侵害了大量群众的利益,但是如果请求信息披露都要经过非常复杂的程序,申请公权力介入,每个受害者个体可能会因为数额不大加上程序复杂对维权之路构成障碍而放弃维权,从而导致诈骗人不仅罪行重大而且会逍遥法外。简便的权利启动程序是保障当事人权益最大的武器,能大大地缩短权利行使的周期以更好地维护受害者的合法权益。所以我们认为网络平台提供者的信息披露义务应该私力模式先行,由公力模式提供保障。

(1)私力模式先行,将启动这个程序的主动权归还权利人。权利人有权在认为自己的合法权益被侵害后以通知的形式请求网络平台提供者披露侵权人的必要信息。

（2）权利人需提供相关网络侵权行为的初步证据，但被责令提供信息的主体不仅仅限于侵权人，也可以是被指控侵权的人[①]。责令提供信息，不以侵权行为已经被认定为前提，只要证据能够指向被指控的侵权人侵权，无论其是否构成侵权，网络平台提供者都应履行信息披露义务；不能提供的网络服务提供者则有权拒绝。

（3）网络平台提供者拒绝后，权利人可以诉诸司法机关，求助于公权力使网络平台提供者履行信息披露义务；如果司法机关认为权利人的诉讼请求合理，则不仅网络平台提供者需要履行披露义务，权利人也可以要求网络平台提供者履行赔偿义务。

（4）如果网络平台提供者披露了被指控的侵权人的信息，但被指控的侵权人不存在侵权行为的，网络平台提供者过度披露用户信息给网络用户造成严重损害后果的，需承担侵权责任或违约责任。

一言以蔽之，即对网络平台提供者科以不真正的信息披露义务，承担披露或者不披露的责任。

2018年8月24日，温州乐清发生滴滴顺风车司机强奸杀人案件，激情杀人虽然无法防范，但是在这个案件中也有引发我们思考的情节：①在案发前一天另一位女性乘客也投诉该司机"多次要求乘客坐到前排，开到偏僻的地方，下车后司机继续跟随了一段距离"，客服承诺两小时回复但未做到；②家属要求滴滴平台提供车主的个人信息被平台拒绝。

针对为什么没有第一时间将车主信息提供给家属这一问题，滴滴公司也做出了回应："由于平台每天会接到大量他人询问乘

---

① 张伟君.网络销售平台提供者的信息披露义务[J].电子知识产权，2013(6)：82—84.

客或车主的个人信息的客服电话,而我们无法短时间内核实来电人身份的真实性,也无法确认用户本人是否愿意平台将其相关信息提供给他人,所以我们无法将乘客和车主任何一方的个人信息给到警方之外的人。"滴滴公司的辩称体现出的正是公力模式最大的弊端——权利发动周期长,滴滴平台依赖于公权力的介入,把对被侵权人提供的说辞和证据的真实性的审核义务完全推向以公安为代表的公权力机关。若信息披露义务的启动取决于公权力的介入,那网络平台提供者也可以因此逃脱因披露不及时对被侵权人所造成的权益损失所带来的责任,这样网络平台提供者就会怠于履行其检查投诉真实性的义务,进而怠于履行信息披露义务,造成时间的延误给被侵权人带来原本不用承受的伤害。所以信息披露采用私力模式先行,由公力模式提供保障的模式更可行,对网络平台提供者科以不真正的信息披露义务,承担披露或者不披露的责任,有利于督促网络平台提供者在接到被侵权人的通知之后,对涉嫌侵权的行为进行认真的审查和判断,既符合其作为网络平台提供者具有极强的网络行为判断能力与网络行为预测防范能力的实际状况,也促使网络平台提供者积极对信息披露义务的程序达成一致。

三、信息披露义务的责任承担

在互联网企业提供的网络交易平台上,网店的销售者与消费者之间进行买卖交易,此时网店的销售者或者服务者作为经营者,对消费者负有高度谨慎义务,特别是在食品、药品以及一些与身体健康息息相关的生活用品上;而在互联网企业提供的网络媒介平台上,用户以信息交流、信息的发布传播等为主,属于自媒体的利用,不具有直接交易的目的,一般涉及人身利益,但由于微商代购等群体的出现与盛行,两个平台的功能又发生了交叉重叠。尽管网络交易平台提供者与网络媒介平台提供者的功能不同,但其负有的信息披露义务均围绕着销售者、服务者或者网络用户的姓名、地址以及联系方式,并且目前两个平台的功能在很大程度上也有重叠,所以我们认为对于平台所承担的信息披露义务可以共同分析探讨。对于信息披露的时间节点以及内容是否真实全面,是否要确保联系方式的有效,比如销售者或者服务者的信息变更等情况都还存在漏洞。

四、网络平台提供信息的真实有效性及其责任

消费者涂某在淘宝第三方店铺购买小米手机,收货后经小米公司检测为假货,消费者认为受到假货欺诈,要求一赔三。由于平台提供者提供给消费者的第三方店铺登记经营者的手机已经停机,其身份证上的户籍地址也已人去楼空,此时消费者涂某起诉要求平台提供者承担欺诈的连带责任。在实践中,许多经营者(服务者)、网络用户的身份信息、住所地或者联系方式在注册时都是真实有效的,但是经过一段时间后发生变化,如注册时的手机已经停机,住所地等也发生了变化,此时就算网络平台提供者进行相关的信息披露,也很难甚至无法找到相对责任人,法院也采取公告送达的方式审理案件,此时是否意味着网络平台完成了信息披露义务而能免责?作为一个普通商事主体,又该如何保证海量的联系地址和联系方式始终有效?

在上述涂某的案件中,平台提供者反复表示其没有能力保证海量第三方店铺的联系电话永远都能接通,登记经营者永远都在身份证上载明的地址居住。事实上,连对企业经营负有监管责任的工商行政管理部门,也无法保证企业联系方式永远有效,联系地址永远没有变化,其所能做的,只能是要求企业在上述信息变更时,必须如实、及时告知工商管理部门并办理变更登记。

我们认为,考量平台提供者的告知义务,必须回归到平台提供者的媒介服务方身份上来,其仅仅是平台提供方,并非合同的直接相对人或者侵权人。其在提供网络平台时不具有营利性的直接经营行为,只是给双方提供安全稳定的技术服务、市场准入审查、交易记录保存、个人信息保护、不良信息删除、协助纠纷解决、信用监督等义务。平台提供者作为交易的媒介方,其信息披露的目的在于能够找到可能负有违约或者侵权责任的对方即可,我们认为,在第三方店铺或者用户在平台进行注册登记时,网络平台应进行信息审查,保证此时相关信息的真实有效。此后当发生纠纷诉诸法院,网络平台提供者应当举证自己所提供的上述信息的来源并尽到基本的审查义务,如果不能证明或者在此过程中网络平台提供者存在过失或者过错而导致无法找到相对责任人,或者最终能够找到相对责任人但是给原告造成损失的,应当认定平台提供者未履行或者未完全履行如实告知义务并承担相应的赔偿责任。

五、网络平台提供信息的时间节点及其责任

在"浙江温州 20 岁女孩顺风车遇害"事件中,人们不仅将矛头对准了穷凶极恶的歹徒,同时也对准了滴滴公司。在危及生命的紧急事件当中,其信息披露的及时与否,对于救援工作能否开展,挽救女孩生命的可能性大小起到相当程度的作用。相较于当消费者与销售者之间产生违约责任,或者网络用户遭受攻击名誉权受损等要求网络平台提供者进行信息披露的及时与否,其侵害的法益的严重程度各不相同。所以,若要统一"及时"的标准,其标准过严,网络服务平台提供者将要耗费巨大的成本,投入巨大的人力物力;但若其标准过宽,则网络服务平台提供者将会有所懈怠,对于紧急情况下的失误也可以逃脱责任,不利于对被害人的保护。因此对于"及时"的评价标准,应综合有效通知的形式和准确程度、侵害权益的类型和程度等因素进行判断。

实践中,有的平台提供者在消费者提出要求时即履行告知义

务,有的则在诉讼中告知。对此,消费者认为只要自己提出要求,平台提供者就应当告知其有关情况,否则,视为没有及时履行告知义务。平台提供者则认为,法律并没有明确规定告知相关信息的时间,因此,即使在庭审中告知也视为及时告知,那么,何时履行告知义务被视为是及时的? 我们认为,平台提供者履行告知义务的目的是帮助消费者及时向经营者(服务者)追偿,为达此目的,一旦消费者提出,平台提供者进行基本审查通过之后就应当向其提供有关信息以帮助其及时向经营者主张权利,此种义务之履行,应当以消费者主张之时为限,非有法定事由,不得延迟。况且,此种义务之履行,和平台提供者并无不利害冲突,平台提供者非有法定事由也不得拒绝,不得推延。由于法律没有规定延迟告知的事由,因此,除非消费者事前没有提出,否则,庭审中告知,应视为延迟告知,并承担相应的责任。

但是当生命权、身体权等人格利益有可能遭受侵害时,遭受侵害的人自身有可能没有时间去向网络平台提供者申请信息披露甚至要提供初步的证据指向被指控的侵权人侵权。那么我们认为,此时该项权利的启动权可以赋予受害人的近亲属,但同时为了防止权利的滥用,其近亲属必须提供证据能够证明遭受侵害的人无法行使该项权利,而非受害人不愿意行使,其近亲属代替其启动该项权利。此外,不论是其本人或者其近亲属,都须提供初步的证据指向被指控的人侵权,否则作为网络平台无法对情势进行判断,可能造成权利的滥用。

如果将网络交易平台与网络媒介平台提供者完全相提并论,对于责任的认定方式以及承担采取同样的规则设置是不恰当的。理想中网络平台提供者的信息披露应做到及时并保证提供信息的真实有效性,然而通过上述分析可以知道在实践中往往可能不尽如人意。

(1)若不满足前述私力模式下的相关条件,网络平台提供者拒绝履行披露义务的,不承担责任;若被侵权人起诉后,司法机关认定侵权人的侵权行为确实不存在的,即使满足前述私力模式下的条件提供了初步证据,网络平台提供者拒绝履行的,也不用承担责任,因为不存在侵权行为,信息披露义务的基础也就丧失了。

(2)若网络平台提供者进行了适当的披露义务,就算事后认定违约或者侵权行为并不存在,只要其自身尽到合理的注意义务,就不存在过失或者过错,不承担责任。

(3)若网络提供者未履行或者未及时履行信息披露义务给被侵权人造成严重损害后果的需向被侵权人履行侵权责任。

(4)若网络平台提供者过度履行信息披露义务,不论事后违约或者侵权行为是否被认定,过度披露给侵权人造成严重损害后果的,应向侵权人承担侵权或者违约责任。

(5)例外规则,平台做出更有利于侵权人的承诺的,无论其是否适当履行信息披露义务,被侵权人都有权要求平台承担赔偿责任。

(6)网络平台提供者明知或者应知销售者(服务者)或者网络用户利用其平台侵害他人合法权益,未采取必要措施的,依法承担连带责任。

总之,综合公力模式和私力模式各自的特点,我们认为,私力模式与公力模式优势互补,私力优先、公力保障的模式能够最大幅度地保障信息披露的有效性和公正性。既能发挥出私力模式对人权的保障又辅以公力模式加以限制以求平衡。

第四节　网络交易平台提供者的法律责任

一、平台提供者法律责任的明确

在网购中,商品信息的不对称,导致消费者权益受到侵害的现象时有发生。由于网络交易主体的隐匿性和网络交易平台的虚拟性,消费者直接向经营者请求赔偿,其合法权益往往很难得到保护且维权的成本又极大。在这种情况下,消费者往往只能要求网络交易平台提供者承担赔偿责任。但是,《服务协议》的签订,成为平台提供者给自己脱罪的法宝,他们会利用这一协议的签订拒绝向消费者赔偿。

再者,民事责任与民事义务又是两个不同的法律概念。民事义务是指民事法律关系中的义务主体为满足权利主体受法律保护的利益,依法定或依约定应当为或者不应当为一定行为的约束,是民事责任产生的前提。民事责任是指民事法律关系中的义务主体未履行或者未适当履行法定或约定的民事义务,依民事法律的规定应当承担的不利后果,是履行民事义务的法律保证。一方当事人未履行或未适当履行其本身相应的民事义务,那么其应承担民事责任,网络平台提供者亦是如此。因此,网络交易平台提供者应适当履行相应的民事义务,否则应承担相应的民事责任。网络交易平台提供者承担的责任主要是违反合同约定义务和法定附随义务的民事法律责任,但网络交易平台提供者在违反合同约定义务和法定附随义务时,其违约行为同时也可能符合侵权责任的构成要件,这就存在责任竞合的情况。所谓责任竞合是指由于某种法律事实的出现,在双方当事人之间产生同时符合两种以上构成要件的民事责任,且义务人只需要承担一种责任的现象,在责任竞合的情况下,消费者可要求网络交易平台提供者承担违约责任或侵权责任,但不能要求网络交易平台提供者同时承担违约和侵权两种责任。从民事违约以及民事侵权两方面来看,需承担以下责任。

第一,单独责任。单独责任即由一个民事主体独立承担的民事责任。网络交易平台提供者承担单独责任主要有三种情形。第一种是从违约角度看,网络服务提供者违反了与消费者签订的

《服务协议》中的义务,由网络服务提供者承担违约责任。第二种是从销售者或服务者损害消费者合法权益角度看,依据 2013 年修正的《消费者权益保护法》第四十四条第一款规定,网络交易平台提供者不能提供销售者或者服务者的真实名称、地址和有效联系方式的,消费者可以要求网络交易平台提供者赔偿,由网络交易平台提供者承担赔偿责任。网络交易平台提供者赔偿后,依法有权向销售者或者服务者追偿。第三种是从侵权角度看。依据《侵权责任法》第三十六条第一款规定,网络服务提供者实施的直接侵权行为,由网络服务提供者自己承担侵权责任。

第二,连带责任。即由于共同的故意或者共同过失导致他人利益受损,该行为由多数人实施,即在该事件中有多个责任人,任何一个都受到《侵权责任法》的约束,承担其所负有的法律责任。平台提供者与平台的使用者之所以承担连带责任,是因为平台提供者明知使用者实施了侵权行为还未制止,从而影响了他人的权益。首先,从《消费者权益保护法》角度看,2013 年修正的《消费者权益保护法》第四十四条第二款规定:"网络交易平台提供者明知或者应知销售者或者服务者利用其平台侵害消费者合法权益,未采取必要措施的,依法与该销售者或者服务者承担连带责任。"根据《侵权责任法》第三十六条第三款规定,如果交易平台提供者明知网络经营者利用其网络服务侵害消费者名誉权、隐私权、财产权,未采取必要措施的,可以认定为构成帮助侵权,应当与实施侵权行为的经营者承担连带责任。在交易平台提供者不知情的前提下,平台使用者实施了某一侵权行为,那么提供者仅需对其应该知道而不知道的部分担责,在此之前所产生的损失仅需使用者承担。

二、平台提供者法律责任的分类

1. 民事责任

(1)民事违约责任。民事责任是指违反约定或者法定义务所产生的法律效果。狭义的民事责任,即民事义务,广义的民事责任还包括适用强制执行的公立救济。第一,民事责任是因为民事主体违反了民事义务才产生的。先有民事义务,而后才产生民事责任。因为义务在性质上属于法之"当为",具有法律上的拘束力,因此,违反民事义务将会承担法律上的不利后果。第二,民事责任具有强制性和一定程度的任意性。这是由法律责任的强制性规定的。民事责任的任意性体现在责任的承担上,受害人与责任人之间可以相互协商,不需要受害人本身去寻求责任人担责。第三,民事责任包括财产与人身两大块,且不得对违约方的人身自由进行限制。人身方面,比如恢复名誉、赔礼道歉、消除影响等。如前所述,民事责任是基于民事义务的违反而引起的。网络交易平台提供者的法律责任也是由于其违反约定义务或法定义务而产生的。

（2）侵权责任。在现实生活中,网络服务提供者向他人出售买家的信息等是比较常见的;又如提供者在未取得权利人同意的情况下,擅自使用他人专利技术和方法。以上两种就是比较多见的侵权情形。被侵权人既可以按照《合同法》追究网络交易平台提供者的违约责任,也可以按照《侵权责任法》追究网络交易平台提供者的侵权责任。在直接侵权情形下,网络交易平台提供者承担全部侵权责任。对于这一类的侵权行为,英美法系国家将其称为间接侵权,而大陆法系国家则将其认定为共同侵权。英美法系,将间接侵权行为又分为"引诱侵权""辅助侵权"两类。引诱侵权,即交易平台提供者在明知或者应当知道卖家在进行侵权行为时,给予教唆或者引诱的行为。教唆、引诱行为通常以积极作为的形式表现,且多发生在直接侵权行为实施之前或实施过程中。辅助侵权,即交易平台提供者在明知或者应当知道卖家在进行侵权行为时,纵容其行为的继续实施。辅助侵权有积极的,亦有消极的,既可以发生在直接侵权行为实施之前或直接侵权行为实施过程中,也可以发生在直接侵权行为实施之后。大陆法系国家并没有间接侵权一说,而是从主客观来说明这一行为产生的依据。我们认为,网络交易平台提供者的侵权责任问题应按照英美法系的间接侵权理论来探讨。大陆法系国家的学者所支持的共同侵权理论,在认定网络交易平台提供者的侵权责任上显得有些浅薄。相较于共同侵权的概念,网络交易平台提供者在间接侵权时,注册用户卖家主观上是故意,网络交易平台提供者主观上或故意或过失。在网络交易平台提供者主观上过失时,一个积极的加害行为与一个消极的不作为行为无法构成一个具有关联性的共同行为。《侵权责任法》第三十六条规定的连带责任只是立法者基于公共政策考量而做出取舍的结果,由于网络交易中的侵权行为具有隐匿性的特点即被侵权人不易确定直接侵权人的身份,规定为连带责任使被侵权人可以直接起诉网络服务提供者以保护自己的合法权益。因此我们比较支持英美法系的间接侵权理论,以此来研究网络交易平台提供者的侵权责任。

①网络交易平台提供者承担民事责任的归责原则。德国学者拉伦茨认为,“归责”是指“负担行为之结果,对受害人而言,即填补其所受之损害”。① 网络交易平台提供者的归责原则是指由于自身或者网络用户利用平台和他人进行交易,造成他人损害的,应当依据什么规则或者标准来确定平台提供者应当承担的责任。②

②违约责任的归责原则。网络交易平台提供者与经营者、消费者之间均成立网络服务合同,以淘宝网为例,淘宝网通过会员的注册,与会员之间形成网络服务合同关系,其权利义务应根据淘宝会员注册时双方之间的约定而确定,通过收取店铺费、橱窗

① 王利明.我国《侵权责任法》归责原则体系的特色[J].法学论坛,2010,25(2),7—10.

② 王利明.电子商务法研究[M].北京:中国法制出版社,2002,185.

费等方式盈利,根据权益与义务相一致的原则,淘宝网在获取商业利益的同时,亦应当承担其相应的经营的正当和交易的安全保障责任,应当对在其平台上交易的内容、对象进行合理监管,特别是对借助其平台进行商品服务交易的对象更应从经营资质、信用、商誉等方面加大审查和监管力度。同时,相对于其注册会员的弱势,还应当对其注册会员提供充分保障义务。在网络交易存在纠纷后,作为平台提供者的淘宝网应尽力妥善组织双方协调处理纠纷。

根据我国《合同法》的规定,合同交易双方在达成合意的前提下签订了合同,就应当接受合同的约束,依照合同行使权利、履行义务,对于合同纠纷,应当适用严格责任原则。在网络交易中,如果平台提供者存在违约的情形,无论其是否具有过错,除了法定免责事由外都应当按照严格责任原则承担违约责任,不得推诿。

③侵权责任的归责原则。在网络空间内,由于技术及法律缺位,有关侵害他人人身、财产权益的行为层出不穷,因此《侵权责任法》专门在第三十六条中就互联网上的侵权行为进行规定,从而确立了网络交易平台提供者侵权行为的认定及责任承担的基本规定。

随着网络购物的蓬勃发展,越来越多的学者逐渐开始支持过错责任原则,即在平台提供者存在过错时,可能承担侵权责任;如果不存在过错,就不需要承担法律责任。根据现在各个国家规制网络交易平台法律责任的立法趋向,越来越多的国家更加认同过错责任原则,并且体现在实践中。比如,美国的《跨世纪数字化版权法》中明确了网络交易平台可能承担责任的情形,即实施侵犯他人权益的行为,或者明知实施侵犯他人权益的行为时;《新加坡电子交易法》对此也采用过错责任原则。从现行法律条文可以看出,我国也选择适用该原则。《侵权责任法》第三十六条确立了网络交易平台提供者承担的侵权责任,平台提供者承担责任的前提必须是主观上具有过错,即平台提供者有过错时与网络经营者承担连带责任,没有过错则不承担责任。

《侵权责任法》第三十六条第一款规定,"网络用户、网络服务提供者利用网络侵害他人民事权益的,应当承担侵权责任"。从条文内容看,这是对网络侵权的一般规定,网络交易平台提供者是网络服务提供者的典型代表之一,因此也是该条文规定的主体之一,损害后果是造成侵权法所规定的人身或财产权利和利益的损害,而归责原则方面,则考察条文表述中对"利用"一词的理解,其显然是指网络用户与网络服务提供者的主观存在过错,由此可知网络交易平台提供者承担侵权责任适用过错责任原则。为了公平保护网络交易各方的合法权益,对平台提供者的侵权责任适用过错原则更有助于妥善解决消费纠纷。

2. 网络交易平台提供者的行政法责任

行政监督管理法律关系是涉及平台提供者最重要的法律关系之一,它是指政府监管部门依照行政法律法规对网络交易平台提供者或者网络经营者实施监管形成的法律关系,该类关系是经济、法律制度在网络条件下的具体适用。网络交易监管的对象在本质上与传统的监管对象并无不同,归根结底都是营利性组织或个人,但是网络交易的监管对象,它实施的违法行为更隐秘,涉及的地域范围更广,因而给传统的监管模式带来新的问题,提出新的要求。

我国的网络交易正处于快速发展时期,解决发展中遇到的监管难题是行政立法的主要原因。良好的立法不仅能解决当下监管的问题,更能成为网络交易行业发展的"催化剂"。随着网络交易市场越来越成熟,我国在商事领域的建章立制已经取得了显著的成效。确切地说,网络交易市场的高速发展,是推动政府立法提速的"首要动力"。

(1)对网络交易平台实施监管面临的困难。

网络具有很强的技术性与专业性。网络交易平台为经营者提供互联网接入服务和虚拟的交易空间,为消费者提供在线浏览商品服务,这些看似简单的操作背后暗含着复杂的计算机程序,只有受过专门训练的专业人士才会清楚其中的缘由,而目前的行政主体队伍的整体素质不高,难以在技术性与专业性上达到监管网络交易平台并发现其违法行为的水平。

实施监管的法律依据不够明确。网络交易平台正处于快速发展的上升时期,国家和地方无论在立法上还是政策制定上都对其采取了鼓励和支持的态度,因此各地出台的规范性文件大多是抽象地进行正面的引导。这样做的好处是保障了网络交易平台的发展,但弊端在于,当网络交易平台存在违法经营行为时,却没有统一明确的法律法规予以规制。目前对网络交易平台实施监管的法律依据主要是部门规章和地方性法规,立法层级不高,各地情况不一,朝令夕改的情况时有发生,因此行政机关在实施监管时可能出现无法可依的情形。

调查取证的困难。监管部门认定网络交易平台有违法行为需要客观事实依据,但网络交易平台以虚拟空间的形式存在,并没有实际的地点或场所。互联网信息通常是以电子数据的形式存在的,网络交易平台出于安全考虑,通常对这些信息予以加密保护;同时电子数据具有易篡改、易丢失的特点,监管部门在缺乏专业性网络知识和相关设备的情况下,想要获取违法经营的电子证据难度很大。

(2)对网络交易平台实施监管的措施。

市场准入监管。市场准入监管是政府管理市场的起点,其基本目标是保护社会公共利益。根据《网络交易管理办法》的规定,第三方网络交易平台必须经过工商登记注册并领取营业执照。网络交易平台归根到底是一个营利性的企业法人,它的设立与其他企业的设立并无不同。我国对企业设立采取许可登记制,因此网络交易平台也必须经过工商行政部门的审批后才能从事平台服务。此外,网络交易平台作为一个网站,借助互联网开展经营活动,根据《互联网信息服务管理办法》和《电信条例》的规定,设立经营性网站必须向国务院信息产业主管部门或省级电信主管部门办理增值电信业务经营许可证。由此可知,对网络交易平台的市场准入监管比一般企业的监管要更加严格,这是由网络交易平台的特殊性决定的。

建立全国网络交易平台监管服务系统。全国网络交易平台监管服务系统自 2016 年 7 月 1 日开始运行,该系统建立的目的是对第三方网络交易平台和在线经营者实施针对性监管,通过智能监控平台及时发现违法经营行为。该系统具有法律适用的提示功能,对交易平台和经营者在经营过程中遇到的法律问题予以解答,引导被监管对象的合法性经营。在因网络交易引起的纠纷诉讼中,该系统在进行监管过程中获取的电子数据亦可以作为证据使用。

实施信用分类监管。根据《网络交易管理办法》第三十九、四十条的规定,工商行政管理部门负责对网络交易实施监管,并且建立信用档案,对网络交易平台和线上经营者实施信用分类监管。在具体实施的过程中,可以将平台信用划分为几个等级,比如诚信平台、信用良好平台、失信平台等,引导经营者和消费者自行选择交易的媒介服务。这一措施可以督促网络交易平台提升服务水平,加强自身诚信建设,提高市场竞争力并形成良好的行业风气。

对网络交易平台的指导和检查。第三方网络交易平台是营利性的经济实体,需承担一定的法定义务。随着网络交易的不断发展和立法进程的加快,网络交易平台承担的义务越来越多,越来越具体。比如网络交易平台对线上经营者的真实身份信息负有形式审查的义务,必须严格落实实名制;工商行政部门对线上经营者进行检查或者给予行政处罚时,平台必须予以配合;对于消费者发起的投诉,平台必须认真对待并及时处理;等等。网络交易平台是网络交易监管的重点,监管部门应当对网络交易平台的不适当行为提出纠正意见,指导其运营行为并监督执行。

第五节　国外对网络平台提供者法律责任的法律责任规定

鉴于互联网这一工具是从国外引进的,在研究网络平台提供者的责任问题上,国外的现今阶段的研究极具借鉴意义。但是,在我国电子商务发展阶段中所产生的纠纷问题与国外的又有些不同,而且国内在此领域的实体法以及程序法都不如发达国家完善,因此我们又不能完全照搬他人的模式,应在借鉴的基础上,结合本国国情,并制定相应的政策。

一、美国

美国作为电子商务产业的佼佼者,其对于网络服务提供者侵权责任的研究已经有一个比较长的过程了,在归责原则上,经历了从无过错责任原则到过错责任原则的转变。1995 年,美国颁布的《知识产权与国家信息基础设施知识产权工作组的报告》,提出了"无过错责任原则",但到 1998 年美国颁布了《数字千年版权法案》,确立了网络服务提供者的侵权归责原则为"过错责任原则",并规定了网络服务提供者的免责制度——"避风港"规则。1998 年《数字千年版权法案》规定,网络服务提供者满足以下条件的,即可对网站上的侵权信息或他人利用该侵权信息进行的侵权行为造成的损害免于承担责任:"不知道"免责,即网络服务提供者不知道或无法知道其网站存在侵权信息,或他人利用该信息进行了侵权行为。根据不知者无罪的法理,法律没有理由要求一个善良的人对他不知晓的事情负责。"通知＋删除"免责——如果网络服务提供者因接到侵权通知而知晓侵权信息或侵权行为的,则须采取合理的措施删除侵权信息、制止侵权行为才免于承担责任。《数字千年版权法案》对网络服务提供者的侵权责任限制规定的程序比较多,但总的来说,只要网络服务提供者在知晓侵权行为的情形下,能够主动删除平台上的侵权信息,就无须为该类侵权行为所造成的损害承担法律责任。《数字千年版权法案》中还规定了"红旗标准",指侵权信息或利用该侵权信息的侵权行为非常明显,就像一面鲜红的旗帜公然在网络服务提供者面前飘扬,没有理由可以相信网络服务提供者没有意识到侵权信息或侵权行为的存在时,即使网络服务提供者没有收到被侵害的信息。

在司法实践中,存在对网络服务提供者主观认定难的问题,"红旗标准"从一个理性第三人的角度来判断网络服务提供者是否应该对其网站上的侵权信息及侵权行为承担责任,具有一定的合理性。即权利人通知了该行为,就表明提供者知晓该情况,那么其将担责。

二、欧盟

欧盟对于电子商务平台提供者在侵权担责这方面,颁发了《电子商务指令》,其中指明,提供者在提供信息传输服务、缓存服务以及宿主服务时以一定的免责条款予以限制。《电子商务指令》不要求互联网服务提供者承担监控其传输和存储的信息的义务,也不要求服务提供者承担主动收集表明违法活动的事实或情况的一般性义务,强调互联网服务提供者只有在被动地传播信息的过程中发生侵权才能免除责任。

三、日本

为了实现数字化日本的目标,日本政府于 2000 年时就推出了促进数字化日本实现的政策性文件,其中指出"采取自愿的规则和措施以减少纠纷,避免责任"。例如:①要求网络服务提供者事先向使用者说明服务性质、内容以及责任范围等,以签订合同的形式限制提供者;②在结合本国国情的情况下,制定有关网络服务提供者责任明确的法律规章制度;③鼓励网络服务提供者采用技术措施(例如信息过滤),防止知识产权侵权责任(尤其是版权侵权责任)的发生。日本为网上交易创造了良好的法律环境,并致力于借助网上交易立法改善整个日本经济社会的发展。

第六节　我国网络交易平台提供者法律责任存在的问题及其完善

一、我国网络交易平台提供者法律责任存在的问题

2013 年 10 月,全国人大常委会做出了关于修改《中华人民共和国消费者权益保护法》的决定,其中提出了要强化网络交易平台提供者的监管责任,即网络交易平台提供者需要核验进行注册的经营者的姓名、住址和联系方式,这是针对消费者通过网络获取商品或服务时,在获知交易对方的基本信息存在劣势的事实,而网络交易平台提供者相对更有能力和机会去获取经营者的真实信息,因此对其苛以严责是合情合理的。同时,网络交易平台严重不作为或存在主观故意情形时需承担连带赔偿责任,这是对消费者权益更有力的保护。这一决定从侧面体现了国家对网络交易立法的重视。新《消费者权益保护法》在第四十四条增加了网络交易平台提供者的先行赔付责任以及连带侵权赔偿责任,与《侵权责任法》相比,该条文更加符合网络交易中受侵害方大多是消费者的实际情况,有利于保护消费者的权益,维护网络交易秩序。

我国当前网络交易立法方面面临的主要问题是,网络交易市场在我国的发展尚不够成熟,立即制定《电子商务法》或者《网络交易法》可能会有诸多阻碍,比如,实践不足导致立法内容与实际脱节,缺乏立法经验致使新法不能有效规制网络交易市场等,因此根据我国的现状,可以先由行业协会制定行业规则或者地方政府主导制定地方性法规等。在这一方面,我国已经有许多层级不高却切实可行的立法经验,比如在 2013 年 8 月 9 日,山东省出台了《关于促进全省网络经济健康快速发展的若干意见》(以下简称《意见》),决定支持经营者从事网络交易,有关部门要强化对这部分群体的服务,同时也要维持好交易秩序,加强监督管理工作,促使网络经济和实体经济的全面协同发展。根据《意见》,山东省将对市场准入的条件采取宽容的态度,积极提倡支持网络交易经济的发展,鼓励更多的企业和个人通过第三方网络交易平台开办网店,经营项目不涉及前置审批的,经过平台的实名制审查后,就可以从事网络交易。符合规定的登记条件,则应当进行工商登记注册,工商部门将放宽对企业名称登记、企业住所登记、经营范围登记等方面的限制。

二、对网络交易平台提供者法律责任规制完善的建议

1. 网络交易立法的原则

(1)意思自治原则。意思自治是民商法领域的主要原则之一,其体现出的法律精神在于契约自由,具体内容则体现在《合同法》等相关法律中。网络交易中的意思自治是指交易双方在进行交易前或者交易的过程中,自愿达成合意,约定交易的规则、双方的权利义务等。法律应允许当事人自由选择进行商务活动的技术和媒介。

(2)证据平等原则。通过网络完成的电子签名或者文件与传统的纸质形式并无本质不同,网络只是提供了签订合同的另一种方式而已,因此电子合同应当与纸质合同一样受法律保护,具有法律效力,并且可以作为案件证据。在当前的立法趋势下,不同国家的立法均增加了涉及电子证据的内容,并且采取多种立法以及技术方法,使其不仅在理论上,也在实践中都具有证据效力。网络交易的电子文件是指以数据电文形式存在的合同、单据及票证等。书面文件长久以来被各国法律认为是可被采纳的证据,在网络交易中,借助于计算机系统,传统的纸质贸易合同、提单等已经逐渐以电子数据的形式存在,而该类数据属于电子证据的范畴。

（3）中立原则。立法的本质就是设立一种规则,身处其中的人必须遵守规则,规则既可以阻止其侵犯他人,也能保护使其不被他人侵犯。网络交易立法所建立的规则是公平,这是保证商事活动安全运行的必然要求。这种规则实际上就是设定了一个行为的框架,从技术层面来讲,法律框架应当保持中立,任何在这个框架中活动的主体都同等地被保护。网络交易立法更应当如此,中立的交易规则应当保护素未谋面的交易双方,使双方的权利义务处于平等的地位。另外,网络交易面临着解决电子签名的法律性问题,运用新技术的电子签名应当具有法律效力。美国的一些州所建议和待定的联邦数字签名法明确规定,任何保密的、可接受的技术都可制作出有效的数字签名。由于使用的技术规范不统一,许多公司拥有各不相同的数字签名技术。当然最终也许应制定统一的规范标准,以便在网络交易中大规模地运用。

三、行业自治与政府规制相互配合

对网络交易市场的规制应包括行业自治和政府法治。在对网络交易行业进行规制和监管的过程中,我们发现,单一的行业自治或者政府法治均具有一些固有的弊端与不足。行业自治具有协调作用,使处于该行业的人员或企业出于自律而遵守规则,但是如果在一个诚信机制不够健全的社会,在利益的驱使下,很难保证所有人都始终遵守这些规则,只有行业自治,网络交易难以长远发展;政府法治依靠强制力使特定领域的人遵守规则,但是由于对行业的不够了解,尤其是面对网络交易这种发展不够成熟的市场,政府制定的规则可能并不符合实践的情况,因此只依靠政府法治,可能出现不适当干预的情况。在目前我国网络交易发展的情况下,考虑到政府介入的局限性,应当对行业自治采取包容的态度,鼓励支持行业自治,这不仅是一条权宜之计,更是一个为未来网络交易立法积累实践与理论经验的过程。

我国实行市场经济,任何行业都有其自由发展的一面,但网络交易中哪些方面可以进行行业自治,目前尚没有定论。只能说对于网络交易市场能够自我调节的方面,应实行自治;而对网络交易市场发生"市场失灵"的方面,则需要"政府之手"的干预。政府通过法治干预市场有许多原因,比如维护经济市场秩序、保障公平交易、保护消费者的合法权益,等等。我国网络交易的发展仍处于初步阶段,发展模式仍需要诸多探索与实践,政府法治不宜对其进行全方位或者严格的干预,否则,不仅没有起到规制的积极意义,反而带来反作用。

网络交易行业自治不是任意的,自治的范围就是政府容忍的界限,超出了这个范围,可能导致政府的强制性干预。政府要确定网络交易行业自治的基本原则,并且在参考行业自治的经验下,在合适的时机将行业规范上升为立法,政府法治与行业自治并行,可以实现对网络交易的有效规制。

在这一制度上,美国的做法值得我们借鉴。美国有关网络商务的宪章性文件是《全球电子商务纲要》(以下简称《纲要》),《纲要》阐述了政府关于网络交易发展的政策与立场,也明确了政府对网络交易市场进行适度干预,限制政府权力。《纲要》为世界各国的政府立法创设了良好的框架,成为网络交易立法的纲领性文件。其基本内容包括五个基本原则,具体如下:①企业应当在网络商务的发展中起主要的作用;②政府干预市场要适度,防止过度干预对网络商务的发展带来实质阻碍;③政府如果干预网络商务市场,那么其意图应当在于维持和强化网络商务的法治化氛围;④政府要意识到网络交易区别于其他交易的特殊性;⑤助推网络交易的发展要以全球为基础。

未来我国进行网络交易立法时,应考虑到网络交易行业的特点和我国的实际情况,将行业自治与政府规制相互配合作为暂时性的立法规制模式未尝不是值得尝试的路径。

四、建立网络交易纠纷的非诉讼解决机制

网络交易纠纷的解决有诉讼与非诉讼两种方式。因互联网的特殊性,诉讼方式往往因存在诉讼周期长、举证困难、管辖冲突等问题而显得不经济,各国均在探求非诉讼的新兴争议解决机制——在线争议解决方式(Online Dispute Resolution,简称ODR)。有学者认为,这种解决方式与传统的替代性争议解决机制(Alternative Dispute Resolution,简称ADR)并无实质区别,就某种程度而言,其是传统的替代性争议解决机制在互联网环境下的演化和应用,由于利用互联网作为交流媒介而演变成新的处理争议的途径。非诉讼解决机制包括在线仲裁、在线调解、在线和解以及在线消费者申诉。

1. 在线仲裁

在线仲裁是运用互联网通信手段,将传统仲裁程序中涉及的文书、证据材料等在纠纷双方间交换与传递,并且运用远程控制技术,例如视频会议等完成交易纠纷的在线裁判。因运作方式为"在线",也就具备了与传统仲裁方式不同的特征:第一,在虚拟空间进行的虚拟程序;第二,程序进行方式、信息传递交流及处理加工均不同程度依赖网络技术;第三,仲裁案件档案保存需借助一

定电子介质;第四,广泛应用仲裁软件,传统上很多由仲裁员进行的事务在网络环境下由计算机根据设计好的软件程序进行处理;第五,传统仲裁中,根据"一事不再理"的原则,经过仲裁的案件,除了法定的例外情形外,当事人不能再向法院提起诉讼,也就是说排除了当事人的诉权,而在在线仲裁中,由于这是一种新的纠纷解决方式,仲裁之后的当事人是否还享有诉权,现实中的做法尚未一致。比如,由世界知识产权组织进行的在线仲裁,争议双方在接到裁判结果后依然享有诉权。

我国的在线仲裁已经取得初步的成果。《仲裁法》要求仲裁必须以书面方式达成协议。《合同法》已将数据电文纳入书面合同的范畴,《电子签名法》亦明确了电子签名与手写签字或签章、电子文件与书面文书具有同等法律效力。2005 年 12 月最高人民法院出台了《关于适用〈中华人民共和国仲裁法〉若干问题的解释》,明确《仲裁法》第十六条中通过网络产生的数据电文也属于书面形式。这些法律及司法解释均可适用于解决在线仲裁中的电子文件的签名与仲裁裁决的签署盖章效力问题,也为我国在线仲裁业务开展提供了法律保障。

中国国际贸易促进委员会于 2009 年 1 月 8 日通过了《网上仲裁规则》,该规则于同年 5 月 1 日施行。《网上仲裁规则》共 6 章 55 条,通过运用互联网技术,将传统仲裁的物理空间转移到网络空间,更加有效地仲裁网络交易中的合同争议或者其他财产性争议,对于该规则,交易双方可以在进行交易前或者发生纠纷后协商选择适用。该规则对文件的提交、发送与传输,仲裁程序,在线仲裁方式等均予以明确规定。随着电子商务在我国的进一步发展、相关法律法规及配套制度的完善,我国的在线仲裁工作也将不断发展壮大。我国现有 180 多家仲裁机构,其中有一部分已经初步具备实施在线仲裁的条件。

2. 在线调解

调解场所的现实变化是在线调解与传统调解最明显的区别。

后者的实现依赖于实际存在的场所，比如，需要有具体地形方位；而在线调解是在虚拟的网络空间进行的。但两者的本质属性并无不同，亦是由一个居于中立位置的第三人——调解员，努力帮助当事人解决争议。调解员与双方当事人均非面对面地沟通，而是通过一定的网络通信媒介进行接触。

在线调解运行过程大致包括以下内容：首先由纠纷争议双方以在线方式向调解服务提供机构提交争议，该机构运用现代网络技术营造一个虚拟的调解场所，当事人可自己选择或由调解机构委派在线调解员，在其主持下双方运用电子邮件、聊天室、可视会议等交流手段来提交争议、追踪案件进展，彼此沟通来解决纠纷。随着在线调解机制的不断发展，在线调解机构的受案范围包括但不局限于网络交易领域，人们社会经济生活各方面均有所涉及。目前国际社会比较有借鉴意义的在线调解机构主要是欧盟的电子消费者纠纷解决项目。电子消费者纠纷解决（Electronic Consumer Dispute Resolution，ECDR）项目由欧洲大学联盟创立，欧盟委员会提供财政支持。该项目解决争议以容易、快捷和低廉为目的，程序完全自愿且具有保密性。解决程序分为协商、调解、建议三个步骤。ECODIR 最重要的特征就是程序完全自治，调解员的建议对当事人没有约束力。

3. 在线和解

对在线和解的理解可以从以下几方面进行分析。第一，在线和解在互联网上进行。与在线调解一样，在线和解的物理空间发生了变化，从程序的发起至争议解决均在线发生。第二，在线和解要借助互联网技术，整个程序的进行由计算机程序控制，其基本运行过程为：申请人在线提交案件，阐述案情并第一次要价；在线和解网站通知对方当事人（被申请人）且邀请被申请人对申请人的要价予以回复；假如被申请人同意和解那么也要进行出价。通过对比申请人要价与被申请人出价的高低来判断纠纷是否得以解决。第三,在线和解是由纠纷双方自己解决争议而无须第三方的干涉,网站实质上仅提供了一个交流的平台。在传统的民事、诉讼调解中,法官也并未干预纠纷双方当事人进行民事和解的过程,只是确保和解过程的公平并且认定民事和解的效力,因此在本质上,在线和解与传统诉讼外、诉讼中的和解没有区别,在线和解仍然体现的是意思自治,法院并未对争议双方的权利义务做出实体处置。

4. 在线消费者申诉

商务部于 2011 年 4 月发布的《第三方电子商务交易服务规范》(以下简称《规范》)中指出,第三方网络交易平台在电子商务服务业发展中具有举足轻重的作用。第三方网络商务交易平台不仅沟通了买卖双方的网上交易渠道,大幅度降低了交易成本,而且开辟了电子商务服务业的一个新的领域。《规范》鼓励平台经营者、行业协会和相关组织探索网络商务信用评价体系、交易安全制度以及便捷的小额争议解决机制,保障交易的公平与安全。对于消费者权益保护,《规范》强调平台经营者应督促站内交易经营者出具购货凭证、服务单据及相关凭证。如果消费者与经营者出现争议或者消费者权益被侵害,那么平台提供者有配合消费者追究经营者或者侵权人法律责任的义务,比如向消费者提供有关经营者身份的注册资料等。

目前一些国家和地区已经有不同形式的支持消费者在线申诉的机制,我国可以借鉴。消费者在线申诉机制由第三方平台设置,其本身并没有参与消费者与经营者的纠纷,也就是说,从纠纷双方的角度来看,该机制具有外部性。该机制根据自身的规范,对业者具有内在强制力,其要求业者应当及时解决消费者的申诉。如美国的 BBBOnLine(它也是一种纠纷解决的机制),它为网络商店制定了一套行为规范与推动信赖标章,以期为当时秩序混乱的美国网络交易市场建立商业秩序,其所发的标章有信赖标章及隐私标章。目前 BBBOnLine 的业务主要是接收消费者对业者提出的申诉。BBBOnLine 处理争端并不一定都以在线方式为之，书面、电话或面对面的方式也经常被使用。

我国台湾的 Net080 是由"台湾网络消费协会"所建置的一套网上消费申诉机制，其目的主要为网络消费者提供网络上的申诉渠道以免除其奔波之苦。发展至今，其受到不少业者及消费者认同，已有 700 多名会员的规模。其所处理的争端，仍以交易纠纷为主。Net080 会协助消费者将申诉意见传达给被申诉的业者并敦促其响应消费者的抱怨。基于有限的人力与经费，Net080 基本上也是采取自动式的处理，消费者在填妥个人数据、申诉对象及申诉意见后，如果被申诉对象为会员，系统会直接将申诉自动转到会员处并为其通知，并要求其于一定期限内响应，若被申诉对象为非会员，则 Net080 仍会协助将申诉转达给业者。Net080 基本上并不会介入业者与消费者间的争端处理过程，而完全由双方当事人在其所设计的平台上自行协商，但 Net080 会监控并记录业者响应消费者申诉的时间及内容，必要时会敦促业者进行响应。对于怠于处理消费者申诉的业者，Net080 会定期公布名单。

总之，在全球电子商务浪潮背景之下，在线争议解决机制对于网络交易纠纷，特别是具有涉外因素的纠纷解决无疑具有极大意义。以在线仲裁为例，首先，费用低廉。传统仲裁一般需准备大量书面文件，而在线仲裁中文件传达及证据材料的提交均以数字化形式在网上传递，可节约打印费、复印费、邮寄费等。在线仲裁开庭时主要运用远程视频的方式，不需要争议双方以及仲裁员跨地区甚至跨国界聚集在一起，亦可减少差旅费的开支。在线仲裁运用多种互联网新型手段传递法律文书或者证据资料等，也运用互联网进行信息的保存或者交换，仲裁过程基本实现智能化，这意味着仲裁成本会大大降低，为争议双方减轻经济压力。其次，便利高效。在线仲裁可在全世界范围内随时进行，不会以非工作日或非上班时间为由拒绝接受当事人申请，可全天候提供服务。同时，在线仲裁由于利用网络技术，文件、证据传输可即时进行，无在途时间之说，因此，案件进程必将加快、效率提高，结案率亦同时提高。这充分体现了仲裁程序简便灵活快捷的特点，优于传统诉讼。联合国贸法会为适应在线仲裁的特点，将电子通信形式达成的仲裁协议视为书面仲裁协议。欧盟在其发布的"关于消费者争议的庭外解决机构适用原则推荐"及"涉及双方同意基础上解决消费者争议的庭外机构的原则推荐"中亦涉及在线争议解决。不少欧盟国家在跨境消费、金融、通信服务领域通过立法，要求相关厂商向客户提供在线争议解决途径。世界知识产权组织调解和仲裁中心、美国仲裁协会、国际商会等都设立了在线提交文件平台，我国国际经济贸易仲裁委员会也已实现了部分案件的在线仲裁。可以说，在线争议解决机制必将随着网络交易的蓬勃兴盛而进一步发展完善。

五、构建网络交易中的诚信机制

1. 在技术上，建立电子签名和安全认证制度，确保交易主体的真实性与可靠性

电子签名是指附加于数据电讯中的或与之有逻辑联系的电子数据。电子签名可用来证明数据电讯签署者的身份，并表明签署者同意数据电讯所包含的信息内容。建立电子签名制度的目的就在于赋予数据电文法律效力和证据效力，从而使司法机关正确解决电子商务纠纷。

电子签名安全认证制度。电子签名安全认证简称为"电子认证"或"安全认证"，是以特定机构对电子签名者的真实性进行验证的具有法律效力的行为。电子签名制度注重数据信息本身的安全，电子签名安全认证则强调交易关系的信用安全，保证交易人的真实与可靠。

2.在监管上,建立电子营业执照制度

为促进电子商务主体的诚实信用意识,增强社会公众对电子商务的信任度,应该建立电子营业执照制度。具体来说,工商行政管理机关在办理企业设立登记、颁发书面企业营业执照时,还应当为企业颁发电子营业执照。电子营业执照的内容包括书面营业执照的内容(如住所、经营范围、注册资本、法定代表人、企业设立时间、公司股东、增值税登记情况等)以及电子商务主体的网站和网址。企业进行变更登记时,应当向工商行政管理机关申请变更电子营业执照。

企业电子商务活动中,必须在网站上展示其电子营业执照。这样,当人们怀疑该企业的信誉时,就可以到工商行政管理机关调查该企业的资信情况,并做出正确经营决策。

3.搭建电子商务主体诚信信息公用平台

各级工商管理机关应当建立网站或网址,通过互联网接受社会公众对电子商务主体违背诚实信用原则的行为的投诉。工商管理机关除了依据法律、法规对有管辖权的案件进行查处外,还要将电子商务主体被投诉的情况如实在互联网上发布。这样电子商务主体的信用程度就会受到社会的监督,电子商务主体为了自己的生存和发展,不得不努力建立和维护自己的信用。

4.对电子商务活动中的失信行为要依法追究法律责任

对于在电子商务活动中严重违反诚实信用原则构成犯罪的,司法机关应当依据刑法的有关规定追究其刑事责任。对于在电子商务活动中违反诚实信用原则侵犯相对人民事权益的,人民法院应依据诚实信用原则,判决其承担相应的民事责任。对于没有相对人的,应由工商管理机关依据行政法规予以行政处罚。总之,对于在电子商务活动中违背诚实信用原则的电子商务主体,要使其受到应有的惩罚。这样,通过提高电子商务主体的失信成本,使他们诚实守信,不敢以身试法。

　　建立和完善电子商务的诚实信用机制，不是一蹴而就就能完成的事情，它是一个庞大复杂的系统工程，需要我们全社会长期的共同努力，才能为电子商务环境营造良好的诚信氛围。

　　总之，未来中国网络交易市场在现有状况下将进一步向纵深发展，在已有外向型经济模式中，中国网络交易及相关企业或许会成为继续保持、推进该模式的重要力量，并力图在相当程度上化解该模式所引发的某些危机和问题。与发达国家相比，我国网络交易的发展起步较晚，无论在立法理论还是在司法实践、技术创新方面，都欠缺经验，因此通过依赖于自身经验的积累在短期内取得显著的进步是不可能的。虽然国外的经验不能成套照搬，但至少其中有一些值得参考的积极因素，因此在日后的立法工作中，既要放眼国际，也要结合自身。

第五章
我国互联网众筹的法律监管

第一节　互联网众筹概述

"众筹"一词最初来源于英文"Crowdfunding"，是Crowdsourcing（众包，现在这种方式在中国经济法上称为众筹。）和 Microfinancing（微型金融）二词含义的融合。众筹，即大众筹资或群众筹资，中国香港译作"群众集资"，中国台湾译作"群众募资"。由发起人、跟投人、平台构成。具有低门槛、多样性、依靠大众力量、注重创意的特征，是指一种利用互联网向群众募资，以支持发起的个人或组织的行为。一般而言是通过网络上的平台联结起赞助者与提案者。群众利用互联网募资被用来支持各种活动，包含灾害重建、民间集资、竞选活动、创业募资、艺术创作、自由软件、设计发明、科学研究以及公共专案等。

Crowdfunding 作为一个新型的金融术语于 2012 年被收录在《牛津词典》中，其解释为"通过互联网向众人筹集小额资金为某个项目或企业融资的做法"[①]。在日常情况下，众筹利用互联网和 SNS（社会性网络服务）传播的特性，发动众人的力量，集中大家的资金、能力和渠道，让小企业、艺术家或个人对公众展示他们的创意，争取大家的关注和支持，进而使自己的创意能够被实现。

――――――――

① 黄健青，辛乔利. 众筹——新型网络融资模式的概念、特点和启示[J]. 国际金融，2013(9)，64—69.

众筹最初起源于美国一家叫 kickstarter 的网站,该网站成立于 2009 年 4 月,是一个专门面对公众筹资的网络平台。Kickstarter 网站致力于支持和鼓励具有创新性、创造性、创意性的活动,正是因为其自身的特性才使得该网站愿意去搭建一个平台,让有创造力的人有可能获得他们所需要的资金,以便实现他们的梦想。这种做法的出现,无疑对传统的融资模式是一个挑战,它使得每一个人都有机会通过此类平台获得自己从事活动需要的资金。同时这种模式也挑战了传统的诸如银行此类的投资机构,融资来源不再局限于固定的金融机构,而可以是社会大众。

正是因为该网站的成功,众筹模式逐渐风靡开去,在欧美成熟并推广至亚洲、非洲、南美洲等发展中国家。

众筹模式也在这两年被带入国内。我国的第一家同模式的众筹融资平台叫点名时间(Demohour)。随后点火网(ditfire.com)、好梦网(homeng.com)、追梦网(dreamore.com)、淘梦网(tmeng.cn)等此类网站如雨后春笋般冒了出来。

广义的互联网众筹是指用团购+预购的形式,向网友募集项目资金的模式。众筹互联网利用互联网和 SNS 传播的特性,让小企业、艺术家或个人对公众展示他们的创意,争取大家的关注和支持,进而获得所需要的资金援助。狭义的互联网众筹一方面由拥有创意项目的中小企业通过互联网传播其项目意图,并提出相应的资金需求和融资方式供投资人选择;另一方面由经平台注册并审核的投资者选择企业并投资,后以股权而非实物的形式获得回报,所以也称之为股权众筹。本书所称的互联网众筹,即指狭义的互联网众筹。互联网众筹实现了最大限度地降低融资成本,但是由于其融资模式的创新性,导致其实施制度和监管制度都有所缺失,加之其本身存在的诸多不确定性,使互联网众筹在我国的发展需要更深入地探讨和研究。

美国众筹(Crowdfunding)的概念来源于众包(Crowdsourcing)。

众包指的是一个公司或机构把过去由员工执行的工作任务,以自由自愿的形式外包给非特定的(而且通常是大型的)大众志愿者的做法(就是通过网络做产品的开发需求调研,以用户的真实使用感受为出发点)。我们所熟悉的维基百科(Wikipedia)就是典型的众包项目,它是由众多不同国家的志愿者共同起草和编辑的在线百科全书。互联网众筹与众包的不同之处在于大众为项目提供所需的资金,而非劳务。现在,互联网众筹模式也逐渐演变成企业或各项目所有人通过互联网平台获得所需资金支持的融资活动,成为"公众小额集资"的代名词。

邱勋、陈月波[①]认为互联网众筹的概念应有广义与狭义之分。就广义而言,中介机构在网络上撮合投融资双方达成一个能产生权益性回报的融资方式即为众筹;狭义是指以专门的互联网网站作为众筹平台,网站上公布企业或个人的项目信息,然后由经平台注册且认证过的投资者认购股份,从而获得相应股权收益的融资方式。外国学者 Bradford 认为互联网众筹相当于一个普通投资者通过获得股权或分红的方式对小企业进行的投资;Hemer 也指出,互联网众筹之所以能够取代传统的资本募集方式是因为众筹本身是以公开的方式召集募资,而互联网仅仅是一个众筹平台,投资者完全可以按照平台上的信息随意选择后做出投资决策。同时,众筹平台又作为一个中间人,通过提供标准化的投资协议与支付问题处理程序来促使交易发生。

一、互联网众筹的定性分析

互联网众筹应看作是相关企业通过互联网平台以公开销售股权或类似股权份额给广大公众投资者以募集创业启动或成长

---

① 邱勋、陈月波在其文章《股权众筹:融资模式、价值与风险监管》中对股权众筹概念做出了界定,且认为股权众筹属于我国公开性的证券融资体系中的一种,位列公开性证券市场中融资体系的末端。

所需资金的融资方式,其性质是一种股份发行。

股权,即指有限责任公司或者股份有限公司的股东对公司享有的人身和财产权益的一种综合性权利。即股权是股东基于其股东资格而享有的,从公司获得经济利益,并参与公司经营管理的权利。股权是股东在初创公司中的投资份额,即股权比例,股权比例,直接影响股东对公司的话语权和控制权,也是股东分红比例的依据,而互联网众筹正是以小微初创型企业的股权作为资金标的物的融资模式。融资人利用众筹平台来发布众筹项目,并表明资金用途和筹资总额,随后由投资人选择认购股份。众筹的过程就好比公司法中的入伙,有股份的投资人相当于股东,可以获得红利,但也应承担相应的投资风险。股权众筹和债权性质的众筹不同,股权众筹是指公司出让一定比例的股份,面向普通投资者,投资者通过出资入股公司,获得未来收益。这种基于互联网渠道而进行融资的模式被称作股权众筹。投资者需承担到期不能收回本金的风险。简单来说,这里的股权与股票存在共同点,项目投资人一旦持有小微企业的股份即可享有与其投资资金相当的权利,并享受分红,甚至可以拥有投票权。

互联网众筹活动中,一般参与的主体主要有三方:众筹项目发起人或机构(项目筹资人)、投资项目的认筹人(项目投资人)、展示众筹项目及对接投融资的众筹平台(众筹平台)。目前存在的众筹活动中还会有资金托管机构的参与。[①]

1. 项目筹资人

项目筹资人也被称作项目发起人、融资人等。项目筹资人先对市场进行前期考察,并获得新产品或新服务的初创、设计或模型,但没有足够的资金将产品或服务市场化。他们向广大互联网

---

① 邱勋,陈月波.股权众筹:融资模式、价值与风险监管[J].新金融,2014(9),58—62.

用户和潜在投资人介绍和阐述自己的目标、愿望,试图获得项目投资人的支持,从而筹得资金。一般而言,项目筹资人是处于初创阶段的小微企业或者是缺少原始资本的创业者。此外,小微企业要想成为项目筹资人还必须满足网络平台所规定的要求,否则不能成为合格项目筹资方,将无法在平台上发布项目,只有在明确了众筹平台和需求方的权利义务并审核通过之后方可进行项目筹资。

2. 项目投资人

项目投资人也被称作项目支持者。众筹中的投资人一般不是财力充足的金融投资机构,而是拥有闲置资金的普通互联网用户。他们参与众筹的动机主要是对项目筹资人的项目感兴趣,对其投资以期获得相应的回报。

项目投资人期望获得的回报大致可分为三类。第一类是产品回报,投资人期望获得众筹项目所提到的产品或服务。第二类是资金回报,投资人期望获得项目筹资人承诺的资金回报。第三类是精神回报,这类投资人不要求实物回报,他们注资只是单纯地支持众筹项目本身或是支持项目投资人。这些投资人的行为也可以理解为"不求回报",其行为也并非传统意义上的投资行为。这也是项目投资人被称为项目支持者的原因。

3. 众筹平台

众筹平台的作用类似中介机构,它既为筹资人提供展示项目的平台,同时也为投资人提供发现新项目的场所。众筹平台既要监督筹资人,同时也要维护出资人的利益。一方面,众筹平台有责任和义务对筹资人的资质及项目的质量进行必要的审核,众筹平台必须按照法律法规,在互联网上发布筹资人的项目信息和要求,并保证信息的真实性。另一方面,不管众筹项目成功与否,都要保护项目投资人的相关利益。项目筹资成功后,众筹平台要继续对项目的进展进行监督并跟进;如果项目失败,众筹平台也要督促项目筹资人对项目投资人进行补偿,平台自身也会承担一定的责任。

项目筹资人在众筹前期需要实施项目规划确定融资目标、融资期限融资方式以及报酬支付。项目投资人在众筹过程中根据自利原则筛选项目众筹平台,全程监督筹资人和投资人双方的交易行为,防范信用风险。

4.资金托管机构

资金托管机构存在的目的就是承担资金托管的职能,其实质就是一个中立的组织,仅负责为公众投资人托管资金,并根据投资人的意愿将资金转入融资人的账户,保障资金安全。

二、互联网众筹的特点

互联网众筹的规模越来越大,日益演变为我国互联网金融创新界的明星产品,弥补了一些正规金融所完成不了的金融业务。本书所认为的互联网金融是指依托于移动技术、云计算、社交网络以及搜索引擎等互联网工具,以实现资金融通、移动支付和信息中介等功能的一种产物,是互联网技术与传统金融业务相结合的新兴领域。

互联网金融可谓"纯粹的外行领导",是互联网技术和金融功能的有机结合。依托大数据和云计算在开放的互联网平台上形成的功能化金融业态及其服务体系,通过对传统金融业务的创新,并借助互联网本身"开放、平等、协作、分享"的精神将二者完美结合,进而产生了互联网金融。企业通过互联网所提供的数据信息,逐渐产生了移动支付、投资理财等与金融领域相关的业务。迄今为止,互联网金融的范畴已包括但是不限于第三方支付、P2P网络贷款、众筹、互联网虚拟货币、网络保险、网络理财等,并在融通资金、匹配供需信息等方面发挥越来越重要的作用,冲击传统金融业务的核心。其特点如下。

低门槛：相较于传统的金融融资模式，众筹模式无论是面向的对象还是融资时的标准都表现出低门槛的特征，也就是无论身份、性别、地位、职业、年龄，但凡有创意想法的人都可以发起项目或者投资项目。

多样性：多样性特征是指从众筹融资项目的内容上去分析。众筹方向的触角延伸至各个不同的专业领域，项目类别可以包括设计、影视、音乐、出版、游戏、食品、漫画等。

依靠大众力量：传统金融融资的出资方通常是法人组织或者是专业的风险投资者，而众筹的支持者通常是普通的草根民众。

注重创意：项目发起人的项目通常以创意和想法的方式来呈现，而这种呈现必然要达到可展示的程度，比如设计图、策划文案、样品模型等。通过创意的展示，让更多的人对项目有更为直观的了解。所以说众筹融资的创意不能只停留在想法层面，而要有切实的可操作性。

1. 传统金融和互联网金融的相同之处

（1）金融功能的本质并未发生变化。互联网金融实际上是对经营模式和技术方面的创新。新涌现的 P2P、互联网众筹、余额宝、阿里小贷等业务都依托互联网技术，改变了原有的交易主体和方式，在技术层面进行了创新，但其业务本质仍离不开传统金融体系的范畴，所以，互联网金融也并未颠覆现有的金融体系。传统金融面对互联网金融的冲击，必须结合自身情况，充分利用"互联网＋"的思维进行融合创新，因此说互联网金融是对传统金融的补充。传统金融基于互联网上的融合创新，对于推动普惠金融、大众化金融和消费金融的发展，降低金融交易成本和服务门槛，优化金融资源配置，提升金融服务实体经济效率，尤其是对化解当前金融领域出现的风险，稳定金融环境秩序，防范金融系统性风险具有重要的作用，有利于推动经济持续转型升级。

当前金融发展的另外一个方面就是推动信贷资源的优化配

置,加大对技术先进、适应新常态、新兴动能产业和行业的信贷支持力度,让那些能够推动经济产生新增长点的小微企业得到应有的金融支持。互联网金融能够通过网络优势,通过大数据、大平台、云计算等先进的技术手段筛选和识别客户,将金融服务对象进一步下沉,做到全天候服务,将以前不被金融行业重视的小微企业和个人客户通过互联网金融的优势得到金融服务支持,而传统意义上的金融没有这样的数据支持。

(2)互联网与金融之间并非没有冲突。互联网金融依然是金融,它只是金融发展过程中一次崭新的技术革命,互联网金融可以充分发挥网络平台功能和"客户至上"理念,通过大数据平台的交易信息相对对称、支付渠道多元化、资源配置去中介化,提升融资效率、降低融资成本、拓宽客户层面多样化的优势。传统银行的网上银行、手机银行、电话银行在金融互联网领域有着十多年的发展历史,金融企业也习惯于越来越多地运用互联网工具,加深与用户的沟通联系。虽然互联网金融将互联网和金融业务巧妙地结合了起来,但在实际操作过程中仍需要考虑金融风险因子的不确定性,所以互联网金融管理更需要严格的风险控制这一金融基因。

(3)互联网金融的应用并没有突破传统金融的范围。金融的本质实际上就是资金融通,其功能一般包括以下三点:一是清算、结算功能,金融机构在为社会群体提供一个接受性较强的支付工具的同时,也向社会群体的交易提供清算和结算服务;二是资源的分配与融合功能,金融机构将事先获得的资源在社会范围内进行重新配置,并为个人和企业提供资金来源,提高资源使用效率;三是风控功能,为了有效降低系统性风险而将金融风险在不同交易主体之间分散开来,达到最为有效的配置。于是,现阶段互联网金融的发展也呈现出这三种不同状态的功能,并衍生出了类似于P2P、互联网众筹、大数据金融和第三方支付这样的金融新品。

由此可见,互联网金融模式并没有超出传统金融太多,其本质依然是金融。

(4)互联网金融仍离不开传统的利率、信用、市场、操作等风险。目前传统的金融机构在防范信用风险过程中,主要根据客户经理的调查、客户提供的会计报表、客户在系统中的信用记录等,通过系统评价、专家会审等流程进行决策。互联网金融通过多个渠道采集数据,利用大数据技术可以诊断出不同变量间的相关性,并根据变量之间的关系,进行决策,从而使决策更加科学和准确,有效帮助传统金融机构更全面、真实、完整、精确地掌握客户信息,从而有效降低信息不对称带来的金融风险。如大多数电子商务平台根据客户平时积累的信用数据及交易习惯数据,通过设立数据模型和在线视频调查模式,验证确认客户信息的真实性和准确性,向平时无法在金融机构中获得贷款的客户群体发放小额贷款。但是互联网金融作为一种金融创新,在带来很多便利的同时,要解决客户资金的安全、信息的安全、系统的安全以及互联网金融合规风险的问题,应该有自身风险管控、行业自律和金融监管三道防线。

2.传统金融和互联网金融的不同之处

(1)交易成本低。众所周知,互联网金融没有资本金管理的束缚,也没有什么存贷比管理的限制,因此几乎零成本。在这种先天优势下,资金在网络平台的流动性就大大增加了,降低了各个方面的成本,互联网金融不需要实体营业点,因此实际运营成本就降低了,它对金融体系的影响也会大大降低。

(2)交易时长短和交易范围广。互联网金融运行时,用户可以不受时间以及空间的限制,互联网金融的出现是人类经济展史上重要的一环。投融资使得用户和产品实现了完美的对接,因此这种新型金融产品就拥有了很好的用户支持。另外,因为传统金融业的用户往往是信用基础很好的中大型企业,所以有些服务方面就涉及不到中小型企业,因此面向中小型企业的互联网金融就非常好地填补了这方面的欠缺,使得资源能够更好地分配,利用率上升,从而推动了实体经济的发展。

(3)商业模式有显著区别。相对于传统金融机构而言,互联网金融可谓是"一夜之间"红遍全国。从前商业银行一贯传统的金融柜台业务类型忽然就被互联网金融企业以"线上"的方式轻松取代。互联网金融的商业模式更具有普惠性、大众性和简易性,能轻易地为人们所接受,包括所谓的大数据、众筹和 P2P 等,这让传统的金融机构望尘莫及。虽然传统的金融机构曾为此做出改变,通过设立网上银行这一类"触网"业务的方式,但始终也没有实现向互联网金融商业模式的转型。从这个意义上来说,互联网金融商业模式的建立无疑是成功的。

3. 互联网众筹的特征

互联网众筹之所以能呈现几何级的发展速度,是因为其自身拥有的网络特性。

(1)互联网众筹可以利用网络用户众多的优势。互联网众筹的网络用户量大,使其关注度明显上升,同时可以更充分地体现其价值。假设一项产品,在还没有做任何宣传之前并未被广大消费者熟知,一旦用互联网进行宣传之后,越来越多的人开始关注这一项产品,同时其购买数量和真实价值也逐渐体现了出来。只有当统计对象达到一定数量时,才能达到良好的统计效果,这也是统计学当中的一个重要原则。互联网众筹正是借助了数量的优势,从而轻松汇集了众多的使用者,获得一个客观的评价,从而体现出其自身的实用价值。

(2)互联网众筹具有网络操作便捷性。一般而言,"线上"交易的操作过程比在实体店操作更简易、便捷。网络办理对硬性方面的要求并不高,通常不需要到金融机构,只需通过互联网企业的实名制认证即可完成办理,在家用手机或电脑就能直接操作。

若是遇到一些数额较小的投资事项，这种便捷式的网络操作更能起到关键性的作用。在现实生活里的各种投资活动也许会因为时间、地点等方面的限制而不具有可行性，但将其扩展到网络生活中就会因为其操作便捷而容易为人们所接受，就好比互联网众筹模式一样，可以创造出更多有价值的投资活动。

（3）带动全社会的科技创新。众筹融资平台营运互联网技术为各个项目服务，而这些项目正是顺应时代发展的科技型产品。智能穿戴设备、无人机、体感设备、人机交互系统是目前的热门众筹融资项目。通过众筹融资，一大批最新科技、新技术转化为使用成果进入社会。成功的产品会激发更多人参与到新科技新技术的开发中。这样就会在社会上激发全民科技创新的热情，形成全民参与科技创新的浪潮。

此外，互联网众筹还将初创型融资企业与社交网站相连接，有很大一部分的众筹平台也已将自己定位成一个可以互相交流、选择适合自己投资风格的社交平台。这种社交平台的存在，不仅能够集思广益，创造出更符合人们需求的项目，还可以推动国内小微企业自身的发展，从而降低其失败的可能性。

三、互联网众筹的价值

1.融资方式新颖，公众投资人全面参与

在过去，我国的企业曾经历过数次所有制改革，但根据以往的经验，通常会因为某些原因个人投资者一般都无法直接且单独地向企业投资并获得股权，所以多数个人也无法参与一些小微企业的收益分配。互联网众筹具有明显的普惠性，可以满足小微企业生产发展过程中的任何资金需求。互联网众筹用其新兴的融资形式打破了传统的金融体系，成为正规金融体系的重要补充，至此，个人投资者以简单融资的方式参与小微企业分红管理的目标彻底实现。

2.解决中小微企业融资难问题

金融领域研究中小微企业融资问题早已成为当下的热门话题,而中小微企业作为一个独立的新型群体,也在不断影响着我们的生活。据有关数据公司测算,截止到 2014 年底,我国注册的中小微企业共有 1170 万家,是总注册公司的三分之二。但是由于金融危机的影响,中小微企业处境堪忧,融资难问题成为中小微企业发展的关键。

而新兴的众筹融资项目正好可以缓解中小微企业的融资问题。在国务院印发的《关于金融支持小微企业发展的实施意见》中明确表示,要充分发挥互联网金融新技术,借助互联网金融平台,发挥众筹融资的优势,简化行政审批手续,为中小微企业融资问题谋求一条新的出路。众筹融资的资金来源广,可以集腋成裘,符合国家"盘活存量,用好增量"的政策,是支持民间资本向实体经济倾斜的好路子。众筹融资平台迅速的传播速度和宽广的传播覆盖面又可以帮助小微企业得到其他有用资源。

3.助力发展"互联网+"计划

李克强总理在政府工作报告中也提出要大力发展"互联网+"计划。而我们所说的众筹融资,本身就是"互联网+金融"的发展思路,这样更可以很好地为传统行业服务。例如打车软件滴滴打车,就是利用了"互联网+第三方支付+交通运输"的思路,目前正在积极改变人们的出行方式。利用众筹融资平台,以前发展缓慢的产业像农业、畜牧业等产业,可以将项目放在平台上,在融资的过程中也能够发现市场导向和需求结构。大量小微企业所在的行业积极融入众筹融资,在得到自身发展的同时,实现产业升级,从而完成经济结构的腾笼换鸟,对处在经济换挡周期的我国经济来说是具有巨大的现实意义的。

四、我国现阶段互联网众筹的融资方式

1.债权众筹模式

债权众筹是各种众筹模式中相对常见的模式。它是指投资者对项目或者公司进行投资,获得一定比例的债权,未来获取利息收益并收回本金。债权众筹模式可以分为两种,一种是多位投资者对平台提供的项目进行投资,按投资的比例来获得债权,收取本金和利息,也就是 P2P 平台,典型的有"人人贷"。还有一种是 P2C 平台,也就是企业债,典型的有"拍拍贷"。

2.股权众筹模式

股权众筹模式指企业面向投资者出让一定比例的股权,投资者通过购买股份入股,以期获得利益。国内比较有名的股权众筹平台有"天使汇"。股权众筹模式的特点如下。

(1)发起的低门槛性。资金供需双方无论身份、地位、职业、年龄、性别,只要有适合的项目便可以发起进行融资活动,出借方同样如此。

(2)投资主题的大众性。除却考虑投资经验和投资风险承受能力,股权众筹模式的投资主体一般是普通大众。该类投资的回报通常是高于同期的银行存款利息的,因此更加能够吸引民众将手中的闲散资金用于投资。

(3)审核的严格性。投资平台一般设有专门的专业审核团队,对包括发起人的运营团队、项目规划、盈利状况和市场前景等等进行审核。

(4)倾向性。此类平台一般侧重解决小微企业的融资问题,以实现社会资源的合理优化配置。

3.回报众筹模式

回报众筹也可以称之为奖励式众筹或者预售式众筹,指投资者对项目或者公司进行投资,以期获得产品或服务。奖励众筹一

般多用于文化艺术行业,如电影电视剧、音乐、大型文化活动等。预售式众筹与团购类似,它与团购的区别在于募集资金时的产品的发展阶段不同。预售式众筹的产品或者服务一般是处于研发设计和生产阶段,相较于团购的销售阶段,预售式服务面临着产品和服务无法进入销售阶段的风险。随着百度、阿里巴巴等平台竞相加入该种众筹模式,众筹模式得以快速发展。与此同时所面临的问题也凸显出来:越来越偏离当初帮助有创意的年轻人圆梦的初衷,转而偏向一种变相的自我炒作。

4.捐赠众筹模式

捐赠众筹模式指的是投资人对项目或公司进行无偿捐赠。捐赠众筹与募捐类似,主要是用于公益事业,但是与传统的募捐不同的是,捐赠众筹具有更高的信任感,该模式可以通过众筹平台,即时地对募捐项目的具体用途和财务流水进行披露和反馈。捐赠众筹的基础法律关系是赠予,适用《合同法》第一百八十五条的调整。但是在实务操作中,它的法律风险主要来自虚假的信息披露和不透明的资金使用。

五、我国互联网众筹的法律属性

我国的互联网众筹起始于 2011 年,长期以来没有明确的法律监管体系,所以一直游走在我国法律体系的边缘,目前我国对众筹的监管主体和监管方式都没有明确的规定,相关研究也呈现欠缺状态。总体来说,我国互联网众筹的法律地位尚未明确。

假设互联网众筹在我国的地位合法,那么其实施细则该如何,应遵守哪些规定,现行法律尚未做出规定。目前我国互联网众筹主要依靠平台为投融资双方制定的标准化合约进行约束,所以一旦众筹涉及资金量较大、人数较多的项目活动时,如不加以监管,则会造成投融资一方违约或项目权益人利益受到侵害等一系列问题,虽然现在并没有出现相关的案例,但实际操作过程中必然存在这种风险产生的可能性,投融资双方产生矛盾的情况屡见不鲜。因此,对互联网众筹的法律属性予以分析,是制定具体监管制度的首要目标。

关于我国互联网众筹的法律属性的分析,学界存在着以下几种主流观点。

1."合同"角度——从民事法律关系分析

从民事法律关系的角度出发,不难看出互联网众筹这一融资模式涉及的主要是有关合同方面的内容。《合同法》主要以平等主体之间订立的合同所约定的权利义务为调整对象,所以依据《合同法》的相关规定,互联网众筹活动中主要包括借款合同、买卖合同、居间合同和委托合同。①

从法律性质上来讲,可以将众筹表述为附条件的预购合同,此"条件"即为项目的成功与否。如果项目成功,支持者可以较低折扣享受产品或服务;如果项目失败,发起人将返还项目支持资金。支持者正是以可能获得低于市场价格的产品或服务的利益去承担可能损失部分或全部预付款的风险。

首先,互联网众筹本身就是一个中介平台,在投资人和融资人之间起着居间人的作用,即产生居间合同关系。另外,由于众筹平台本身只是作为中间人为投融资双方提供项目信息和投资金额等内容并收取一定比例的佣金,并不直接参与投融资双方所订立的合同。所以互联网众筹的居间合同关系成立。

其次,融资方和投资方分别与互联网众筹平台存在委托合同关系。一方面融资人将所需资金项目信息交由众筹平台,委托其进行发布和公告;另一方面投资人需要通过众筹平台发布的信息才能获得相关的项目介绍,从而进行选择。同时,众筹平台可以

---

① 郑旭江.互联网金融的法律分析[J].西华大学学报(哲学社会科学版),2014,33(6),68—75.

自行或委托第三方支付机构收取投资金额。

再次,投融资双方通过互联网众筹平台建立借款合同关系或买卖合同关系。融资人发布项目就是为了获得资金,投资人利用众筹平台将资金出借给融资人或通过购买股权或产品将来收益的形式将资金转给融资方,即形成法律上的借款合同或买卖合同。

最后,根据合同的性质,可以想到违约。所以互联网众筹活动中所签订的合同在任何时候都有可能涉及违约风险。例如项目融资人并未按照合同所规定的方式进行分红,公众投资人并未如期履行付款义务,众筹平台并未如实告知双方应知晓的全部信息等,这些都需要相关的民事法律规范进行约束。

2.“准金融”角度——从证券法角度分析

从证券法角度分析,应首先确定我国互联网众筹中所涉及的股权到底属于何种范畴,才能准确定位我国互联网众筹的法律属性。我国的互联网众筹模式到底属不属于金融的范畴,项目投资者所获得的股权凭证到底属不属于我国证券的种类,该项目股权类似于“证券发行”是否合法,有关学者对此存在分歧。本书主张我国互联网众筹属于证券发行。

我国《证券法》中对“证券”的定义是以列举的方式表明的,其中明确指出股票、公司债券、证券投资基金应属我国证券的范畴,但作为新出现股权凭证并未被纳入其中,现行的法律和相关的司法解释也没有对其进行相应的补充。但在我国《证券法》颁布的同时,立法者在对“证券”进行解释的过程中添加了“其他”这一项内容,也就是说立法者对“证券”的解释仍是非穷尽性的,允许新证券类型的出现。此外,虽然证券法并未对互联网众筹股权凭证的性质进行规定,但我们认为仍应将其纳入证券范畴进行研究,理由如下。

(1)互联网众筹活动本身应由证券法调整。根据我国《证券法》的相关规定,互联网众筹中股权凭证的产生、作用和使用方式和传统证券相一致,完全符合一般证券的基本特征,所以互联网众筹活动可以作为证券法的调整对象。关于证券的抽象定义,我国理论界尚未产生统一意见,但对于证券的特征已达成基本一致,那就是证券是一种权利凭证,具有投资属性、流通属性等[1]。众筹中的股权凭证显然符合以上特征,因此应属于证券范畴。

(2)将股权凭证列入证券范畴是世界各国的主流做法。以众筹监管体系相对完善的美国为例,1933 年美国证券法中有关证券的定义就通过列举的方式明确规定了权益凭证属于证券范畴。而且根据美国联邦法院著名的"Howey 检验"[2]原则,即美国司法实务当中判定证券的主要方式,从"钱财投资、普通企业、利润预期和依靠他人努力"四个方面来分析,众筹中的股权凭证都应该属于证券范畴。

3. 互联网众筹在我国应属于证券发行

股权众筹模式与证券的发行在大体上是类似的,那么要探究这一模式是否属于证券发行,首先要判断两个关系,即股权凭证与证券的关系、股权众筹行为与证券发行行为的关系。

(1)股权凭证与证券发行的关系。我国证券法对证券的种类通过列举来做出规定,其中明确列举了股票、公司债券,以及上市交易的政府债券和证券投资基金,并未提及股权凭证。那么股权凭证是否属于证券法第二条所指的"其他"呢?[3]

从理论上来看,证券是一种权利凭证,它具有流通和投资的属性。而股权凭证是能证明持股人股东资格的权利凭证,同样可

---

① 周有苏.新证券法论[M].北京:法律出版社,2007,4.

② 董华春.从"Howey 检验"看"投资合同"——美国证券法"证券"定义的法律辨析(一)[J].金融法苑,2003,9(2),41.

③ 李有星,范俊浩.非法集资中的不特定对象标准探析——证券私募视角的全新解读[J].浙江大学学报,2011(9),57.

以投资和流转。所以股权凭证符合证券的基本特征,应该属于证券范畴。

从发展趋势来看,世界其他国家都有将股权凭证纳入证券范畴的惯例。我国于 2011 年修订通过的《证券投资基金法》草案中,也试图将尚未公开发行和上市交易的股权凭证作为证券的调整对象进行调整。这些说明了股权凭证属于证券是一种成熟的趋势,是符合法律精神原则的。

(2)股权众筹行为与证券发行行为的关系。首先证券发行行为,在通说上来说类似于一般的合同,要历经邀约、要约邀请和交付这几个环节。而股权的取得也同样需要邀约、承诺和交付。具体来说是项目发起人通过众筹平台向投资人发出邀约,有投资意愿的投资人做出承诺,再是互易资金和股权。因此,股权众筹行为应当是属于证券发行行为的。

综上,可以大致认定在我国众筹是属于证券发行的。也可以相信,在日后法律规范会做出进一步明确的认定的。

4. 众筹在我国属于私筹

上文已经论证了众筹是属于证券发行的,那么它到底属于证券公募还是私募?论证之前,先阐述一下什么是公募与私募。

证券公募,指证券发行人通过公开营销的方式,向不特定的社会公众发售证券以募集资金的模式;证券私募,指发行人向少数特定对象发售证券以募集资金的模式。这两种模式之间最明显的差别就是是否公开发行,也就是发行对象是否特定。

因此要论证众筹是属于公募还是私募,只要看项目针对的投资人是否是特定的。很显然,在众筹模式下,项目发起人是面向特定的人的。具体理由如下:

平台的投资人,必须具备能够进入平台获取投资信息的资格,也就是会员资格。能够成为会员,这个过程已经将"不特定"转变为"特定"了。从整体上来看,其人数相对较少且固定,具有封闭性。

根据"存在事先的联系"这个标准来看，股权众筹的投资对象是固定的。存在事先的原则，指只要发行人知晓事先与其存在联系的人的财务状况和成熟度，或者其他一些实质性和持续性的联系，就可以将他们认定为特定对象从而可以针对他们发出邀约。

众筹互联网平台的一个关键的优势在于互联网数据的开放和共享，即信息的披露。投资人在注册成为会员之前一般都会被要求填写资料，在资料中通常会涉及资金状况和投资经历，也就是财务状况和成熟度。因此发行人的发行对象就可以认定为特定对象。

综上，在众筹模式之下，项目发起人以非公开的方式，针对特定人群发出邀约，这个行为属于私募，而非公募。

第二节 互联网众筹的发展现状及存在的问题

互联网众筹是指以互联网为平台进行的大众筹资活动。随着社会的不断进步与发展，互联网金融开始发挥其相较于传统金融行业的优势，而其中，互联网众筹是继第三方支付的金融模式后的又一后起之秀。其在解决小微型企业融资难的问题上有着关键性作用。不仅可以缩短融资人与投资人之间的时间和空间，而且还将个人投资者通过投资获得权益性投资回报成为现实。互联网众筹对于"完善多层次资本市场体系、拓宽小微企业融资渠道、支持企业创新活动和帮助信息技术产业化"具有重要的意义。而在中国，互联网众筹尚处于萌芽期，虽然已有许多一定规模的众筹网站，但基本都处于不成熟阶段。如何规范互联网众筹行业，如何划清其与非法集资的界限，保障投资人的切实利益，从而促进互联网众筹的快速稳步发展，是当今中国互联网众筹发展所面临的主要问题。

一、我国互联网众筹的发展现状

北京于 2011 年初创立了一家名为"点名时间"的网站,其实质是互联网众筹平台。"点名时间"的成立代表着互联网众筹首次在中国出现。由于我国民间大量积累的财富和市场巨大的资金需求两者之间存在有效的供需关系,以及国际潮流的推动,我国的互联网众筹于 2013 年开始正式覆盖市场,作为国内第一家互联网众筹的美微淘宝卖股权正式诞生。通过众筹融资,美微项目共获得了 1194 个股东所出的资金,其占美微传媒股份的 25%,共获得 500 万元的融资额,成为中国史上第一个股权众筹成功的案例。之后,国内有担保的股权众筹项目问世,贷帮网袋鼠物流项目仅上线 16 天便获得了 60 万元的融资。[①]

众筹模式自出现以来一直受到追捧。2014 年是中国众筹元年,据世界银行发布的众筹报告称,中国将是全球最大的众筹市场。据统计,2013 年底在我国注册成立的众筹平台不足 20 家,其中大部分为商品众筹平台。然而情况在 2014 年有了极大的改变。截至 2014 年 8 月,我国注册成立的众筹平台已超过 90 家,其中商品(预售)众筹平台 63 家、股权众筹平台 23 家。

不光是平台数量有所增长,众筹平台的交易额也在不断攀升。2014 年上半年,中国众筹领域共发生融资事件 1423 起,募集总金额 18791.07 万元人民币。其中,股权类众筹事件 430 起,募集金额 15563 万元人民币;奖励类众筹事件 993 起,募集金额 3228.07 万元人民币;综合类众筹平台实际供给事件为 708 起,垂直类众筹平台供给事件为 285 起,综合类平台实际供给事件数量约为垂直类平台的 2.5 倍。

---

① 胡吉祥,吴颖萌.众筹融资的发展及监管[N].证券市场导报,2013 (12),60—65.

二、我国互联网众筹发展中面临的问题

2013 年 1 月，北京美微文化传播公司在淘宝网上创立了名为"会员卡在线直营店"的店铺，借助互联网平台开始出售会员卡，通过销售会员卡附赠股权的模式间接出售它所持有的"原始股权"。这家原本默默无名的公司，一下子引起了轩然大波，公司指出无论是谁只要愿意出 120 元人民币的价钱便能够购买到该公司 100 份的股票，由路人瞬间成为该公司的股东。作为一个刚刚创立的公司采取这样一种大胆的举动，使其很快就席卷业界，吸引了大量的眼球甚至引发了两派针锋相对的争论。相关数据表明，在 2 月前后的十余天之中该公司一共吸纳资金 387 万元人民币，其中通过互联网销售的股权达到 161 笔，涉及 153 人，最终筹措资金 18 万余元人民币。可是，就在股权筹资正做得风生水起的第三个月，证监会突然出面将其叫停并且对外界进行公告称该公司这一"创新"行为属于"新型的非法证券活动"，责令该公司将此次活动所筹措的资金悉数返还给投资人，但是并没有对其进行任何形式的处罚。这一次的报道被业内看作是证监会对类似行为的第一次正面表态："利用淘宝网、微博等网络平台擅自面向大众转售股权、成立私募股权投资基金等进行一种新型的非法证券活动，投资人应该提升对网络证券活动的风险防范意识。"国内第一个借助网络销售转让股权的案例因其触碰国家监督管理的底线而落下帷幕。

互联网众筹作为我国正规金融体系的重要补充，其新型的融资模式不仅解决了小微企业融资难的问题，还可以不断推动我国互联网金融的推陈出新，对于我国经济发展具有重要的作用。但互联网众筹作为新的融资模式也存在很多问题和风险，一旦其中的某一个环节操作失误，对众筹平台和项目投融资双方所带来的损失都是巨大的，所产生的风险甚至于会危害我国整个金融秩序

的稳定。

1. 互联网众筹中投资者所面临的问题

（1）合格投资者门槛过高。《2017 互联网众筹行业现状与发展趋势报告》显示，截至 2016 年底，全国正常运营的互联网非公开股权融资平台数量共计 118 家；2016 年新增项目成功融资额52.98 亿元，同比增加 1.08 亿元；新增项目投资人次 5.8 万。据《2018 互联网众筹行业现状与发展趋势报告》统计，截至 2017 年12 月底，全国互联网非公开股权融资平台共计 76 家，与 2016 年同期相比减少 42 家，降幅高达 36%；股权众筹成功融资金额为142.2 亿元，同比减少 14.4 亿元，下降 9%；投资人次达 3.55 万，同比下降约 39%。从连续两年的数据可以看出，互联网股权融资在经历了 2016 年的行业洗牌后进入回落期，无论是平台数量还是投资人次，均出现了较大幅度的下降，融资金额亦随之减少。在金融监管趋严的大势下，不少融资平台选择转型甚至退场，投资者的参与热情受到多种因素的影响亦不如当初。虽然通过良币驱逐劣币的淘汰机制，互联网股权融资能够在一定层面进入规范发展阶段，但在逐年下降的数字面前，行业似乎不能信心十足地将其视为是一种正常态势。倘若市场仅留存目前尚在参与的股权投融资核心人群，那么无异于将互联网股权融资等同于私募融资，继续让私募冠以众筹之名在现代信息技术的辅助下开展"贵圈"活动。这不仅背离互联网股权众筹的应有之义，而且背离互联网金融服务实体经济尤其是缓解中小微企业融资困难的使命。

由于股权众筹项目具有高风险性、不确定性，且项目周期过长，短期内投资者并不能直接获取现金收益。所以一些风险高融资额度较大的项目并不适合所有的投资者。一旦经验欠缺、经济实力薄弱的投资者盲目投资，在投资失败时难以具有相应的承受能力；如果投资者不具备相应的风险意识，一个众筹项目涉及的投资人数众多,项目失败极易引发社会矛盾。

(2)投资人隐私容易被泄露。《股权众筹融资管理办法(试行)》中明确规定所有的合格投资者都需要事先在众筹平台上注册,平台方还需对投资者所填写的信息的真实性进行认证,投资者所填的有关身份信息、资产状况和风险承受能力要在平台方进行审核,符合要求的资料还会予以存档。虽然现有规定要求众筹平台需承担保护投资者信息安全的责任,但由于网络自身存在特殊性,有些信息可能会经黑客袭击、数据被非法窃取等非正常因素而导致投资者的信息被传播出去,此时投资者的隐私便容易被泄露,如何来维护投资者的合法权益,保证隐私不被泄露成为关键。维持平台的公正性、独立性、稳定性与可信性是保证互联网众筹可以稳步发展并进行的重要步骤。

(3)投资人面临的投资风险较大。在我国现行法律体系下,除了通过上市公司发行股票的途径可以向公众募集资金外,其他任何从公众募集资金的行为都被视为非法集资,要受到严厉打击。因此,股权众筹行业面临的主要指控就是涉嫌非法集资。非法集资并不是我国《刑法》的一个特定罪名,而是指一类罪名。非法集资类犯罪包含非法吸收公众存款罪,集资诈骗罪,欺诈发行股票、债券罪,擅自发行股票、公司、企业债券罪。因此,实践中,除了欺诈发行股票、债券罪的犯罪主体为特殊主体,股权众筹的参与者不会涉及。关于其他三个罪名,股权众筹的参与者稍有不慎就极易触犯。

当众筹的参与者们费尽心思规避非法集资的风险时,项目的公开宣传却涉嫌违反《证券法》第十条的规定:公开发行证券,必须符合法律、行政法规规定的条件,并依法报经国务院证券监督管理机构或者国务院授权的部门核准或者审批;未经依法核准或者审批,任何单位和个人不得向社会公开发行证券。由于互联网的公开性,股权众筹项目的投资者总是不特定的人群,这就涉嫌向社会公众公开发行证券。即使股权众筹平台往往要求潜在的投资者进行实名注册并认证,试图将不特定的群体转化为特定的投资人。但是进行了转化,是否可以认定向这些特定投资人募集资金就不属于向社会公开发行证券的行为,学界的意见并不统一,处在一个模糊的状态。即使我国目前对金融创新持有包容态度,支持股权众筹业的发展,但是折射出的法律问题不能忽视,这个风险目前看来也无法有效规避。

(4)投资方退出机制不完善。如何成功退出互联网众筹并且获利是投资者最大的期待也是公众投资互联网众筹的动力。2014年底,"大家投"出现了第一例成功退出的案例。2013年3月份,大家投出让20%的股权,对外募资100万元;2014年初,大家投完成第二轮融资,出让10%股权筹资300万元,至此参与大家投首轮融资的18个人在第二轮众筹时已实现成功退出并盈利。由于互联网的便捷性,投资者很容易便能参与到这个交易活动中来,支付方式也很便捷,在线即可完成。但项目融资交易一旦完成后,投资人将很难退出融资活动,因为资金已进入企业的创业活动,一时间很难退出。虽然目前互联网众筹的投资人一般以回购与转让两种方式实现退出,但实践过程中仍存在可操作性差等问题。目前推出的案例还比较少,需要更多的实践经验给予支持。

2.互联网众筹中项目融资人所面临的问题

互联网众筹中一般投资者面临的法律风险较多,相比而言,融资人面临的法律风险就比较统一,主要集中在涉嫌洗钱与隐私、商业秘密泄露的法律风险问题上,因为融资者在互联网众筹活动中付出的只是一个想法创意和策划,其他一系列活动都交由众筹平台和投资人负责完成,所以融资人面临的风险程度要比投资人小得多。

(1)融资人面临投资资金来源不明所带来的洗钱风险。由于众筹融资是通过互联网平台进行的非柜面交易,资金交易隐蔽性强,通过使用现代网络支付工具在虚拟的市场环境中实现资金转移迅速,无法掌握投资者和发行人之间的真实关系,也无法掌握双方真实交易背景、交易目的和性质,便于犯罪分子通过众筹融资实现非法交易或进行非法资金转移,降低了洗钱成本,使非法资金顺利进入金融体系。同时,对于众筹融资所得资金的最终用途也难以进行后续监测,这为众筹资金进入洗钱和恐怖融资高风险地区提供了方便。可见,众筹融资在客户身份识别和风险评估方面存在困难,进而影响洗钱和恐怖融资的预防和打击。现在国内大多数互联网众筹平台都试图使用打包的方式分散投资者的风险,将分属于不同企业的融资项目进行组合后交由投资者进行选择。这种打包的方式虽然可以分散风险,但也容易造成投资人多次在平台上进行资金划转的情况。一旦投资者的资金真的是洗钱罪的上游犯罪所得,即使融资人不知道资金的来源,根据打包情形下多次融资的方式也有可能会使融资者涉嫌洗钱的法律风险。

(2)融资方的商业秘密容易被侵犯。《股权众筹融资管理办法(试行)》中规定,融资人的信息都需要在众筹平台上进行实名审核和认证,并且对相关真实信息材料进行存档。即使《股权众筹管理办法(试行)》中有明确规定众筹平台具有保护融资人身份信息或非因法定原因不得泄露投资人的相关信息的义务,但这些信息仍会因互联网技术的缺陷或遭到黑客的攻击而被窃取,这和投资人所面临的隐私权泄露的法律风险是一致的。此外,项目融资人还需要关注其商业秘密或想法创意是否被窃取,一旦这些信息被窃取,融资人所面临的损失将会更加严重。

3.互联网众筹平台所面临的问题

(1)可能触及非法集资的法律红线。非法集资罪是指违反法律的规定,通过诈骗等手段向超过200人的社会公众募资的行为,该行为不仅破坏了国家的金融监管秩序,而且还会损害投资者的利益,对社会的稳定性产生了极大的影响。我国的《刑法》就规定了四种非法集资的犯罪类型:非法吸收公众存款,集资诈骗,欺诈发行股票、债券和擅自发行股票、公司、企业债券。互联网众筹正好拥有以上四种犯罪类型的相关特点,不仅具有非法吸收公众存款的特点,更有可能会涉及以非法占有为目的的集资诈骗,互联网众筹的特征恰巧满足以上犯罪的构成要件,所以我国互联网众筹的发展因此而遭受阻碍。最高人民法院审委会曾于2010年出台了《关于审理非法集资刑事案件具体应用法律若干问题的解释》,该解释对非法集资行为进行了明确的规定,并将其特征总结为"非法性、公开性、利诱性、社会性"四个必须同时具备的特征,其中社会性是指,"向社会公众即社会不特定对象吸收资金",利诱性是指,"承诺在一定期限内以货币、实物、股权等方式还本付息或者给付回报"。

互联网的隐匿性和信息的不对称性,导致互联网金融容易滋生"名为融资、实为诈骗"的犯罪行为。但融资者若以非法占有为目的,假借股权众筹之名,骗取投资者资金的,则涉嫌构成集资诈骗罪。股权众筹平台的实质意义在于为投融资双方搭建一条便利的渠道,从而实现资金流与信息流的直接交互。但若网络平台超越单纯的中介机构功能,通过搭建资金池,先归集投资者资金再代为寻找投资项目,则涉嫌构成非法吸收公众存款罪。此外,相关主体还有可能在利益驱使下,实施非法集资以外的违法犯罪行为。如股权众筹平台将投资者的个人信息提供给他人,构成非法提供公民个人信息罪;融资者将筹集到的资金挪作他用,构成擅自挪用资金罪。

在具体的实践当中,互联网众筹网站会通过邮件以社交的名义事先与特定投资者进行线下交流沟通,然后由投资人选择是否投资。以这种互联网众筹的方式可以适当规避对于不特定公众集资的相关规定,但也不能完全规避非法集资的风险。互联网众筹不仅涉及非法吸收公众存款罪、集资诈骗罪，还容易触碰擅自发行股票、公司、企业债券罪的法律红线。一些互联网众筹平台为了规避该种法律风险，通常会以借"壳"的方式，例如平台方和融资方先成立一个有限责任公司，然后邀请投资方作为股东进行出资，还有一些做法是将一部分出资人的出资归入股东名下由其代为出资，而自己做隐名股东。这种方式就可以保证投资者人数不违反法律的规定。

（2）可能触及公开发行证券的红线。互联网众筹的发展实际上打破了传统对于私募和公募的划分，可以说线下的私募融资方式如果通过互联网模式进行招募，那在一定程度上也变成了一种公开的形式，从而跨入了公募的领域。互联网众筹实际上也相当于一个项目从非公开向公开转变的过程，只不过在这个过程中牵涉到了一些有关股权凭证转让的问题，从而触及到了相关法律的红线。由融资者主导的股权让与承诺、股权转让协议签署、资金红利分配等一系列行为，实际上已无异于发行或转让股票。依据我国《证券法》，公开发行证券必须经过相关部门核准，未经核准而发行的属于擅自发行股票或者公司、企业债券。公开发行证券是指：向不特定对象发行证券或向特定对象发行证券累计超过200人。互联网的开放性属性以及"普惠金融"的定位，使得股权众筹在实际中不免满足了《证券法》中关于"公开发行"规定。在没有获得批准的情况下，当公开发行的数额或投资者人数达到刑事立案标准时，融资者就会触碰擅自发行股票罪的高压线。我国

《证券法》第十条①规定,证券公开发行必须经过严格的法定要求,所需要的审核条件不仅复杂、门槛高,而且存在较大的不确定性,因此,大部分证券发行人为了避免这种不确定性通常选择以不公开发行的方式进行募资。此外,《证券法》还对公开与不公开募资的界限进行了划分:《证券法》第十条第二款规定有关公开发行的界定主要包括向不特定对象发行证券的、向特定对象发行证券累计超过 200 人的情况。根据这样的界定,不难看出证券发行人在向特定对象发行证券并且累计不超过 200 人的情况时是不需要走核准程序的。同时,《股权众筹融资管理办法(试行)》的第十二条规定,互联网众筹的融资者采用公开方式或者变相采用公开方式进行融资,不得向不特定的对象发行证券;融资完成后,融资者与投资者所控制的公司的股东人数累计不得超过 200 人。该项规定既满足了《证券法》对于公开发行的限制,也满足了《公司法》对于股东人数的限制。针对"不特定性"的问题,张明楷教授认为"不特定性意味着出资者是与吸收者没有联系的人和单位"②。在众筹平台操作中,主要是通过实名认证将不特定的投资者变为特定的实名的投资者,但是特定性与不特定性的区分仍然是一个模糊的概念,众筹平台的做法难免有打擦边球的嫌疑,因此法律风险较高。③

---

① 公开发行证券,必须符合法律、行政法规规定的条件,并依法报经国务院证券监督管理机构或者国务院授权的部门核准;未经依法核准,任何单位和个人不得公开发行证券。有下列情形之一的,为公开发行:

(一)向不特定对象发行证券的;

(二)向特定对象发行证券累计超过二百人的;

(三)法律、行政法规规定的其他发行行为。

② 张明楷. 刑法学[M]. 北京:法律出版社,2011,686.

③ 杨东,刘翔. 互联网金融视阈下我国股权众筹法律规制的完善[J]. 贵州民族大学学报(哲学社会科学版),2014(2),93—97.

第三节　国外互联网众筹的监管制度及对我国的启示

一、美国互联网众筹的监管制度

1. 美国互联网众筹融资的产生及发展

在全球众多大力发展互联网众筹的国家中,美国凭借其雄厚的金融实力和丰富的人才资源,拔得头筹。面对全球各个国家互联网众筹平台的激烈竞争,美国的互联网众筹平台依托广阔的目标市场和数量众多的潜在投资人,筹资金额和成功筹资的项目数量不断增长。美国经济学界通常将互联网众筹模式划分为捐赠型众筹、奖励型众筹、债权型众筹和股权型众筹;而捐赠型众筹和奖励型众筹统称社会型众筹,债权型众筹和股权型众筹统称金融回报型众筹。在美国互联网众筹的发展过程中,上述四种模式的发展情况不尽相同。在数量上,奖励模式占据主流地位,采用奖励模式的互联网众筹平台占美国互联网众筹平台总数的43.5%,债权模式在美国互联网众筹平台的占比较低,为14.5%,股权模式由于投资的高风险性和专业性,其数量占比最低,为14%。在单个项目平均筹资额方面,四种模式下的项目平均筹资额随着模式风险性的增加而增加。因此,在股权模式下,高风险对应的高投入和高回报使得单个项目平均筹资金额很高,为84597美元。

由于互联网众筹在美国的发展速度超出了人们的想象,所有长时间的实践表明其存在仍是有问题的,其中比较典型的问题主要在于两方面。一是股权融资限制,2012年美国在 JOBS 法案颁行以前,通常只允许进行实物交易,不得使用股权融资。美国1933年颁布的《证券法》(Securities Act)中,有关第5条内容的规定如下:除非存在符合本法第三条和第四条相关免除条款的规定,否则一旦发现发行人或所交易的证券未经美国证券交易委会(SEC)登记,一经查实就当成违法,绝无例外。第二,在对于保护投资人利益的层面上,拿 Kickstarter 来说,曾经出现过数起类似的情况,一般投资人在面对融资者欺诈的情况时并无自我保护的意识和措施,实际上 Kickstarter 本身几乎没有惩罚欺诈人的手段,所以这就遭到多数人的指责,认为该平台缺乏对投资人的保护。截至目前,虽然 Kickstarter 基本上事先都对众筹项目进行了评估测试,并通过在互联网上向公众展示的方式进行了检验,但项目融资人欺诈的情形仍时有出现。

2. 美国互联网众筹监管制度

2001 年,全球第一家众筹平台 ArtistShare 开始运营,它被誉为"众筹金融的先行者"。ArtistShare 平台以吸引音乐粉丝为发行唱片募捐而起步,逐渐发展成为涵盖音乐、电影、摄影等艺术创意的网络众筹平台。从这以后,众筹平台如雨后春笋般不断涌现。据美国研究机构 Massolution 发布的众筹业发展年度报告,截至 2014 年末,全球共有众筹平台 1250 个,筹集资金达 162 亿美元,同比增长 167%。亚洲地区众筹发展最快,2014 年募集的资金额同比增长 320%,达到 34 亿美元,超越欧洲(募集资金 32.6 亿美元)成为全球第二大众筹市场。北美仍是全球最大的众筹市场,2014 年众筹资金同比增长 145%,达 94.6 亿美元。美国拥有全球最大的众筹市场,众筹平台众多,也更加成熟和多样化,全球知名的十家众筹平台中,有 7 家来自美国,包括全球最大的 Kickstarter。

此外,自众筹模式获得法律的认可以来,股权融资模式也逐渐进入了广大投资者的视野,一时之间众筹融资交易频繁。JOBS 法案中具体规定了一些有关互联网众筹的豁免事项,而且还增设了对众筹平台的义务规定,明令要求其尽可能详细地披露融资人的项目信息,不得参与违反法律规定的事宜,只允许合格的投融资人参与融资交易活动等,还规定了以上内容相应的法律责任。

3.美国互联网众筹的法律制度——JOBS 法案

JOBS 法案是美国在 2012 年 1 月份经参众两院通过的法律，其条文主要内容是对此前证券市场的基准法律——1933 年《证券法》和 1934 年《证券交易法》的条例进行修改。其还专门对一些条款进行了补充规定。根据现阶段互联网众筹的发展特征，美国对 1933 年和 1934 年《证券法》中最大的修改就是将公司的融资途径扩展为允许公众融资的方式，并同意投资人以获得股权凭证（或债券凭证）的方式参与投资活动。① 这么规定的意图就在于拓宽一些具有成长价值的中小企业的融资渠道，充分利用其项目创意获得资金，实现融资便利等内容。部分条款的修改也使部分中小企业在新的"公众募资平台"上能更好地发挥其潜力。这部法律还确立了众筹平台作为新型金融中介的合法性，明确了平台权利与义务的基本原则，为众筹行业的发展提供了前瞻性监管指引。

（1）JOBS 法案中有关互联网众筹的主要内容。

①提出集资门户。JOBS 法案通过对 1934 年《证券交易法》的修改，提出并明确了集资门户的概念，即"仅依据 1933 年《证券法》Section4 条款，任何涉及为他人账户发行或交易证券过程中扮演交易中介角色的人"，并规定了集资门户的禁止性行为：不能向投资者提供投资建议或推荐证券；不能为其网站或门户上发行或展示的证券进行推广促销；不能给雇员、代理商或其他人在该网站上促销证券给予补偿；不能持有、管理、拥有或以其他方式操纵投资者的资金或证券；不能从事其他 SEC 禁止的行为。同时，该法案还规定了集资门户的注册豁免条款，规定集资门户如果已

---

① 侯青阳，亢力.美国众筹融资制度及其对我国的启示[N].创新与发展：中国证券业 2013 年论文集.

经满足受到 SEC 下属的检查部门、合规部门或其他执行部门的监管,成为某个在 SEC 注册的全国性证券组织成员,符合 SEC 认为需要符合的其他条件等,则可不需要再在 SEC 注册为经纪商或自营商。

②保护投资者利益。针对众筹融资投资者权益保护问题,JOBS 法案专门对筹资者和中介机构提出了相应要求。一方面是对中介机构的要求。JOBS 法案对为他人账户开展证券发行或销售交易的中介机构提出下列要求:一是必须在 SEC 登记为经纪人或集资门户;二是必须在被认可的自律性协会进行登记,接受协会组织的约束;三是必须向 SEC 提供披露材料,包括 SEC 认可的风险描述材料和其他投资者教育材料;四是开展投资者教育,确保投资者阅读了相关教育信息,认识到其有可能面临失去所有投资资金的风险且能够承担该风险,了解一般初创公司、新兴企业和小发行人的投资风险以及流动性风险,并根据 SEC 规定对投资者进行其他相关知识的教育;五是根据 SEC 要求采取措施降低筹资的欺诈风险,包括获得筹资者的每个管理人员、董事,以及持有筹资者超过 20％股权的投资者的背景资料及被监管执法的情况;六是要求最少在众筹证券卖出前 21 天向 SEC 和潜在投资者提供筹资者依据法案所要求的信息;七是确保所有募集资金仅在所有投资者募集的资金总量等于或大于目标发行量时提供给发行人,并允许所有投资者在 SEC 认可的范围内取消他们的投资承诺;八是保证投资者在 12 个月内购买的证券总量没有超过 1933 年《证券法》第四部分规定的投资额度限制;九是必须采取措施保护投资者的隐私权,严格保护从投资者处获得的相关信息;十是禁止任何人通过将潜在投资者的个人信息提供给众筹融资的经纪商或门户网站而获得补偿;十一是限制中介机构与筹资者有利益关系,禁止中介机构的经理人、合伙人或同等地位的人与筹资者有利益关系;十二是满足 SEC 为保护投资者的利益和

公众利益提出的其他要求。

③避免了一些额度较小的互联网众筹项目的注册义务。JOBS 法案已明确规定了可以采取股权激励的方式参与融资服务，且可以允许符合法案中规定要求的小额众筹项目不必经 SEC 登记注册便可直接进入股权融资。这又给互联网众筹的发展带来了契机。

(2)JOBS 法案对美国互联网众筹发展的影响。美国的 JOBS 法案在颁行之初就是为了变更中小企业的发展模式以及实现其体制的改革，帮助中小企业更好地参与到资本市场活动中来。这次全方位的改革活动，JOBS 法案集合了各种聚集公众小额资金的思路，为实现其合法化途径铺设了全新的道路，在此过程中，不仅简化甚至豁免了一些小额众筹项目的注册审批手续，而且还对众筹平台的相关标准制定了新的规定，降低了中介机构的成立条件。对于中小企业而言，这不仅可以更优惠的方式获得融资资金，还可以简化项目发布所需的事项，更降低了中小企业的融资成本。此外，美国的 JOBS 法案还对具体的监管措施进行了严格化控制，还具体规定了中介机构的参与方式，并根据中间机构的性质设立了不同的监管机构。法案增设了中介机构的信息披露义务，要求其事先必须向投融资双方告知有关信息。这种做法使得中介活动变得更为公平公正，有利于保护投资人的切身利益。通过以上的做法，JOBS 法案在实现互联众筹发展、拓宽中小企业融资渠道、方便投资人的投资等方面率先做出了最有效的尝试。

①法案打破传统的合格投资者分类体系，降低了投资者投资初创企业的门槛。按照规定，投资者年收入低于 10 万美元的，每年投资金额不得超过 2000 美元或其年收入的 5%；投资者年收入超过 10 万美元的，每年投资金额不得超过 10 万美元或其年收入的 10%。在法案通过以前，初创企业的融资被戏称为"3F"模式——即资金的来源主要是家人、朋友和蠢蛋。所谓蠢蛋，意指

天使投资和风险投资。一般而言,从家人、朋友处筹资,渠道狭小,数额不大;而天使投资和风险投资,又往往是"富人俱乐部"的游戏。如规则504、规则505、规则506对投资者的身份均有不同程度的要求。因此,从某种意义上说,法案确实打破了合格投资者和非合格投资者、个人投资者的区隔,让个人投资者有机会参与未在SEC注册的初创企业的投资。

②众筹地位合法化。为推动股权众筹的发展,JOBS法案在美国1933年的《证券法》的基础上增加了4(a)(6)款作为其第5条的豁免。该内容实现了中小企业融资的合法化,促使众筹活动免受非法集资和非公开发行证券特征的影响,从而保证众筹活动的健康发展。

③明确了平台的义务。JOBS法案列举了互联网众筹平台的义务,包括在SEC注册,提示投资者在投资过程中可能承担的法律风险与商业风险,向SEC和投资者履行法律所规定的披露义务,采取措施防范众筹融资中的欺诈行为,保护投资者的隐私信息,确保投资者没有超过投资的上限,并且不得与融资者产生某种利益关系等。以上互联网众筹平台的义务规定可以避免众筹活动中所产生的欺诈,实现众筹平台的公平与公正,进一步推动互联网众筹的发展。

二、英国互联网众筹的监管制度

随着互联网众筹步入英国,众筹融资的脚步逐渐加快,在之后的日子里成为英国金融市场上强劲的力量。从某种意义上来说,英国也是互联网众筹的发源地之一,之后又随着美国互联网众筹发展浪潮逐渐延伸,英国的监管层逐渐意识到这种新型的融资方式还没有合理的监管制度,于是相关部门便开始对如何规范互联网众筹进行相关立法。

1.英国互联网众筹监管制度

为了更好地保障互联网众筹投资人的利益,英国的金融行为监管局在 2013 年 10 月 24 日出台了《关于融资平台和其他相似活动的规范行为征求意见办法》，为互联网众筹的监管提供了制度建议，以促进众筹的健康发展。英国的管理层对互联网众筹予以高度的支持，并提出这种新兴的融资模式可以在银行、证券机构等传统金融领域外产生新的融资效果，为中小企业和大众投资者创造了更多选择的机会。2014 年 3 月 6 日，金融行为监管局又出台了《关于网络众筹和通过其他方式推介不易变现证券的监督管理办法》（以下简称《众筹监督管理办法》），并于 2014 年 4 月 1日起正式施行。《众筹监督管理办法》中提出一个设想，认为互联网众筹在纳入监管的同时应分为两个类型，一是 P2P 网络借贷型众筹，二是股权投资型众筹，并针对两种不同的类型制定监管方式。这个设想的目的来源于监管层试图想要建立一个公开、公平、公正的监管制度，而这种制度的实现方式就是在不干涉投资者的投资意向的同时对其投资行为做出保护。英国互联网众筹监管体系就此形成。

2000 年，《金融服务与市场法》（FSMA）中要求在英国向公众发行非上市证券必须经过监管机构批准，只有通过审批之后才可公布招股说明书。同时，FSMA 对非授权人从事金融推介行为进行了特别规范。其第 21 条第（1）款规定任何人不得在经营过程中传播关于从事投资活动的邀请或引诱。除外情况为该主体为获授权人，或获授权人为第 21 条规定的目的批准了传播的内容。在实际中，监管机构对金融推介行为的认定与许可基本是根据个案情况进行自由裁量逐案决定的。除《金融服务与市场法》的调整和规制外，金融推介活动还需要适用针对一般性广告的指令和规则，如广告标准局的规定。

2. 英国互联网众筹监管内容

《众筹监督管理办法》作为英国众筹融资管理的规范性文本，其主要内容如下。

(1)最低审慎资本标准。为避免平台借贷规模的过度膨胀，保障平台正常运营和发展，确保其在出现倒闭时以自有资本吸收风险的能力，2013 年 4 月 1 日英国成立的金融行为监管局 FCA 对借贷类众筹平台设置了最低审慎资本要求，认为其是减少损害消费者权益的关键性监管工具。最低审慎资本规则建立了两个不同的审慎资本指标，取两者中较高值，一是固定数值 5 万英镑，一是基于平台上会计基准 8 借款余额（而非累积额度）乘以一定系数计算的审慎资本。平台应当在会计基准日按照指定公式以差额累进制方式计算最低审慎资本要求，具体标准为：平台借贷余额①不超过 5000 万英镑部分乘以 0.2%，加②超过 5000 万英镑不足 25000 万英镑部分乘以 0.15%，加③超过 25000 万英镑不足 50000 万英镑部分乘以 0.1%，加④超过 50000 万英镑部分乘以 0.05%。得出上述公式计算总和后，与 5 万英镑固定值相比（2017 年 3 月 31 日前即过渡期限内为 2 万英镑），取其较高值作为审慎资本标准。为确保借贷平台符合审慎资本标准，规则还明确了合格的审慎资本工具的范围。

(2)客户资金保护规则。平台持有与投资业务有关的客户资金应符合 FCA《客户资产规范》的监管要求，包括：①基于 CASS 的分类管理要求，平台必须每年向监管机构报送自身按照持有客户资金规模的分类结果。其中，持有客户资金不足 100 万英镑的为小公司，100 万英镑以上但不足 10 亿英镑的为中等公司，超过 10 亿英镑的为大公司。②中等公司和大公司需要配置单独职员负责 CASS 管理，按月向监管机构报送持有的客户资金规模；小公司应将此项职责赋予公司管理层人员，按年报送持有的客户资金规模。③平台持有客户资金即向客户承担信托义务，并且仅能为履行信托职责需要使用资金。④平台必须将客户资金存放于合适的机构。对于借贷类众筹而言，必须将资金存于银行，并且承担相应的对第三方（即银行）的尽职调查业务。⑤开设客户银行账户时,平台必须得到银行的认可,该账户资金是为平台上客户所持有的,银行不得使用客户银行账户资金抵消平台自身债务。⑥建立一套处理平台倒闭或银行倒闭时客户资金处置程序,客户尚未贷出的资金应立即返还给出借人。平台因倒闭注销后不得继续接受借款人归还的借贷本息。

（3）信息披露规则。消费者保护是借贷类众筹监管的核心,而信息披露又是实现消费者保护的主要监管手段。FCA 调查发现,很多平台在信息披露方面存在问题,如:信息披露不均衡,强调收益,忽略风险;信息披露不充分,隐瞒或低估重要信息;不当比较投资收益率和存款利率;等等。借贷类众筹监管要求平台考虑投资的性质和风险、客户的信息需要,然后向消费者披露相关、准确、无误导的信息,以方便出借人评估风险和了解最终的借款者。FCA 要求平台披露的信息主要包括两个方面:一方面是关于平台的信息,另一方面是关于平台提供的服务信息。其中,关于平台提供的服务信息主要包括:过去和未来投资情况的实际违约率和预期违约率;概述计算预期违约率过程中使用的假设;借贷风险情况评估描述;担保情况信息;可能的实际收益率;有关税收计算信息;平台处理延迟支付和违约的程序;等等。FCA 强调在信息披露中表明此类借贷协议并不在金融服务补偿计划范围内,并且由于风险的不同,禁止直接将借贷投资收益率与存款利率进行比较,或在比较时,充分并显著地揭示两者之间不同的风险特征。基于高水平披露原则,FCA 强调重视风险披露,平台宣传收益时必须包括清楚和显著的相关风险描述,不得隐藏重要信息和警告,不得做不恰当的比较。平台的上述信息必须选择在平台提供服务和客户从事交易之前的合适时间提供。

三、国外互联网众筹的监管模式对我国的启示

互联网众筹的特色就在于将许多额度较小的投资集中在一

起变成较大的资金量进行投资。虽然我国互联网众筹的发展并不是十分顺利,但其对小微企业创造的价值仍是一般融资模式所比不上的:小微企业融资并非一定需要大投行、大 PE、大 VC,在互联网众筹融资思路的指引下,集腋成裘已经形成了无与伦比的价值取向。现阶段互联网众筹所面临的法律风险和制度障碍实际上并非不能解决,先前美国和英国的监管制度都为本土的众筹合法化道路指明了方向。

(1)完善互联网众筹的法律法规。结合互联网众筹发展的基本国情,兼顾谨慎和包容性原则,综合考虑互联网众筹平台已有的规章制度,尽快出台相关的法律法规,加强众筹市场管理,引导互联网众筹健康发展。当前,特别是要准确界定"互联网众筹"与"非法集资"的差别,改进对互联网众筹平台和项目发起人的资格认定和备案,积极为合法的互联网众筹松绑,并且坚决打击以互联网众筹为幌子的金融欺诈行为。

(2)完善知识产权保护机制。如果互联网众筹平台忽视知识产权的保护,那么任何平台用户都能随意查看项目发起人的商业计划书、产品创意,这可能导致发起人的商业秘密被泄露,给项目发起人造成巨大损失,并且还会使互联网众筹平台的用户流失。因此,互联网众筹平台必须严格审核投资人的资质,将投资人可以查看的项目信息层次与投资人的投资资质和投资金额相联系,使投资人为保护自身利益而自觉地保护项目发起人的知识产权。政府要制定相关法律法规,加强监管,惩罚侵犯知识产权的行为,同时将投资人侵犯知识产权的行为记录在案并在互联网众筹平台上公布黑名单。

(3)形成互联网众筹平台的自身特色。互联网众筹平台应当有意识地选择项目的侧重点,避免千篇一律,真正为投资人提供优质的投资项目,而不是让互联网众筹成为无意义项目的营销和炒作工具。互联网众筹平台应像 AngelList 平台那样提供特色服务,虽然有些附加的特色服务不能直接扩大投资人数量和筹资规模,但可以提升平台用户的忠诚度,创造盈利增长点。

(4)加强对投资者的风险教育。互联网众筹涉及众多普通投资人,这些投资人并没有必要的投资经验和风险意识,容易把互联网众筹与产品预售混为一谈,而且会盲目相信发起人提供的信息,忽视对项目后期的实施跟进,更意识不到在互联网众筹中存在的各种风险。另外,互联网众筹作为新型投资方式,与传统融资的理念和方式有很大不同,投资人很可能因为不了解众筹规则或自以为是而遭遇投资风险。因此,监管部门和互联网众筹平台应当普及众筹知识和平台规则,让投资人全面了解互联网众筹中存在的风险,使其能够树立正确的投资理念和选择理性的投资方式。

第四节　我国互联网众筹的监管及其完善

互联网众筹在我国的发展呈现的是一种实践先行、法律滞后的状态。生活中的互联网众筹在现行的法律框架下都对其操作程序做出了一定的设计,从而保障自身不触及法律监管的红线或其他法律风险。虽然互联网众筹对自身的操作要求做出了一定的修改,但法律滞后的状况仍是现实存在的,不仅包括前文所述的相关法律风险,在实践层面还涉及了以下两方面的风险:一是存在一些众筹平台相关负责人在资金筹集到位以后携款逃跑或者因运营不善而破产给投融资双方造成损害;二是众筹平台未尽保护投资人的义务将风险程度超过投资人所能承受范围的产品售于投资人,导致投资人承受巨大的损失。①

一、我国互联网众筹的监管及发展趋势

　　1. 我国目前互联网众筹监管现状

　　目前,国家在宏观政策上对新的金融形态持鼓励、支持态度,如国务院发布的《国务院关于支持小微企业发展的实施意见》、中国人民银行发布的《中国金融业信息化"十二五"发展规划》、中国银监会发布的《消费金融公司试点管理办法》等。对于快速发展的新兴互联网融资金融,我国的立法显得相对滞后。监管层面临着行业创新和监管之间的矛盾,为了避免严格的监管与干预阻碍行业创新与发展,监管层尚未做出专门的、严格的监管法律规范,而是在现有的如《商业银行法》《证券法》《银行业监督管理法》等法律框架的基础之上做出一些调整,提出一些原则性的规范要求。由于法律调整范围本身存在一定的局限性,所以在规制互联网金融行业方面是难以面面俱到的。

　　目前,国家正紧锣密鼓地讨论和制定有关互联网融资的管理办法,2015 年 4 月 20 日,股权众筹式的公开发行被写入《证券法》修订草案之中。另央行制定的《关于促进互联网金融健康发展的指导意见》《放贷人条例(草案)》、银监会的《P2P 监管规则》、证监会的《众筹监管细则》等,这些意见、条例或者规则都对网络融资机构的性质、资本金要求、技术条件、经营范围和人员配备等方面提出严格要求。以下内容将围绕《私募股权众筹融资管理办法(试行)(征求意见稿)》来分析现阶段我国互联网众筹监管存在的问题。

---

　　① 2012 年 6 月,淘金贷创办人在平台上线一周后携款百万元跑路。同年 12 月,优易网负责人在上线 4 个月后卷款 2000 余万元跑路。2013 年 4 月,上线刚满一个月的 P2P 网贷平台"众贷网"宣布倒闭,经营者称网贷平台已经破产,投资者只能收回部分比例的投资款。

(1)互联网众筹相关的业务监管分散。经过创新的互联网金融跨金融领域的多个行业,作为新手的互联网众筹更是涉及了多种金融服务,相对而言,每种金融服务所涉及的监管主体又都不一致:首先考虑涉及第三方支付平台的众筹模式在一个项目的融资期间,平台将所募集到的所有资金统一交由第三方支付平台存管,同时该支付平台需接受央行监督;其次,当项目融资成功后,小微企业与线下投资者成立企业完成股权变更登记时就需要当地工商部门管辖;此外,虽然此前人民银行等十个部门发布的《关于促进互联网金融健康发展的指导意见》中规定了互联网众筹由证监会负责监管,但对众筹平台如何监管并未明确。现在我国的金融大环境下通常实行"分业经营,分业管理"的监管手段,在当前混业经营越发普遍的情况下,监管效率日益低下,各自为政的现状屡见不鲜。这种分散监管的方式会对我国互联网众筹的发展造成更大的问题。

(2)业务界定不明晰,引发监管套利。2013 年 8 月,国务院建立了由中国人民银行、银监会、证监会、保监会、外汇管理局等单位组成的金融监管协调部际联席会议制度,负责协调跨市场金融创新的监管工作。该会议通过对市场发展的现状及前景的分析,讨论防范金融风险的措施。但联席会议并没有改变监管机构的职责分工,也没有改变我国传统"一行三会"的监管格局。它不具备执行力,只是一种临时性的、不定期的、具有协调性的会议制度。目前,由于互联网金融的"混业经营"特征,在互联网融资金融方面,银监会、证监会、保监会三会均没有明确各自的监管职责,导致监管主体不明确。如 P2P 网络借贷平台的"资金池"和信贷业务可能会涉及银监会的监管职责,而其"债权证券化"无疑又是证监会的管辖范畴。2015 年 1 月 20 日,银监会宣布进行内部机构改革,并新设立了银行业普惠金融工作部,明确了该部门在网贷、融资性担保等监管协调方面的总职责。互联网融资在大数据金融、网络 P2P 信贷方面将意味着会有更明确的监管机构。

（3）条款缺乏可操作性细则。目前监管层制定的有关互联网众筹的监管规则过于简单笼统，实际操作起来缺乏可行性。如《办法》中对互联网众筹投资者有所规定，其所拥有的金融资产不得少于 300 万元人民币，或者近三年来的年收入不少于 50 万元。立法者一开始的意图在于强调进行项目投资的投资人需要足够的风险承受能力，进而筛选出更适合的投资者匹配中小企业的融资需求，然而实际上这种额度标准很难完成，我国目前的技术很难实现合格投资者的认证工作。更何况在多数情况下，投资人会在高收益的驱使下而借款投资，此种风险又会加剧互联网众筹活动的融资成本，反而不利于我国经济的发展。同时这项条款的内容也对投资人的保护力度大打折扣。

2. 我国互联网众筹监管的发展趋势

互联网融资离不开法律法规的保障，我国现阶段对互联网融资行业需加强立法工作。在中国人民银行领头下，积极调研互联网融资的操作规程、风险规避措施，通过整合现有的风险管理办法，及时制定互联网融资行业大法，以指导行业健康有序地发展。法律条文应明确融资平台的性质和法律地位，规定互联网融资机构设立、业务基本规则、投资者保护、监督管理机构、法律责任等方面内容，做到监管有法可依，违法必究，以立法的形式进行风险防范。同时完善互联网融资基础法规的配套法律法规，如在众筹融资基础法规建设方面，目前《刑法》中只有关于众筹融资"非法集资问题"的规定，需增加《刑法》中关于众筹融资违法犯罪行为的处罚规定。这样可以减少违法行为的发生，保障消费者和投资者的权益，促进行业的稳定发展。

互联网众筹的本质就是简单的小额融资模式，但因为其运用了网络技术手段，所以很多操作方式还未被我国的法律允许，这就产生了目前全世界的互联网众筹的发展都面临着合法性问题。

但是欧美国家对资本主义市场的反应较为灵敏,能很快地察觉到金融创新事物并接受,同时颁布相关的法律明确其性质,从而保证了经济的健康发展。我国证券业协会在互联网众筹发展最活跃的时期也颁布了《私募股权众筹融资管理办法(试行)(征求意见稿)》,从此互联网众筹被正式纳入监管。

互联网融资监管不同于传统的金融融资方式,随着互联网虚拟市场中的交易越来越频繁,互联网融资风险所带来的损失和影响也比传统的融资更大,利用普通的监管技术和手段已经难以进行有效监管。所以,为了避免更大范围的损失,央行等监管部门在对互联网监管中需建立风险的监测和预警机制。首先,需根据互联网融资模式的各业务特征制定相关的风险监测指标体系,对该融资参与者进行动态监测,实时预警。比如针对在融资和筹资者经营过程中有可能出现的风险问题,制定净资产、净资本等监管指标,并对其实现动态监管,当这些指标出现不符合监管指标要求时,就会对其发出警告,并限期调整,以此来保持正常经营。其次,监管部门应该设立专门的部门对互联网各融资活动进行监管,形成一种健全的事前、事后风险预警和应急处理机制。一方面,在融资和筹资者经营过程出现问题之前,监管部门应根据监管数据对融筹资参与者进行风险提示。另一方面,监管者还需制定问题的应对方案,如有问题发生,就可以立即采取措施,将损失控制在最小范围内。

我国的互联网众筹自产生以来,各种法律风险一直是其发展的阻碍。为了能规避我国现行法律的监管规定,2014 年 11 月以前大多数互联网众筹都把众筹平台方看作是一个仅供融资方展示项目、投资方了解项目的网站,而真实的投融资活动以及后续的股权转让手续都改为私下进行,这种"线上"+"线下"的方式无疑给三方参与者提供了不少便利。还有一部分众筹平台选择用另一种操作方式规避监管:投资者人数较多时通过私下协商,将多个投资人的资金集中起来,以一个人作为代持股人,这样就可以很好地规避有关股东人数方面的限制。当然这种做法不能忽略委托人作为隐名股东的投资风险。目前我国证券法对互联网众筹和私募还没有实现衔接,而且我们还没有把互联网众筹发展的一个周期试完,这个周期包括让投资者挣到钱、让创业者拿到钱的过程,可能需要五年时间。由于证券法修改周期较长,所以需要大家共同努力,把这个具有前瞻性的建议纳入其中,不要让新的证券法留下历史遗憾。

二、我国互联网众筹法律监管原则

想要建立一个规范的互联网众筹法律监管制度,首先要思考立法原则。每一个监管制度背后所体现的立法原则都能体现立法者对该法律制度的认识和对调整对象的态度,所以这种立法原则不仅为实施者提供了一个明确的执行标准,还为将来的法律修订指明了方向。根据我国的国情,互联网众筹法律制度的监管原则不外乎是做到保护投资人和融资人的利益,以及维持众筹三方参与人之间的平衡,从而维护国家金融体系的稳定。

1.适度监管原则

互联网金融监管的指导性文件《关于促进互联网金融健康发展的指导意见》中明确提出,股权众筹等互联网金融监管应坚持"适度监管"原则。该项原则是金融监管的一项重要原则,要求国家应当在充分尊重经济自主的前提下对金融活动进行一种有限但又有效的监管。具体到股权众筹来说,监管应当既能够规避股权众筹各项风险,又能够给予股权众筹合理的发展空间,即坚持有限监管和有效监管相结合。

2.投资者保护原则

与传统金融方式相比,股权众筹融资更需要加强对投资的保护。这是由股权众筹融资本身所具有的区别于传统金融方式的特征决定的。首先,股权众筹融资的发展定位决定了其具有涉众性的特征。依据长尾理论,股权众筹等互联网金融之所以能产生并快速发展,是因为其通过技术和成本优势,为被传统金融忽略但数量庞大的小微企业和个人客户群体提供了金融产品和服务,开拓和创造了新的市场规模。股权众筹融资市场的涉众性则决定了其投资主体中包含了在投资领域内处于相对弱势的普通个人投资者群体,这类人群在风险的识别、风险承担以及投资判断能力上都有所欠缺。其次,股权众筹市场的融资主体属种子企业或初创企业,这里企业的运营制度尚不完善,也缺少可供调阅的历史信息。投资者只能在获取有限信息的情况下对企业未来发展前景等指标进行综合判断,这要求股权众筹的投资人在做出是否投资的决策判断时,要有较高的专业性。按照企业发展周期理论,相较于从传统证券市场募资的企业,通过股权众筹的融资企业处于种子期或初创期,其未来发展获得成功的比率较低,据中国中小企业信息网统计,我国初创企业的失败率高达80%,企业平均寿命不足三年。因目前尚无专门的二级市场,投资者通过股权众筹投资所获股权份额的流动性不高,股权众筹的投资对象和收益方式决定了其投资具有较高的风险性。

三、互联网众筹的法律完善

根据我国资本市场的发展经验来看,所有的金融产品包括创新型产品,其成长都需要一个合适的环境,这种环境需要一个优越的法律制度去创造。总而言之,互联网众筹在我国的发展呈现一种地位不明、监管缺失和实施无据的状态,这让众筹的生长无法得到应有的灌溉。本书的第三章简单分析了国外互联网众筹的监管现状、经验和对我国的启示,对于我国互联网众筹的发展需要客观审视其变迁轨迹和我国的国情。

1. 确立原则导向型监管制度

互联网众筹为小微企业和个人投资者拓宽了投融资渠道,并创造了更多的就业机会,那么对它应建立一个什么样的监管制度是首先应该考虑的问题。结合法律监管的基本原理,归根结底是要看规则导向型监管和原则导向型监管究竟哪种方式更适合互联网众筹企业。规则导向型监管首先考虑的是整体的层面,侧重于对有关法律的运用,结合该行为是否合法,这种方式并不注重监管机构的主观臆断。原则导向型监管则将以上两方面同时考虑进去,既重视整体又考虑监管机构,目的是实现整个金融行业的平稳发展。虽然这两种监管方式都为大多数国家所欢迎,但原则导向型监管则更符合市场发展的需要,所以更多国家选择以这种方式进行监管。①

针对众筹在民事、行政和刑法各方面存在法律风险的情况,完善众筹监管等措施是极为必要的。在现有模式下,众筹平台一旦将法律风险转变为法律纠纷也只能是事后化解。这中间存在着时间差,那么是不是可以在法律纠纷发生之前就能把风险尽量地化解了,这就需要律师等社会法律资源进驻平台。引进专业的律师资源不是增加了平台的运营成本,反而是通过全程的法律风险防范将法律成本降到最低。

现阶段我国的互联网众筹正处于发展初期,需要更多的养分进行滋润,从而让其自由发挥创造更大的发展空间。为了避免监管制度抑制互联网众筹发展的情况产生,我们需要多多借鉴国外的监管经验,比如英国的原则导向型监管制度就比较贴合我国互联网众筹实际发展情况。在一般的众筹活动中,由于融资人的资金来源多元化使得融资活动本身与投资者甚至是与金融秩序紧密联系在一起的,这就使得对众筹的监管迫在眉睫。但是又因为互联网众筹的最终受益者将会是那些小微初创型企业,所以如果

---

① 王晓锋. 私募股权基金信息披露监管法律制度研究[D]. 重庆:西南财经大学,2012.

监管过于严格又会阻碍企业的创新发展。正因如此,监管层在制定监管规则的同时还要考虑如何将两者平衡起来。

2.明确互联网众筹平台的法律地位

苏格拉底的至理名言"认识你自己"阐述了一个事物本身主体资格的确认对于外界而言具有基础性意义。鉴于此,明确我国互联网众筹的身份和地位对于这种融资模式而言存在着重要的意义。

建立起规范的众筹法律制度的当务之急是要明确其立法原则。立法原则在整个法律框架内体现的是一种价值取向,它为法律的制定指明了方向。央行在《中国金融稳定报告(2014)》中提出"鼓励创新、防范风险、趋利避害、健康发展"的总体原则,坚持底线思维,促进众筹融资在可持续的轨道上健康发展。从央行的报告中不难看出众筹法律制度的构建原则是既鼓励金融体制(也就是互联网金融的创新发展),也要维护整个金融体系的良性运转,同时在保护投资者、促进创业者和维护金融系统稳定中做到平衡。

在明确立法原则的前提下,应尽量提早出台比较系统完备的法律法规。其中将众筹与非法集资之间的界限以法律的形式明确下来显得尤为重要。同时可以借鉴国外关于互联网金融尤其是众筹方面的先进管理经验和法律规范,如美国的 JOBS 法案[①]。该法案通过立法的形式为众筹的合法性正名,并通过完善信用体系构建、加强法律监管、适当开放股权制众筹等措施使得众筹更有能力为民间融资推波助澜。这也正是我国在司法立法和司法实践中值得学习借鉴的。

互联网众筹平台的建立就是为需要资金的小微企业和有意

---

① 倪受彬.美国 JOBS 法案对中国金融改革的启示[N].证券时报.
2014—04—26.

向投资的投资人建立一种合伙关系,自己本身不参与交易,这种行为方式与传统的金融机构之间略有差别,传统的金融机构总是以自己的名义对外借贷资金并从中赚取利差,而众筹平台只担任发布项目信息的角色,并不与其中任何一方产生法律上的债权债务关系。所以简单来说,互联网众筹平台所经营的业务并不是传统意义上的金融业务,最多只能算得上是金融创新业务。现实生活中有人将互联网众筹当作准金融,将众筹平台看作是准金融机构,虽然这种说法并没有法律上的依据,但实际上准金融机构是为辅助地方经济发展而没有纳入国家正式监管体制的从事金融业务但没有特定国家机关发放的金融许可的机构,而互联网众筹平台正好符合以上"辅助地方经济发展"的特征。

3. 加强对创意等知识产权的保护

由于众筹的特性,其主要面向的还是生存能力较弱的小微企业,立足于小微企业本身竞争力不如大中型企业的现状,对小微企业项目的保护是必要的。保护鼓励创新,这是眼下整个经济结构和国民经济运行的重点。另一方面来说,那些有创意的项目往往对市场的经验和抗风险能力都不足,通过对知识产权的保护,为其抗风险能力提供了法律层面的保障。同时,保护知识产权也从另一方面避免了筹资项目走上非法集资的道路。

4. 明确证监会的监管主体资格

在纳入现有金融监管体系的具体方案选择上,众筹所属的监管部门存在由证券监管部门、银行监管部门或金融消费者保护部门承担职责等不同意见。依据上述将众筹投资合同视为证券、众筹模式受制于《证券法》的观点,相应地,中国证券监督管理委员会应承担主要监管职责。

2015 年 7 月 15 日,人民银行等十个部门发布了《关于促进互联网金融健康发展的指导意见》,该指导意见中明确指出互联网众筹方式下的股权融资必须经过互联网众筹平台的认证方可进行,众筹平台作为中介机构,可以是一个互联网站,也可以是其他的电子媒介。这就说明互联网众筹平台已不再是单以网站形式而存在的媒介了。此外,有关互联网众筹的监管主体也已有了明确的规定,证监会负责互联网众筹融资当中的所有活动。互联网众筹平台可以在法律规定的范围内充分自由发挥,探索符合中小企业和投资人要求的融资方式,实现其在多层次资本市场中所发挥的作用,服务于中小企业。对此,该条文还明确规定了众筹平台方应向双方披露信息的要求,以保障双方的利益。

5.法律监管整体构建

众筹作为互联网金融模式之一,互联网金融本身就存在一系列问题:一是外部监管及法律规范缺失,行业自律不完善;二是信用信息交换较困难,违约成本低;三是技术存在潜在风险,平台安全面临考验。因此,其内在架构不够完善且存在很多灰色地带,现行的监管体系无法完全覆盖,这也是导致众筹自身存在诸多法律风险的原因之一。

首先,应从宏观上加快互联网金融监管体系建设,完善互联网金融监管的整体立法。互联网金融发展迅速,首先就是要有法可依,方能执法必严、违法必究。其次,加大互联网金融监管力度,营造科学有序的互联网金融监管体系。法谚曰:"徒法不足以自行。""法律的生命在于实施,法律的权威来自于执行"。最后,加强对互联网金融消费者权益的保护,加快对互联网金融消费者的教育,提高消费者的风险意识和自我保护能力。"法律不保护权利上的睡眠者",但唯有完善的法律监管体系,才能真正对权利上的睡眠者加以激励。

6.明确引入并承认"对赌协议"①效力

在互联网众筹活动中,投资人通常会因为信息不对称等而产

---

① 对赌协议就是收购方(包括投资方)与出让方(包括融资方)在达成并购(或者融资)协议时,对于未来不确定的情况进行一种约定。

生一系列问题,归根结底在于企业信息披露做得不够到位。在投资者不能完全确定企业发展前景到底如何或者财务状况不明,各方面信息都不能达成一致的情况下,投资者的投资通常只会产生两种结果:成功或失败。因此,面对这两种概率相当的结局,一般的投资者会基于主、客观各方面的因素,平衡双方的利益而选择进行合作,但在此之前会从自身利益的角度出发而签订一种价值估值额浮动的合同,以未来企业的实际业绩来进行调整,这就是对赌协议存在的价值。事实上,对赌协议最终的结果是不确定的,其在法律效果上的评价也不能提前预知,所以在对赌协议的实行过程中,如果能够达到约定的条件,对于投融资双方来说都会受益。如果不能实现约定的条件,不仅融资方会丧失股权或进行补偿,投资方的资本利润利益也会受到损失,因此对于双方来说利益或者损失是共存的,存在着极大的不确定性。对赌协议作为一种高风险的投资工具,有着其存在的合理必然性。现阶段,我国市场经济的发展已经上升到了一个新的高度,资本市场空前繁荣,对赌协议已成为当前大环境下各个资产管理公司所普遍采用的一种方式。作为私募股权投资中常用的一种盈利模式,对赌协议的高利润可以充分吸引私募股权投资基金进行投资,也可以为融资者提供更快更有力的资金支持。因此,引入对赌协议并承认对赌协议效力对于互联网众筹繁荣发展具有重大积极意义。

7. 互联网众筹平台作为网络平台应承担连带责任

互联网众筹平台本身的性质就是一个居间人,为项目的投融资双方提供一个交易的平台。当然,一般的平台方在收取佣金、提供服务之外还会收取一定比例的费用作为担保服务费,这就意味着众筹平台还兼具担保性质。此外,我国新的《消费者权益保护法》第四十四条规定:"消费者通过网络交易平台购买商品或者接受服务,其合法权益受到损害的,可以向销售者或者服务者要求赔偿。网络交易平台提供者不能提供销售者或者服务者的真实名称、地址和有效联系方式的,消费者也可以向网络交易平台提供者要求赔偿;网络交易平台提供者做出更有利于消费者的承诺的,应当履行承诺。"互联网众筹平台实质上也属于网购交易平台,根据类推的方法我们完全可以按照《消费者权益保护法》的相关规定得出以下结论:在互联网众筹活动中,投资人或融资人一方的合法权益受到损害都可以要求对方赔偿,如果众筹平台不能为其中一方提供另一方的信息而导致其权益受到损害,那么众筹平台就应该和侵权一方承担连带责任;如果众筹平台在撮合双方交易的过程中做出了一些优惠承诺,那么该平台就应该履行该承诺。

8. 互联网众筹合法化及其路径

我国的金融监管机构长年以来都以严格的法律规范来调控我国的金融市场,从而稳定我国的社会秩序。但这些法律规范存在一些不合理的方面,导致我国的金融业市场信心不足,甚至于使得一部分法规包括互联网众筹在内的金融创新领域的合法性遭到了质疑,这在一定程度上也阻碍了我国互联网众筹的发展。近年来,随着互联网众筹的蓬勃发展,互联网众筹合法化的呼声越来越高。互联网众筹对解决中小微企业的融资难问题起到了巨大的不可替代的作用,作为立法机构应当顺应民意,适时地将互联网众筹合法化。当然我国目前政策上允许股权凭证存在,但由于其风险较大且结构复杂的特征,使得非专业的投资者所应承担的风险加大,所以对于投资人群有了一定的限制。因为股权众筹更多地需要专业投资者参与,复杂的估值方式、股东参与方式和退出机制都提高了活动本身的风险。所以针对这种面临巨额资金的融资模式,为了实现其合法化,互联网众筹平台本身应该做好强化投资人风险意识的教育工作,只能允许合格的投资者进入众筹项目,为此要大力培养专业的互联网众筹人才队伍以利于互联网众筹的健康发展。

互联网众筹融资模式成为一种具体的商业模式仅十多年,但其融资方式的实现内容早在我国古代就已存在,典型的就有商会、行会,都是简易众筹,可谓是"众人拾柴火焰高",中国传统文化的精髓中就透露着众筹的思想。放到今天来看,欧美发达国家首先引入了"众筹"这个概念,并形成了一个完善的机制,不仅巧妙地结合了中国人自古以来集腋成裘的思维,而且还将其完美地带入现代金融体系中。它是"天使",巧妙地解决了创新融资需求与创业资金的"不平衡",是对中国金融体系的一个极大补充;它亦是"魔鬼",一直游走在法律监管边缘的灰色地带,蕴含着极大的风险。

互联网金融的发展已是潮流所趋,作为重要组成部分的众筹也必然会在我国金融体系中占据一席之地。然而由于其模式的新颖性导致其与我国传统金融法律体系不相适应,具体体现在:合法性不明朗、存在较大的法律风险、监督机制不健全等方面。但是不可否认的是众筹对小微企业筹融资方面有其独到作用。故国家在鼓励创新、保护知识产权和筹融资方的同时,对于众筹模式的合法性及监管机制要以法律的形式明确下来。从立法到司法,依据不同的主体,共同倡导带动营造一个良性健康科学的互联网金融的氛围,使互联网金融与传统的金融模式相辅相成,共同为国民经济添彩。

第六章
互联网金融消费者权益的法律保护

依靠云计算、社交网络、搜索引擎和其他互联网工具，互联网金融自发展以来得到了快速提升，已成为我国经济中的一个热门话题。2014 年李克强总理在《政府工作报告》中提出，促进互联网金融健康发展，完善金融监管协调机制。这也充分表明政府对互联网金融这一新生金融产品的重视。互联网金融的出现对于促进国家经济的发展有着重要的意义，并对传统金融模式产生了深刻的影响。

互联网金融模式的出现使金融消费者的群体迅速增加。作为新生事物，互联网金融产生的问题也比较突出，互联网金融消费者权益保护也是其中的一大问题。作为互联网金融中不可或缺的主体之一，消费者的权益保护更应该得到重视。只有加强消费者权益的保护，互联网金融才能得到持久的发展。

第一节　互联网金融消费者概述

学界目前对金融消费者的概念尚未取得统一的认识，例如赵锋、刘恺就对此进行了若干不同的观点的归纳。那么，究竟是什么使得这个概念如此难以确定呢？原来，资本市场上的部分自然人参与主体并不是单一的身份，他们可能会同时充当着消费者与投资者，甚至以投资为主要目的，那么这部分金融交易主体是否应该被纳入"金融消费者"的范畴呢？这就是争议的焦点所在。本人认为，因为金融消费者保护的本质是保护金融交易中的弱势群体(原则上应为自然人),所以自然人投资者应作为"金融消费者"的一部分,享受与一般金融消费者的同等待遇。于此,本书认为中国人民银行的定义与金融消费者保护的本质要求更为符合,例如《中国人民银行金融消费权益保护工作管理办法(试行)》第四条把金融消费者界定为"在中华人民共和国境内购买、使用金融机构销售的金融产品或接受金融机构提供的金融服务的自然人"。具体到银行业,有如下界定:《银行业消费者权益保护工作指引》第三条称"本指引所称银行业消费者是指购买或使用银行业产品和接受银行业服务的自然人"。

互联网金融(Internet/Online Finance,缩写为 ITFIN)概念是比较容易被感知,但是不容易被表述出来的,即所谓的"只可意会,不可言传"。但《中国金融稳定报告(2014)》很好地阐释了互联网金融的内涵。该报告表明,当前,互联网金融尚未被业界和学术界明确地做出定义,但是他们对互联网支付、P2P 网络借贷、众筹融资等典型业态分类有比较统一的认识。从字面上来看,互联网金融是互联网与金融的结合,一般来说,它是一种新型金融模式,借助互联网和移动通信技术实现资金融通、支付和信息中介功能。它有广义和狭义之分。广义的互联网金融既包括金融机构通过互联网开展的业务,也包括作为非金融机构的互联网企业从事的金融业务。狭义的互联网金融仅指互联网企业开展的、基于互联网技术的金融业务。本书如无特别说明,一般采用狭义的互联网金融概念。

把互联网金融消费者按照中国人民银行对金融消费者的界定方法来定义,可以定义为:①通过互联网购买、使用金融产品或接受金融服务的自然人;②购买、使用互联网金融产品或接受互联网金融服务的自然人①。本书倾向于采用第二个定义,虽然这个定义还存在着不足之处,但为了避免在这一概念上的过多纠缠而偏离主题,本书暂且接受这一定义。值得注意的是,这个定义摒弃了"互联网＋金融消费者"的方法,采用的是"互联网金融＋消费者"的方法,这样一来,金融交易的实现方式更加突显,而金融产品和金融服务的提供者被淡化了,因为互联网金融产品或服务的提供者被扩大到了互联网企业,而不仅仅局限于传统意义上的金融机构。这些互联网企业虽然从事金融业务,但政府部门并未将之纳入金融机构的范畴,诸如互联网支付企业、P2P 平台等。与之类似,互联网金融产品或服务也不是全部属于金融产品或金融服务的范畴。由此看来,上文提到的金融消费者与互联网金融消费者之间是两个独立的概念,他们之间只是有大部分交集,并非"前者包含后者"。

一、互联网金融消费者权益的内涵

由于我国目前缺少专门的金融消费者权益保护立法,互联网金融消费者是否适用《中华人民共和国消费者权益保护法》尚缺乏立法机关的明确解释。本书认为,从金融消费者权益保护的本质出发,互联网金融消费者的权利至少包括两方面的内涵。

一是基于《中华人民共和国消费者权益保护法》赋予的权利。互联网金融消费者的权利可以看作是消费者的权利在互联网金融领域的延伸。在消费者中,互联网金融消费者的一个重要组成部分——安全权、知情权、平等交易权、自主选择权、受教育权、结社权、批评监督权等权利是《中华人民共和国消费者权益保护法》赋予他们理所应当享有的权利。从更深的层次来看,《中华人民

———————————

① 阎庆民,谢种达,骆絮飞.银行业金融机构信息科技风险监管研究[M].北京:中国金融出版社,2013,26.

共和国消费者权益保护法》赋予消费者的权利是消费者与经营者达成的交易合同中的权利的延伸和集中,经营者的义务与之相对应。例如《中华人民共和国消费者权益保护法》第四条规定"经营者与消费者进行交易,应当遵循自愿、平等、公平、诚实信用的原则"。

二是基于"金融消费者保护"基本逻辑的权利。大量的信息与专业知识是金融业务的专业性和复杂性客观存在的基础,金融消费者对金融产品和服务的把握与金融产品和服务的提供者所掌握的深度是无法相提并论的,这并不是靠努力就可以掌握的。互联网金融模式下,在资本、技术、信息、舆论等诸多方面,金融消费者与经营者之间存在的差距被进一步放大,更加突显金融消费者的绝对劣势地位。因此,互联网金融消费者的权利,与普通消费者的权利相比较,更具有特殊性,其应被赋予更深层次的含义与针对性就是来源于这份特殊性。这种特殊的权利体现了金融消费权益保护工作扶危济困的人文关怀作用和政府部门维护公平正义的社会价值。

二、互联网金融对消费者的积极意义

1. 金融服务便捷高效

互联网金融作为一个全新的模式,其利用大数据、云计算、移动支付等技术给消费者提供了一个便捷的平台。移动支付使得消费者可以在网上直接进行网络支付,这种新型的支付方式迅速在消费者中兴起,让消费者享受由科技带来的高效的服务。如异地支付、手机银行以及电子商务的发展,让消费者进入了"无钱包"支付时代。

移动支付这种支付方式代替传统的钱包支付模式,使我们可以在"无钱包"的情况下进行支付,一般来说,我们可以通过移动支付实现以下功能:转账、手机充值、账单支付、公共事业缴费、手机通话、信用卡还贷、游戏点卡购买、其他便民支付等。

以支付宝的转账功能为例。以前我们要转账,必须到银行或者登录网上银行,现在我们只要手机登录支付宝转账就行,而且可以自由选择任何银行卡;出去购物或者吃饭,以前进去先看看门口是不是贴着"银联",现在进去都会问一句,这里支付宝可以转账吗? 出门不带钱不带卡的梦想正在一步步靠近。

2.金融服务成本低

互联网金融极大地降低了成本。互联网金融理财产品迅速在金融理财领域大展手脚,其拥有的优点,则是时下大众消费者所追求的。与传统金融模式相比,互联网金融对于机构实体化并没有要求,这样减少了传统金融模式下所需的机构实体投入与经营成本。因此,金融的理财产品起点得以大大降低,就连传统的银行也开始主动降低了门槛,而且金融交易手续费也随之降低。互联网金融理财也有团购模式。保险、开放式基金都可以进行团购,集体购买即可享受团购价格,减少了原本不菲的手续费。互联网金融下的多元化竞争,方便、受惠的是广大的金融消费者。

另外,互联网金融关于交易的相关信息都在交易平台上发布,解决了传统金融信息不对称的缺点,其他相关成本也相应降低。如 P2P 网贷,资金供求双方可以直接通过 P2P 网贷平台了解对方的信息,除去了传统中介,也没有交易成本,更加省时省力。

3.金融服务需求多,覆盖面广

互联网金融覆盖的产业越来越多,换句话说,越来越多的行业进军到互联网金融,其客户也越来越多,供应需求增加,使金融产品更加注重面向市场,面向大众。

比如众筹模式和 P2P 网贷模式,借助于互联网平台,很多中小微企业也能得到关注,通过互相了解对方的诉求,取得资金。而融资难其实是中小微企业发展的重要瓶颈。除了以往传统的贷款模式，互联网金融使得筹资更加方便。不论什么行业，不论什么规模，都能在互联网金融这个平台上有一席之地。

三、消费者权益保护制度的必要性

消费者权益保护制度的设立，缘于现代民商法理念中保护弱势群体、维护意思自治和交易安全的价值追求。在第三方支付法律关系中，消费者在信息、技术等各方面的实力均处于弱势地位，健全第三方支付中消费者权益保护制度，以保护其合法权益更加具有必要性。

1. 有利于消除消费者对支付安全的顾虑

第三方支付的运营依附于互联网，因此具有虚拟性、技术性等特点，在第三方支付的流程中，消费者在交易安全、个人隐私等方面会面临不可预测的风险。网络技术的发展十分迅速，连专业技术人员都需要不断学习新的技术知识，在这种情况下要求一般消费者在网络交易中能对交易安全进行专业性的识别，未免不合理。因此，在消费者和第三方支付机构的实力对比之下，我们只能从法律层面对第三方支付机构提出更多的要求，让其在客户身份识别及交易安全保障上尽更多的注意义务，第三方支付机构作为专门的盈利机构，相比于消费者，有能力也有义务对这些风险进行防控。从这个角度看，设立保障支付交易安全制度的原意就是为了将交易中的风险责任在第三方支付机构和消费者之间进行合理分配，有效地平衡消费者与第三方支付机构之间的利益。因此，建立健全第三方支付中的消费者权益保护制度，可以有效消除消费者对支付安全的顾虑，促进第三方支付行业的发展。

2. 有利于消除消费者与第三方支付机构之间的地位不平等

不同于传统交易中的消费关系，在第三方支付这种模式中，消费者与第三方支付机构之间存在着信息不对称的情况，两者的地位实质上是不平等的，第三方支付模式中消费者对风险的防范能力相较于传统交易中要更弱一些。首先,第三方支付机构提供的是具有较高技术含量的服务,具有一定的专业性,消费者很难辨别支付机构所提供的信息是否含有诱导的成分,消费者很容易受其迷惑从而与其订立不公平的交易契约。其次,在第三方支付这种商业模式中,第三方支付机构基本上都是有雄厚的技术和资金实力的法人,这就更加突显了消费者的弱势地位,与传统交易模式相比,消费者和第三方支付机构之间的实力差距更大,消费者更难防范交易中的风险。为了消除这种实质上的不平等,我们必须在设计制度的时候给优势方更多的限制,在制度层面让其承担更多的义务,从而提高弱势方地位。

3. 有利于降低消费者隐私权被侵害的风险

第三方支付是依附于互联网的交易行为,基于互联网的开放性特点,消费者的个人数据暴露于互联网,很容易被不法分子利用系统漏洞或黑客手段获取,从而使得消费者隐私权受到侵害。第三方支付机构出于提供服务的需要,不可避免地会以不同的方式要求消费者提供个人详细信息,包括其详细住址、姓名、身份证号、银行卡号、支付交易情况等。对于支付机构收集获取到的个人信息,第三方支付机构能否使用以及在何种范围内使用,这些都会涉及第三方支付模式中消费者的切身利益。相较于传统交易模式,在第三方支付交易模式中,消费者个人数据更容易被泄露,因此,在完善第三方支付的监管制度过程中,消费者的隐私权保护更值得关注。然而传统民法中的隐私权保护规则主要针对的是现实生活中的交易情形,其能否很好地适用于网络环境值得商榷。因此,我们必须重视第三方支付中的消费者隐私权保护问题,针对性地制定相关规则以加强对消费者隐私权的保护,通过立法在制度层面上充分保障消费者的隐私权不受侵害。

第二节 互联网金融中消费者权益保护存在的问题

虽然互联网金融的发展给金融消费者带来了许多方便,但也给金融消费者带来了一定的消极影响。信息技术的密集应用,以及金融产品和服务的复杂性,使互联网金融条件下的金融消费者保护具有不同于以往的特殊性,也增加了金融消费者保护的难度。主要表现在以下几个方面。

一、资金安全易遭侵犯

互联网金融依靠计算机网络技术发展,但是计算机技术存在的缺陷也会对客户资金安全造成威胁。根据《2014 年年度互联网安全报告》,2013 年全世界每 10 个人中就有 1 个人成为网络诈骗的受害者,据不完全统计,全世界个人用户总的直接损失达 1130 亿美元,每一天都有 150 万人遭受网络犯罪的侵害。由于木马、钓鱼网站在网上肆虐,消费者的账户和密码泄露及被盗,从而使得消费者的资金被恶意取走的事件屡见报端。司马钱金融服务平台根据有关统计,得出 2013 年人均财产损失前五类网络欺诈,其中投资理财、木马、账号被盗、代付分别列第二、三、四、五位。2014 年 1 月 26 日,中国中央电视台就曾报道,由于支付宝密码的漏洞,造成消费者的信息泄露,犯罪分子找到受害者的信息,通过找回密码的功能获得用户支付宝的访问权限,将消费者存于支付宝中的钱取走。

微信作为国内手机用户最常使用的手机软件之一,月活跃用户超过 4 亿。并且随着微信红包、滴滴打车、理财通等服务的流行,微信支付也渐渐在生活中受到热捧。因为微信支付与银行卡直接关联,所以一些病毒的始作俑者和黑客都一直垂涎这块美味的蛋糕。2014 年 5 月,一款名叫"微信支付大盗"的手机病毒,因其与微信支付极其相似的外观设计蒙骗了大量微信支付用户,从而盗取了广大消费者的个人信息和隐私。

2015 年携程网的大量用户和消费者的银行卡信息遭到泄露,检查结果是因其安全支付日志存在严重漏洞,尽管携程网在第一时间进行了修复,但是这不得不让电商经营者们加大对用户信息的保护。

二、经营者不实宣传加重信息不对称

金融产品的经营者最终目的是盈利,所以在进行互联网金融产品销售的同时,一定是趋利避害,着重宣传产品的收益而淡化产品的风险。因为互联网金融消费者更注重于享受快捷消费服务以及互联网产品和服务的体验,更倾向于了解金融产品的收益,所以往往会忽略其风险,只关注收益部分的信息。这也给经营者提供了不完全提供信息的机会和可能,只将"有利"的信息告知消费者,回避"有害"的信息,互联网金融消费者只知利润不明损失。其在金融领域完全依赖于经营者给予告知,然而经营者的告知又不完全,这造成信息掌握的不对称,导致利益损失。不当劝诱、恶意劝诱等情况,严重威胁消费者的权益。天弘基金与支付宝联合推出余额宝之后,其他银行互联网理财产品,类似财富宝、财付通、理财通等金融创新产品也纷纷紧跟其后,导致互联网金融市场信息含量巨大。

各类别的互联网金融产品增多,增加了互联网金融消费者的识别难度,加之产品本身具有的虚拟性和复杂性,加剧了消费者了解金融产品的难度。互联网技术的参与和包装,使消费者不能直接面对经营者,双方是在抽象和虚拟的平台上交易的。例如余额宝,作为一般的消费者,并不清楚自己存入余额宝的资金实际去向,也不能获知该行为是在购买基金而不是存款,甚至连交易对象也不知晓。在互联网 P2P 网贷中,更有经营者或中介平台进行欺诈性宣传。互联网金融消费者的金融知识缺乏,进行金融产品消费判断的主要依据就是经营者在产品页面上展示的信息,在互联网中搜索到的相关信息。消费者在不全面、不真实信息的引导下,并未完全了解所购买的产品或服务以及通过互联网平台贷款的风险,从而使互联网金融消费者的知情权被侵害。知情权得不到保护,互联网金融消费者的权益保护便无从谈起,所以经营者不实宣传的问题亟待解决,这样才能平衡交易双方信息掌握的差距。

三、网络媒介助长信息泄露

实践中,互联网金融消费者信息泄漏可能通过两种方式:一种是经营者未尽到妥善保管义务,造成消费者个人重要信息的泄漏丢失;另一种是经营者违法使用导致信息泄漏。互联网金融领域的信息监管和信息加密制度的薄弱使得不法分子有机可乘。一方面,不法分子通过非法手段盗用互联网金融消费者在进行消费过程中填写的个人重要信息,例如账号、密码、联系方式等;另一方面,经营者通过将这些信息出卖或者交换于第三方的方式来牟取利益。交易时,互联网金融消费者被动地留下了自己的个人信息,例如姓名、身份证号码、联系方式、家庭住址以及相关的交易信息等直接信息和投资偏好一类的间接信息。由于互联网金融产品的特殊,信息关乎的并不只是单纯的信息内容,还涉及与消费者密切相关的财产性利益、精神性利益。在交易过程中消费者信息被经营者记录和掌握,但是经营者未尽到完整保存和严格保密消费者信息的义务,导致互联网金融消费者的隐私权和财产安全权受到侵害的现象时有发生。

四、互联网金融行业混乱

金融产品欠缺法律规制与有效监管致使互联网金融行业出

现各种不规范现象,导致互联网金融消费者权益受到威胁。互联网给金融产品创新体提供了良好平台,也为法律规制和金融监管留下了暂时的空白与漏洞。从已有的监管模式看,银行业监管更加注重行业中的防范风险;证券业的监管在于信息披露;保险业的监管在于费用的计算。分业的监管模式已经不能适应发展,因为互联网金融加速了混业经营的步伐。监管需要实现跨行业,换言之就是需要统一的互联网金融监管,但是互联网环境无疑给统一监管带来很多问题。加之法律本身具有滞后性,对于金融创新产品的法律规制并不能处于超前或同步的状态,尽管已有一些规定但是并不足以应对。而在这些与电子商务相关的法律问题中,首当其冲需要解决的问题就是案件的司法管辖权问题。因为不论是诉讼的发生和进程,还是诉讼的结果,或者是当事人之间的实体权利义务关系,都会受到司法管辖权问题的影响。解决司法管辖权问题产生的影响不仅表明了其对其他电子商务案件的重要意义,而且决定了其在电子商务案件中的重要地位。

五、互联网金融消费者专业知识缺乏

与普通消费不同,互联网金融消费中涉及的知识更为专业,难度也更大。普通消费者所面对的产品具有直观性、可感知性。消费者不需要了解学习也可以运用常识进行判断。而金融消费者所面对的产品较为抽象、虚拟,需要具备专业的知识。但现实中,互联网金融消费者往往注重互联网金融产品的新形式,从而忽略产品本身具有的风险,加之互联网平台的特殊性导致格式合同、"霸王条款"不易被察觉,或者不进行继续操作将无法完成账户注册,进而影响用户继续购买产品和服务。因此互联网金融消费者自身的专业知识缺乏和维权意识淡薄导致其自身权益受到侵害。以互联网金融消费者购买余额宝为例,互联网金融消费者并不了解支付宝钱包与余额宝的区别,因此在消费者如果知道自已购买的是基金而非"存钱"时,会产生以下两种情况:第一是他们会根本放弃选择投资,第二是他们会以一种更审慎的态度去进行投资。这样一来,消费者不仅会有收益也会有损失。消费者在将资金转入余额宝的同时,虽然会看到一则提示:基金投资具有风险性,简单的说明义务并不足以为互联网金融消费者提供全面的产品信息,而互联网金融消费者自身又过于注重新型产品的体验,却忽略了自身的权益保护。

六、信用体系存在缺失

如今是全民进入社会诚信体制建设的时代,然而任何交易都存在风险,传统金融中,股东可能因为管理者的行为受到财产损失,或者是债权人和债务人的信息不对称,债务人没有向债权人披露全部信息,致使债权人最终遭受损失。同样地,在互联网金融中,这种信息不对称情况更为突出,信用体系缺失情况更加明显。在市场准入、市场交易、市场评估等环节,信用的缺失让消费者和互联网金融的平台无法进行正常交易。比如网络借贷只是通过网络的认证,有些重要信息难以确认,消费者将信将疑;而消费者的信用情况是否真实也在平台那里打了一个问号。正因为互联网金融的虚拟性和信用体系的不完善,更容易增加交易的风险。近年来P2P网络借贷平台由于高管跑路、公司倒闭、提现困难等问题而倒闭的现象也时有发生。信用体系并非是单向建设的,不仅仅是互联网金融行业平台对于消费者,消费者也可能存在提供虚假信息,利用合法方式行违法之事。

七、法律制度尚不完善

我国的互联网金融目前起步不久,行业依旧是一种没有门槛、标准和监管的状态,而有关互联网金融监管方面的法律法规仍相当缺乏。互联网金融对于消费者权益的损害表现在两个方面。一是互联网金融的交易主体违反相关的法律法规,导致消费者权益受到侵害,但是这种问题仍属于法律法规约束范围之内,消费者仍可以通过法律途径获得合理的补偿。这种问题与传统的金融模式没有区别。二是互联网金融的立法相对落后,跟不上时代和社会发展,现有的相关法律也是基于传统意义上的金融制定的,并不完全适用于互联网金融。比如互联网金融市场的准入机制、交易双方的身份认证、电子合同的有效性确认等方面都没有明确的规定。因此双方在交易过程中具有相当大的法律风险,同时面临纠纷解决没有相应依据的尴尬境地。

我国现在还没有专门的互联网金融消费者权益保护法律,在当前互联网金融环境下,涉及的法律关系与传统金融服务相当复杂,法律关系的主体广泛,包括:消费者、金融机构、软硬件供应商、入侵者等。对消费者的权利以及各方的责任认定都没有很好适用的法律。对互联网金融的消费者权益保护规定散见于《电子银行业务管理办法》等规定中,条文分散、内容抽象,缺乏具体的操作性规范。另外,在互联网金融模式下,金融服务已经不再局限于国内,消费保护可能涉及跨境争议,这也增加了立法的难度。

八、监管机构仍不到位

任何一个新生事物的出现都伴随着滞后性。互联网金融作为我国经济新的源泉,其出现在带来新希望的同时,必然会产生其他问题,监管缺位便是其中之一。互联网金融准入门槛低,大量的非金融机构进入其中,具有跨行业、跨区域等特征,对我国现有的监管体系提出了挑战。目前我国对于金融业有专门的监管,但是对于互联网金融这个近几年才新兴起来的行业还没有专门的监管机构,形成了"看起来都有权管,实际上没人管"的真空地带。互联网金融业务通常涉及好几个部门,有时候银监会、保监会、证监会都会涉及,在多个部门都有监督权,但在没有明确的监管规范和监管职责的情况下,就会出现相互推诿的情况,而且监管机构更不知道该如何监管,就会出现监管盲区。从而让一些不法分子钻了法律和监管的空子,因为监管问题导致的网络诈骗行为,严重侵害了消费者的利益。

九、第三方支付中消费者权益面临的法律风险分析

根据我国在实践中对第三方支付机构的地位界定,第三方支付机构的角色具有双重性(既是支付技术提供者,也是某种意义上承担担保角色的支付中介),虽然第三方支付机构在我国被界定为非金融机构,但其运营过程中也存在和金融机构类似的风险。在现有的法律框架下,我国缺少对第三方支付的核心立法,对于运营过程中的信用风险、流动性风险、系统风险、欺诈风险、法律风险、操作风险等所引起的民事法律问题,只能适用一般合同法或侵权法的规则。第三方支付的法律风险具有其特殊性,在缺少核心立法的情况下,可能会导致各方主体之间利益不平衡。在第三方支付领域,主要有四类风险。

1. 交易安全所面临的风险

交易安全不但直接关系着消费者交易目的能否实现,同时也关系着消费者对第三方支付行业的信赖程度。虽然随着网络技术的发展,第三方支付技术也在不断取得进步,支付效率进一步提升,安全系数也在进一步提高,但在实践中第三方支付仍存在很多漏洞,加上不法分子破解安全系统的能力也在提高,消费者交易安全被侵害往往不可避免。具体而言,第三方支付模式中消费者面临的交易安全风险主要包括以下方面:首先,消费者与第三方支付平台之间的法律关系的发生,依托于互联网存在,无论是签订服务合同还是交易资金的托管都是在互联网这个具有开放性的平台上进行的,而在第三方支付的流程中,第三方支付平台的漏洞或是黑客袭击、网络钓鱼等因素一旦发生会极大地损害

到消费者的财产安全。其次,第三方支付机构在处理消费者发出的支付指令时可能存在支付差错问题,这类差错主要有"支付瑕疵"和"未经授权的支付"两种,前者包括对客户发出的指令不执行或执行不及时这类差错,后者是指无法识别支付指令本身存在的瑕疵或未能识别支付指令的发出者是否为本人等差错,立法必须对这些差错的责任分配问题做出具体规定。

2.沉淀资金风险

由于在第三方支付的流程中,支付指令和具体账务操作并不是同步的,所以交易环节和支付结算环节是分开的两个步骤。第三方支付主要有以下两种模式:第一种是虚拟账户模式,客户首先需要在第三方支付平台注册一个虚拟账户,登录并发出确认付款的支付指令,再由第三方支付平台将资金从付款方账户划拨到收款方的账户中。第二种是支付通道模式,在这种模式中,第三方支付平台只负责提供银行网关,客户进入网上银行后,直接向银行发出支付指令,然后直接将资金转移到收款人的银行账户。在虚拟账户模式下,交易双方的资金会存在延期到达的情况,这就会导致大量资金沉淀在支付机构托管在银行的账户内。在此过程中,第三方支付机构并没有取得这部分资金的所有权,而是代为保管。根据我国民法对于保管合同中产生孳息的具体规定,孳息应该属于原物所有人,所以对于这部分资金产生的利息,从法律上讲应该归属于客户。同时,我国《合同法》第三百七十七条也明确规定,保管人有返还保管物义务时,除应返还原物外,若在保管期间产生孳息的,应一并返还。但从实际操作层面看,让支付宝等第三方支付机构返还所有利息几乎是不可能的,因为这类第三方支付机构的笔数数目巨大(例如,支付宝的日交易笔数达到500多万笔,每秒交易笔数在50笔),支付机构是不可接受的。因此,出于自身利益的考虑,绝大多数第三方支付机构都在格式合同中规避了对这部分利息的返还责任。但从法律角度分析,客户依据格式协议放弃获取利息的权利,也不意味着第三方支付公司能当然取得该部分利息的所有权。在具体的法律法规出台前,支付平台对这部分资金的处分行为都可能会使其面临一定的法律风险。

3.知情权不能保障导致的消费者权益损害

由于网络交易的固有特点,消费者一般只能通过网络上的片面描述来了解产品的性能、外观等信息,实际上产品可能和描述相差甚远。由于网络交易的违法成本低,不良商家在商品宣传中做虚假宣传、夸大服务内容的可能性更大,当消费者发现产品问题时往往会由于退货手续的繁杂或纠纷解决手段的匮乏而放弃维权,在网络交易中消费者处于更加弱势的地位。虽然现行的《消费者权益保护法》第二十条、二十二条和二十三条中对经营者提供的商品和服务有明确的要求,但是若法律不对第三方支付做针对性规定,消费者难免会在经济上受到损失。在目前我国的电子商务中,消费者在网上购物一般是通过第三方支付机构进行支付,对于自己所使用的支付平台,消费者一般都不了解其信用、安全等级这些信息,这些重要信息往往会直接影响消费者在维权时做出正确的决断。

4.消费者隐私权难以得到保障

传统的商品交易模式,是简单的买方付款、卖方交付货物这种简单的买卖方式,卖方不用了解消费者的个人信息。在电子商务的流程中,消费者一般需要输入一些个人信息,例如个人详细住址、电话号码等。经营者在获取这些信息之后,往往会对消费者的个人信息进行收集并分类整理。支付平台和商家可能会把他们收集到的消费者个人信息出售给别人而从中获利。除了平台的恶意出售之外,有时因为黑客攻击、平台存在技术漏洞等原因,可能会导致大量的消费者个人信息被泄露,这显然会侵害消费者的合法权益。

第三节　互联网金融消费者权益保护的法律完善

一、国外对互联网金融消费者权益的法律保护

互联网金融是依靠互联网发展起来的，所以它最早是在互联网技术发展比较成熟的欧美国家出现的，因此这些国家对于互联网金融消费者权益的法律保护要比我国早很多，相对而言也要全面一些。

1.美国对互联网金融消费者权益的法律保护

美国是互联网金融的前沿地之一，从 1996 年以来，美国已经通过了 130 多项与网络有关的法律法规，同时，美国联邦和州各级法院针对互联网环境形成了一整套较为完善的司法判例，有关部门也制定了相关制度，这些都极大地保障了互联网金融消费者的权益。

以网络信贷为例，美国对于网络信贷侧重于市场准入和信息披露，将网络信贷纳入证券业监管。联邦证券交易委员会对网络信贷平台的注册成本要求较高，这在一定程度上阻止了一些潜在的企图套取投资者金额的不法分子。由于网络贷款人的专业化程度较低，导致网络借贷的风险居高不下。因此委员会特别关注网贷平台是否按要求披露信息（主要包括每个收益权凭证的期限利率与到期日、借款人信用报告、借款人贷款目的、借款人工作状态和收入等信息）。这样一来，一旦出现资金风险，只要投资者能够证明在相关文件中的关键信息有遗漏或错误，投资者都可以通过法律手段追偿损失。

2.欧盟对互联网金融消费者权益的法律保护

欧盟加强对互联网金融消费者的权益保护，主要是通过补充新的法律法规，使互联网金融的法律规范适应互联网金融快速发

展的需要。

例如针对第三方支付,欧盟不仅对第三方支付机构做出明确界定,而且先后颁布了《电子签名共同框架指引》《电子货币指引》《电子货币机构指引》《关于电子货币机构业务开办、经营与审慎监管的 2000/46/EC 指令》《境内市场支付服务指令》《关于电子货币机构业务开办、经营和审慎监管的 2009/110/EC 指令》等具有针对性的法律法规,对电子货币机构提出了自有资金、初始资本金和持续资金的要求,确保消费者资金安全。

英国由公平交易管理局依据《消费者信贷法》对网络信贷进行管理,对网络信贷机构实行信贷牌照的准入管理,并且法律也规定了严格的信息披露制度,对合同的订立、履行、终止以及之后的债务追偿、行政裁决等方面做出了详细规定,这些规定对借贷双方都有了一定的法律保障。

二、我国对互联网金融消费者权益的法律保护

1. 消费者权益保护法

《消费者权益保护法》是消费者权益保护最基本的法律保障之一,2014 年的新《消费者权益保护法》增加了互联网金融消费者的权益保护,如新的《消费者权益保护法》第二十八条规定:采用网络、电视、电话、邮购等方式提供商品或者服务的经营者,以及提供证券、保险、银行等金融服务的经营者,应当向消费者提供经营地址、联系方式、商品或者服务的数量和质量、价款或者费用、履行期限和方式、安全注意事项和风险警示、售后服务、民事责任等信息。该条文虽然明确了网络交易提供者的责任,规定了金融服务经营者提供信息的义务,但是互联网金融模式下消费者的消费方式、消费结构与线下传统消费还有很多的不同之处。该规定仍有不足之处,如该法保护的对象是为生活消费需要购买、使用商品或者接受服务的消费者,而互联网金融消费者的消费行

为有时候也是一种投资行为，所以互联网消费者是否适用此法还存在争议；新的《消费者权益保护法》对消费者的保护方式还是局限于和解、调解、仲裁等传统的保护手段，有些保护手段只是适用于传统的线下消费，没有考虑到线上消费的特殊之处。

2. 民事诉讼法

互联网金融交易中双方发生纠纷，很难适用现有的民事诉讼法。一方面因为其合同签订地、侵权行为地、合同履行地等有时无法明确到一个具体地方，消费者想要维护自己的权益都没有可以依据的法律；另一方面在互联网金融交易过程中，没有实物凭证，很多证据都是以电子形式存在的。

针对电子形式的数据是否可以作为民事案件的证据，最高人民法院于 2015 年 2 月 4 日颁布的《中华人民共和国民事诉讼法》对此做出了明确的规定：网上聊天记录、博客、微博客、手机短信、电子签名、域名等形成或者存储在电子介质中的信息属于电子数据，可以作为民事案件中的证据。

但是这些电子证据仍然容易被篡改，从而加大消费者维权的难度。消费者权益一旦受到侵害，取证和维权都很困难。民事诉讼法在对互联网金融消费者权益保护方面保障作用较少，消费者很难利用其规定来维护自己的权益。

3. 其他相关政策

为了促进互联网金融的健康发展，切实维护互联网金融消费者的权益，国家及地方在近两年也出台了一些相关法律法规文件和政策：2013 年国务院办公厅发布《关于加强影子银行业务若干问题的通知》，把互联网金融机构列为影子银行体系监管，强调做好风险防控工作，切实维护金融消费者的合法权益；2014 年 3 月，央行决定暂时停止二维码支付，因为二维码支付指令手段单一，安全保障性不高，很容易致使消费者的资金被骗；之后银监会和央行又下发了《关于加强商业银行与第三方支付机构合作业务管理的通知》,对一些问题进行了细化的规范,包括客户身份认证、交易限额、赔付责任、信息安全、第三方支付机构的资质认定等,起到一定程度保护客户资金安全和信息安全的作用;在互联网金融六大模式中,第三方支付发展时间较早,发展相对成熟,因此其配套法律相对齐全,央行分别颁布了《非金融机构支付服务管理办法》《非金融机构支付服务管理办法的实施细则》和《支付机构客户备付金存管办法》三项法律文件,文件中将第三方机构定性为非金融机构,并且对第三方金融机构开始进行牌照化管理,进而对消费者权益进行保护。

三、我国对互联网金融消费者权益法律保护的完善

互联网金融在未来会对中国经济带来更大的效益,因此完善互联网金融消费者的权益保护刻不容缓。当然这不仅需要国家出台与之相对应的法律法规,也同时需要互联网金融机构、投资者以及消费者自身的共同努力,在制度、技术等方面加强改进,营造良好的互联网金融环境。

1. 重新审视互联网金融

我国互联网金融发展的实践证明,互联网金融的发展对金融消费者权益保护的影响是利大于弊的,我国政府对互联网金融发展的态度是肯定的,但也存在一定隐忧,运行态度可以从2014年、2015年的国务院政府工作报告的措辞中看出。

由于我国的互联网金融尚未经过完整周期的充分发展,市场中的经营者、消费者、监管者等参与方都还远远不够成熟,因此,面对"异军突起"的互联网金融,政府部门应该保持冷静的心态、客观的立场,以宏观审慎视角和历史的、辩证的、世界的眼光看待。从宏观审慎管理的视角来看,维护系统性金融稳定,是对金融消费者最大的保护。中国人民银行负有维护金融稳定职责,因此它应该担起监管互联网金融的责任,促进其渐进式发展;为了

避免其风险累积和集中爆发冲击整个金融体系,要允许可接受的风险释放。中国人民银行对互联网支付行业的监管,即努力把货币基金纳入准备金缴存范围的做法是适当的,这与广大互联网金融消费者利益取向一致。

以辩证的眼光看待互联网金融的优势与劣势,做好监测和评估,趋利避害。互联网金融具有涉众性和交叉性,若发展不善,易酿成影子银行、非法集资、群体事件等影响金融乃至社会稳定的隐患。[①] 已有的任何业务类别是不可能把互联网金融的创新业务包含在内的,因此一开始很难确定应由哪个部门负责监管会更适合。针对这个问题,要安排具有宏观审慎管理权限的部门负责日常监测以达到维护金融稳定目的,充分发挥互联网金融专业研究机构的作用,并通过大数据充分挖掘信息进行科学预判等措施,及时采取防范和控制措施。一是建立分级分类监管体系。目前我国的互联网金融平台数量众多,已经形成了庞大的机构体系和丰富的差异化发展模式,但监管部门并未建立起有效的分级分类监管体系,也未对互联网金融进行系统性风险评估,对高风险机构和高风险业务监测和识别的效率有待进一步提高,对投资者权益保护的关口有待进一步前移。二是必要条件下可以采取业务隔离措施。从系统性风险防范角度出发,要适当控制互联网金融开展混业经营的节奏,要求其按业务条线建立相对独立的风险控制和会计核算体系,必要条件下允许监管部门对涉嫌垄断或出现社会风险的互联网金融企业强制采取业务隔离措施或强制实施机构拆分。

2.加强对互联网金融的监管

有效的监管是保护互联网金融消费者权益的基础,必须要加强互联网金融监管力度,完善监管措施,丰富监管手段。一是密

---

① 卜强.互联网金融风险与防控[J].中国金融,2014(17),81.

切关注互联网金融创新业务的发展动态,严防相关主体触碰非法吸收公众存款、非法集资、诈骗等底线。二是完善技术手段,推进对互联网金融的统计监测、反洗钱监管和社会信用体系建设等有关基础性工作。对互联网金融平台资金流向的动态监测进行强化,加强监督贷款利率以及适当加强平台的窗口指导,合理引导社会资金的有效流动,使相关金融业务与宏观调控的要求相符。按照反洗钱监管要求,将互联网金融机构纳入反洗钱监管。三是加强信息披露监管,着力解决互联网金融领域的信息不对称问题。推进信息强制披露机制的同时,大力发展个人信用信息评级服务市场。制作互联网金融企业"白名单"并向社会公示,挤压非法机构的生存空间,防止互联网金融创新被不法之徒作为诈骗的幌子。建议有关部门对符合条件的互联网金融平台颁发监管豁免函或者公布试点单位名单,方便公众识别非法机构;同时积极支持传统证券期货公司开展互联网业务创新,改善投资者体验,形成良性竞争。四是加快互联网金融技术行业及国家标准制定,防范互联网金融平台的技术风险和操作风险。

3. 建立健全的互联网金融相关法律法规,保护消费者权益

完善法律制度是互联网金融消费者权益保护的根本之策。一是要尽快完善互联网金融消费者权益保护法律制度框架,从法律法规层面上明确互联网金融的定义、业务范围、机构形式、监督管理以及互联网金融机构的性质和法律地位,适当规定其组织形式、资格条件、经营模式、风险防范、监督管理和法律责任等。二是要修改现有的金融法律法规。修订《商业银行法》《保险法》《证券法》《信托法》等法律,为互联网金融发展预留制度空间的同时,为规范各类新兴互联网金融业务提供法律依据,此外增加互联网金融业务及其风险约束的规则,尽快将各类新型互联网金融形式纳入监管范围。三是要明确互联网金融的监管体制、监管部门和职责分工。建立监管机制使金融监管部门和地方政府有关部门

各司其职,发挥各自的作用,相互配合,可以从互联网金融机构的许可设立、业务运作、资金存放与划归以及网站的日常管理等各方面实施监管。四是要构建互联网金融市场准入和退出制度。通过设立适当的行政许可提高准入门槛,防止互联网金融平台盲目发展。同时,建立完善的市场退出机制,实现市场自然整合和优胜劣汰。五是要完善我国电子商务案件的司法管辖权。首先,要确定的是涉及电子商务案件的级别管辖。我国现行法律规定,中级人民法院是重大涉外民商事案件的第一审法院。那么,具有专业性强等特点的电子商务案件可以由中级人民法院来管辖。其次,我们是否可以考虑在电子商务案件管辖权问题上设置协议管辖的规定?因为我国民事诉讼法中有规定协议管辖的条款。通过主动性更强的协议,来确定未来纠纷发生的管辖,理应可以降低复杂程度。最后,对于那些用网址来确定管辖权的电子商务案件,我们可以依据美国早期司法实践的倡导来确定。但管辖总是以某种相对稳定的联系作为基础的,考虑到单凭网址可能存在的不确定因素,确定网址以及利用这个网址进行的活动与法院地的联系程度确实有实质性的联系,如此这样的管辖凭证可以说是更加具有说服力的。

目前我国尚无统一的互联网金融消费者权益保护的立法模式,近几年出台的政策及法律法规的法律位阶较低,而且难以覆盖所有方面,因此要加快互联网金融相关法律法规的体系建设,规范互联网金融发展,同时保护消费者权益。法律中应明确互联网金融信息安全、信息披露、资金安全等相关制度问题;明确消费者的基本权利,如知情权、隐私权、公平交易权、损害求偿权等;明确经营者的义务,包括不得滥用格式条款、信息告知义务、保护消费者个人信息义务等。

近几年出台的政策法规虽然有涉及保护互联网金融消费者权益,但是大部分都是从规范互联网金融行业或者经营者的角度出发的,并未从消费者权益救济途径的角度出发,因此建议建立专门的互联网金融消费者权益保护,从消费者的维权途径、维权方式、损害赔偿等方面指引消费者正确维护自己的权益。

4. 加强互联网金融消费者教育,增强风险意识

目前互联网金融面向的消费者范围越来越广,从青年到老年都有,这样大范围的消费者群体对互联网金融发展来说无疑是好事,可以促进互联网金融加快发展,但是对于消费者本身,也存在着风险。很多消费者对于互联网金融的相关知识不了解,在消费或者投资过程中很容易陷入盲区,因此应该根据互联网金融的特点,有针对性地对金融消费者开展互联网金融知识教育和网络信息安全教育。有关部门,比如工商、工业信息等部门可以组成联合工作组,由工商部门牵头,制定互联网金融知识教育,定期向消费者宣传,提高其风险意识和维权意识。

5. 建立行业自律组织,加强行业自主监督

互联网金融目前还是新兴产业,不管是技术还是制度层面都存在诸多需要完善的地方,但是行业自律也同样重要。只有加强行业自身规范和自主监督,整个行业才能发展得更好。中关村互联网金融行业协会是京东商城等多家单位在 2013 年 8 月成立的中国第一家关于互联网金融的行业组织,之后,中国人民银行主管的中国支付清算协会成立了中国互联网金融专业委员会,并且发布了《互联网金融自律公约》。互联网金融行业正在壮大兴起中,行业自身规范和自主监督的建设,不仅能够使消费者放心满意,也能够促进行业自身良性的发展。

6. 加强互联网安全技术,保障信息系统安全

互联网金融产品和服务提供商应加强自身的网络安全建设,互联网的网络安全是互联网金融健康有序发展的基础和前提。因此,为保证互联网的安全、稳定、顺畅地运行,各互联网金融平台需要做好以下工作:互联网金融的提供商应设立专门的部门,

从事网络安全的技术、开发和管理工作,对网络风险进行预估和防范,制定互联网安全评级标准,开发网络安全的核心技术,强调核心技术自主可控,开展信息系统审计管理,对互联网金融企业的安全级别进行动态跟踪,及时公布系统安全级别信息,并做出相应的风险提示。

比如在第三方支付方面,消费者最关心也就是支付的安全性和可靠性。病毒木马和黑客的恶意攻击对平台和消费者的利益会造成严重侵害。因此消费者自身要采取自我防范措施,例如:不上小型网站,避免网站挂有病毒;尽量不在公共电脑上进行网络支付;在确认支付时也要仔细核对确认;安装安全的数字证书,防止木马程序和网络钓鱼攻击;使用短信验证等功能。而第三方平台也应从技术层面与业务流程层面保障客户支付的安全性,加大研发,提高技术,以保证网络支付安全性。

7. 完善网络信用体系

进入城市社会,互联网金融的信用体系建设也显得尤为必要,其对互联网市场经济的发展至关重要。英美两国 P2P 借贷平台之所以迅速发展,其基础就在于其国内成熟的个人信用体系。因此,为了建立完善网络信用体系,要做好以下三方面工作。一是建立互联网金融平台的信用体系,提高互联网金融的准入标准,相关部门也要针对各平台加强监管,并对互联网金融行业不法或者不良企业、平台进行公示,甚至予以取缔,消费者也同样可以行使其知情权、监督权和举报权,维护自身利益;二是消费者需对自己提供的个人信息真实性负责,对交易行为的真实性负责,严禁任何以合法途径掩盖非法交易的行为;三是建立互联网金融用户的信用系统,提高用户信用等级评价的有效性和客观性。

8. 加强第三方支付中的个人信息保护

在现代社会,个人信息会或多或少地反映本人形象,使本人不愿披露的个人私事被他人知晓,或因他人取得自己的个人信息而受到影响或控制,或因错误的个人信息而影响本人的名誉、信用,等等。因此,有必要加强个人信息保护。所谓个人信息保护,指对个人信息的收集、利用、传播等进行规范,从而达到保护个人的合法权益的目的。

第三方支付中的个人信息面临的威胁来自以下两个方面。一方面,基于互联网的开放性,在互联网传递的涉及个人隐私的信息面临着被窃取、公开、不当使用等威胁。第三方支付需要依赖计算机系统和网络设施,当他人破解密码而侵入电子支付系统或支付平台本身出现技术故障时,客户的个人信息就容易受到侵害。另一方面,第三方支付机构及其工作人员有可能侵犯支付客户的个人信息。在客户开通第三方支付业务时,需要披露各种身份信息,但其后很难控制这些信息被用于支付平台所宣称的目的。另外,支付平台有可能利用 Cookies 等网络技术工具跟踪分析用户的网上行为,可以说,网络技术的发展,使第三方支付机构能更容易地收集、监控、锁定、描绘、分析甚至向第三方出售客户的个人信息,客户的个人信息保护面临巨大挑战。而且,基于第三方支付信息的敏感性,客户个人信息受侵害时往往会面临更严重的损失。因此有必要针对第三方支付实际情况,建立有针对性的个人信息保护法律框架。第三方支付的诞生时间虽然不长,但以极为简捷的交易模式和低廉的成本,已经在网络交易中占据了相当重要的地位,可是由于其在我国发展时间有限,所以相关法律法规还不够健全。本书在结合中国国情的条件下,对比了美欧第三方支付的监管模式,吸收其立法经验,并针对消费者权益保护方面,提出了一些建议,希望第三方支付的法律监管问题能得到有效解决,中国的第三方支付行业能蓬勃发展。

我国互联网金融取得的发展成绩是值得充分肯定的,但我们也要高度重视金融消费者权益保护面临的问题,不能只对取得的成绩沾沾自喜。互联网金融消费者作为消费者理应享有《中华人民共和国消费者权益保护法》赋予他的所有权利,因为他是消费者的重要组成部分,但制度的缺失使得其合法权益得不到有效保护的现象频频出现。随着人民银行、银监会、证监会、保监会等部门在互联网金融消费者权益保护领域开展逐渐增多的工作,其成效也开始逐渐显现,改善了制度缺失的状况,但这与金融消费者权益保护的迫切需求之间还存在较大差距,"一行三会"需要通过切实有效的措施予以加强。

第七章
网络著作权的法律规制

网络作为一种新媒体,其所具有的快捷、高效、经济、省时等优点,给人们带来了内容丰富的共享资源和自由无界的交流空间,吸引了越来越多的作品创作者、传播者和使用者,网络作品传播领域欣欣向荣。

与此同时,网络的高速发展使得任何作品都可以通过数字化手段在网络中储存和传输,高科技的电子存储设备和高效的网络传播,使复制作品变得无比廉价、便捷,侵权事件频频发生,给版权行业带来的更是前所未有的冲击。但是,由于现有的版权立法难以跟上网络的高速发展,网络环境下的版权保护不断受到新的挑战,网络著作权侵权问题也日益突出。

对于网络著作权侵权问题,一方面不能置之不理,任其自由发展。对此法律应对网络著作权侵权进行规范和控制,为版权拥有者提供合法有力的保护,鼓励版权人在网络环境下积极创作,推动文化产业健康有序的发展。另一方面,法律并非万能的。法律自身的滞后性,使得在处理个案时往往没有明确的法律依据。所以在网络迅速发展的今天,呈现爆炸式增长的网络著作权侵权,为版权的发展与完善提供了契机和动力。

第一节 网络著作权的概念及构成

我国目前使用的"著作权"一词是一个外来词,是从日本引进而使用的,而日语的"著作权"一词来自于欧洲。著作权,在英语国家也称版权,是指民事主体依法对作品以及其相关载体所享有的专有权利。① 著作权保护的对象是经作者创作的受法律保护的文学艺术或科学作品。著作权保护的对象具有独创性、客观性和合法性三个特征。

网络著作权,一般是指受著作权保护的作品在网络环境下所享有的著作权权利。网络著作权所保护的客体主要是网络作品。

一、网络著作权的主体和客体

网络作品无不与科技的发展和社会的变化密切相关。它可以是网上的电影、音频、图片、文字等等。我国《著作权实施条例》对作品下的定义是:"著作权法所称作品,指文字、艺术和科学领域内具有独创性,并能以某种有形形式复制的智力创作成果。"网络作品是以数字化的形式在网上传播的,而数字化的作品可以供使用者从网上上传、下载或者拷贝、复制到电脑硬盘里供其阅读、分享。因此,网络作品是在我国《著作权法》保护的范围之内的。

与传统作品相比,网络作品具有以下一些特性:①以数字形式为载体;②以网络作为传播途径;③无地域性限制;④公开公用性;⑤无限复制性;⑥著作权主体认定困难。② 这些特征使得要保护好网络著作权变得难上加难。

网络著作权的主体包括两类:作者和网站管理者。和传统著作权一样,作者是网络著作权的享有者,其具有独创性的创作使得网络作品受到法律的保护。网站管理者作为特殊的网络著作权的主体,需要稍加说明。

网站管理者对网站的整体享有著作权。首先,网站的网页设计、文字排版、图形以及颜色的处理都是网站管理者运用数字化

① 王迁.著作权法学[M].北京:北京大学出版社,2007,1—2.

② 王宇微.网络作品合理使用的判断标准[J].学术百家,2011(7),41—42.

的形式将其以特定的排列组合呈现在网站上的,有其独创性的安排。而且,网页也是可以被复制的、储存的,网站管理者为此耗费了大量的财力和智力。因此,网站的整体内容应当受到著作权法的保护。其次,对某些网上发布的信息,都要经过网站管理者的筛选,某些内容还要被屏蔽或者修改后才能成为网上最终的内容。网站管理者对网站上的内容付出了劳动,参与了修改,因此,也对其享有网络著作权。

二、网络著作权的内容

网络著作权的内容与传统著作权相比,也有其特殊之处。

1. 网络著作权的人身权主要包括发表权、署名权、修改权和保护作品完整权

发表权是著作权人拥有的决定是否、何时、以何种方式将作品公之于众的权利。发表权是实现著作权的重要方式,只有作品发表了,作者的各种利益才能得到实现。发表权是一次性权利,作品在纸质报刊上已经发表了,在网络上的再次发表就不能算是行使发表权了,因为发表权在第一次向不特定的人公开之后已经用尽了。同样地,若作品第一次是在网上发表的,作者同样不再享有在纸质报刊上的发表权了。如果作品发到网上,由于违反了法律规定或者网站的规定,被网络管理员拦截,没有在网站上出现,或者说出现了非常短的时间就被删除了,这就不能算作品已经发表了。因为其发表的行为并没有最终实现。

署名权是指表明作者身份,在作品上署名的权利。作者可以选择署真名、署假名或者不署名。在发表的纸质作品中,如果作者不署名或者署假名,虽然读者不知道作者的真实姓名,但是,出版者应该是了解作者的真实信息的,或者说真实作者是可以被找到的。如果网络作品的作者不署名或者署假名的话,要找到真实作者是有难度的。万一有人侵犯了真实作者身份不明的作品的

著作权,作者想要维权的话就会遇到困难了。对于网络作品的署名问题,美国等国家相继出台立法或法案,对"电子签名"等署名方式进行了规范,给网络著作权人实现自己的署名权提供了借鉴。①

修改权和保护作品完整权所表述的内容是类似的。著作权人可以修改或者授权他人修改自己的作品,也可以禁止他人修改自己的作品,这是一个问题的两个方面。在网络时代中,修改权和保护作品完整权有着重要的意义。由于网络上的作品,任何人都能轻易下载、修改、改编、演绎,这给网络著作权的保护带来极大的困难。而且,类似的侵犯著作权现象屡见不鲜,网上的调查取证又极其困难,网上证据转瞬即逝,难以搜寻。想要保护好这些权利只能依赖于科技的进步了。希望网络实名制或者网上签名能够尽快地在我国实行,这样才能够为网络著作权的保护带来便利。

2.网络著作权的财产权主要包括信息网络传播权、复制权、发行权等

信息网络传播权,是指以有线或者无线方式向公众提供作品、表演或者录音录像制品,使公众可以在其个人选定的时间和地点获得作品、表演或者录音录像制品的权利。网络上传播的信息和其他信息相比,更加多元化,它可以是图像、文字、声音的组合,形式多种多样。而且,网上作品是转化为数字信息之后传播的,数字信息可以很快覆盖整个互联网,所有网络用户都能轻松获取信息,保护这项权利尤为困难。网络上一般采取对信息加密的形式来制止他人免费获取信息,如果未经许可而擅自解密则构成了对网络信息传播权的侵犯。

---

① 杨小兰.论网络著作权之精神权利[J].法制与社会,2011(8)下,289—290.

复制是指用一定的方法再现作品,并且将所再现的作品以一定载体予以固定的活动或过程。网络中过于泛滥的复制对现有的复制权保护造成了很大的威胁。互联网上,可以用扫描等方式把印刷的作品变成数字化的作品,从而轻松地在网络上传播。所以,一旦作品被数字化后就会被复制到网络上,被人下载、使用,而且成本低廉又简便快捷,只有对传统的复制权进行重新界定,才能适应新的网络技术的发展。

发行权也是著作权的一个重要财产权利,一般的作品都要通过大量的发行才能取得作品所带来的财富。构成发行有两个条件:一是要向公众提供满足公众需要的复制件,二是要通过有形载体的流通提供作品复制件。① 在网络上,作品一旦被上传,就相当于向大量的网络用户发行了,虽然不是通过有形载体提供复制件,但是网络用户可以把作品下载下来,然后通过打印、拷贝等方式固定到有形载体上。在网络上发行的作品应当在下载作品时要求支付一定的报酬,而且不允许购买者再拷贝给别的网络用户,或者上传到别的网站上,这需要运用一些文件加密措施才能保护好作者的发行权。

三、网络著作权的合理使用

作品的合理使用是著作权法对著作权人享有的财产权的行使的一种限制情形。合理使用是指他人可以在法律规定的范围内使用享有版权的作品而不必经过著作权人的同意。我国《著作权法》所规定的几种合理使用的情形同样也适用于网络著作权。对于网络著作权的合理使用,目前在法律界主要有两种观点。一种是强调网络环境的开放性,应该扩大合理使用的范围,因为网

---

① 段维.网络时代的版权法律保护[M].湖北教育出版社,2006,36—38.

络本来就是一个巨大的信息交流平台,大量的资源无法共享的话,势必会影响资源的充分利用,而且网上找资料会变得麻烦许多。第二种是认为我国目前著作权法的保护水平偏低,网络环境下的著作权不能得到全面的保障,为了防止盗版侵权等违法现象的发生,所有使用有著作权的网络作品必须得到作者的同意并支付报酬。笔者更倾向于第一种观点。法律给予使用者和社会公众在一定条件下可以不经作者同意、不用支付报酬使用作品权利,这种合理使用制度方便了在新兴网络时代的信息传播与交流。况且,互联网是一个开放的共享世界,如果过分保护知识产权,会阻塞知识的交流与借鉴,妨碍知识的进步。因此,合理使用制度不仅要保护著作权人的合法权益,更要适应开放的网络环境,促进文化的交流,推动知识的进步。

第二节　网络著作权侵权概述

传统版权侵权,依据《著作权法》第四十七条和第四十八条之规定,可将其定义为:未经版权人许可,又不符合法律规定的其他条件,擅自使用受版权法保护的作品,侵害版权人享有的著作人身权、著作财产权的行为。根据上述传统版权侵权的概念,再结合网络自身的属性,对网络著作权侵权做如下的界定:网络著作权侵权是指未经版权人许可,又无法律根据,擅自上传、下载,在网络之间转载或在网络上以其他不正当的方式,侵害版权人享有的著作人身权、著作财产权的行为。

目前,互联网已经渗透到人们生活的各个领域,网络的终端产品也越来越多。不仅电脑能够连接到互联网,用手机、电视机也可以直接获取网上的信息,人们的生活已经离不开网络了。互联网作为一个获取信息的重要平台,在享受到它的便利之时,各种盗版、任意转载、随意引用他人作品的行为也层出不穷。在网上,著作权人的权利更加受到威胁。

一、网络著作权侵权行为的特点

1. 网络侵权对象的无形性

所谓的无形,是指没有具体的物理形态。比如盗版的电脑软件,"偷"去的不是电脑原版软件,原版软件持有者的原物并没有受到损害,似乎合法持有人没有受损失。而且,盗版者也并不觉得这么做有什么不对,心里面不会产生犯罪感;公众也很少谴责这样的行为,盗版者也很少受到法律的制裁。所以网络上的盗版盛行,中国一直都是盗版产品的重灾区,市面上的软件几乎都能找到盗版产品。有人指出,盗版已经成为继毒品、走私之后的世界的第三大公害。

2. 侵权主体的集体性

一般的财产侵权行为,若是集体行动,法律制裁起来并不困难。但是网上的侵权行为,侵权人有可能会有成千上万个。有免费的盗版作品可以使用,法律意识不高的一般公众就不会选择收费的正版作品了。比如大多数电脑都安装的微软 Windows 系统,除了电脑出厂赠送的正版系统,在中国几乎没有人愿意花几百元去购买正版的系统来安装。也许是受"法不责众"的影响,微软对于普通的家庭用户使用盗版的现象也很少过问,只打击大公司和政府部门。不仅电脑软件如此,文学作品、影视作品也一样。

3. 侵权证据的隐匿性

网上的证据不像实物证据一样具有显形性,它可能在计算机运行的过程中稍纵即逝,有电脑经验的人可以将电脑上的痕迹抹去,使其消失得无影无踪。由此可见,网上取证是多么困难的事情,多少的案件因为缺少证据而无法追究侵权者的责任。

二、网络著作权侵权的表现形式

1. 上传过程中的版权侵权

上传是指将作品从个人计算机传送至互联网的过程，这属于信息网络传播权的控制范围，版权人有权决定是否将自己的作品上传至互联网。从处理过程的角度看，上传可以概括为两种具体行为：一是将传统作品经过数字化处理后传送至互联网；二是直接在网络上进行创作。

判断上传行为是否构成版权侵权，关键在于该网络用户是否享有将该作品上传到网络上的权利。如果该网络用户本身就是作品的版权人，或是取得了相应的授权，则不构成侵权；如果既非作品版权人又无相应的授权，而上传了作品，则要具体分析该网络用户的行为性质。一般说来，没有经过版权人的许可又不符合法定许可和合理使用等法律规定的正当手段，擅自将版权人在传统媒体上发表或将未发表的作品上传至互联网的行为，就是对版权人信息网络传播权的侵害，该行为即构成侵权。

2. 转载过程中的版权侵权

转载就是从作品原发表的网站到另一网站重新发表该作品的过程，未经版权人许可又无法律依据，擅自将他人网站中受版权法保护的作品转载到自己的网站或其他网站，就是转载过程中的侵权行为。

版权作品在网站之间的转载是互联网中较为普遍的现象。版权作品与互联网之间的通道完成后，便会不可避免地发生复制和传播，此种转载行为实际上构成对版权作品复制权的侵害，同时也属于侵害信息网络传播权。

需要注意的是，《最高人民法院关于审理涉及计算机网络著作权纠纷案件适用法律若干问题的解释》第三条规定："已在报刊上刊登或者网络上传播的作品，除著作权人声明或者上载该作品的网络服务提供者受著作权人的委托声明不得转载、摘编的以外，网站予以转载、摘编并按有关规定支付报酬、注明出处的，不构成侵权。"这是关于默示许可使用的法律规定，同样符合合理使用与法定许可使用的，也不构成侵权。[①]

3. 下载过程中的版权侵权

与上传相反，下载是指将作品从互联网复制到个人计算机的过程。下载过程是对网络作品的一种使用，会构成对作品的侵权，主要表现为：未经版权人许可又无法律依据，擅自将在网上获得的作品在网下发表、出租、展览、放映、广播、改编、翻译、汇编等。[②]

判断是否构成下载过程中的版权侵权，可根据以下原则：①这种下载行为是否满足合理使用的条件；②网络用户下载作品后是否向不特定对象进行了传播。如果下载是一种牟利行为、破坏行为或者其他不正当目的的行为，则构成侵权。如果网络用户下载作品只是为个人所用，或者在合理的范围内与亲友、朋友、同事进行交流，则不认为构成侵权。

第三节　网络著作权保护中存在的问题及成因

一、网络著作权侵权的现状

2011 年 3 月 15 日，贾平凹、韩寒、刘心武等国内的近 50 位作家联合发表《中国作家声讨百度书》，指责百度文库在没有获得著作权人授权的情况下将许多作家的作品对百度用户免费开放，指

---

① 冯晓青.网络环境下私人复制著作权问题研究[J].法律科学,2012(3),106—108.

② 章惠萍.网络著作权侵权行为及其归责原则[J].经营与管理,2014(9),19.

责百度文库"偷走了我们的作品,偷走了我们的权利,偷走了我们的财物"①。百度在重大舆论压力下表示会在随后的三天内删除所有没有获得授权的作品,并且推出了有出版权的合作平台。百度文库的现象只是众多在网上违规发布侵权作品现象中的一小部分,还有更多的违法小网站没有人去管理,任由其侵犯网络著作权。由于在网上缺少监管部门,缺少相应的法律法规的保护,网络侵犯著作权的现象尤为猖獗。

　　中国最大的视频网站优酷网是一个网民共享视频的网站。以前,在优酷网上可以免费观看网友上传的各种电影、电视剧,甚至电影刚刚上映,在网站上就能搜索到并可以免费观看。现在优酷网进行了修改,新上映的电影在优酷网上会有高清资源,但是用户需要支付相应的观影费。虽然在电脑上看电影的效果比不上电影院,但是不能因此而损害电影著作权人的权利。优酷网在保护电影著作权方面起了个带头作用,但是网上还是有不少网站提供了免费下载电影的服务,其中包括了刚刚上映的电影。这就应该学习一下国外的经验,国外的视频网站下载电影都是需要付费的,这样不仅网络用户方便,著作权人也能够有所收益。

二、网络著作权保护中存在的问题

1.从主体的角度分析:网络著作权侵权主体不确定

　　版权侵权主体是指实施版权侵权行为的人,包括自然人和法人。在网络著作权侵权中,网络所具有的无限性决定了网络著作权侵权主体的不确定性。其侵权主体既可能是众多的网络用户,也可能是网络运营商,甚至是其他不特定的第三人。为了便于理解,可以将网络著作权侵权的主体分为网络作品的传播者、网络

① 姜星竹.中国网络著作权保护现状及其前景分析[J].青年文学家,2012(10),197—198.

作品的使用者以及网络服务提供者这三类。

在网络环境下,网络作品的传播者可以利用各种技术手段隐匿其真实信息和 IP 地址,要确定侵权行为的实施者非常困难。网络作品的使用者人数众多,往往分布于世界各地,并且网络使用者可能是在不知情的情况下实施了侵权行为,就算法院判决其承担损害赔偿责任,也难以弥补版权人的损失。因此,版权人在多数情况下只能选择网络服务提供者为被告提起诉讼,要求其承担损害赔偿责任。

2.从客体的特点分析:网络著作权侵权对象复杂

传统版权侵权的对象是受版权法保护的作品。我国《著作权法》第三条用列举的方式规定了受版权法保护的作品的类型。由于互联网的产生与运用,使得传统作品的载体形式和传播手段发生了巨大的变化,由此带来版权侵权对象的扩大化和复杂化。

在网络环境下,只要是能被传播的作品,比如电子图书、影视作品、MP3、图形图像等,都有可能成为被侵权的对象,从而加剧了版权侵权的发生。

3.从行为的特点分析:侵权行为的技术性与隐蔽性

受益于新技术的产生与发展,如云存储、P2P 等,使得新型版权侵权行为与传统版权侵权行为相比,更具有技术含量,也更依赖技术。交互性、无区域性、宜于传播性等网络所具有的特征,使得版权作品的复制更加简单且富有效率,复制作品的传播更加便捷高速,这就造成了版权人对其作品的控制力显著降低。

此外,网络著作权侵权行为具有隐蔽性的特点。网络用户在互联网上通常不会使用真实的信息,并且在实施侵权行为时,可以通过技术手段隐藏犯罪痕迹,使得版权人难以对网络著作权侵权进行举证。

4.从管辖权的角度分析:网络著作权侵权的无地域性

网络本身所具有的跨国性特征,使得要明确一件网络著作权侵权案件应当受哪国法律保护十分困难,以往传统版权侵权对地域边界的划分已几近颠覆。在近几年的司法实践中,管辖权交叉已成为网络著作权侵权案件受理时不得不面对的重大难题。①

5.从损害结果的角度分析:网络著作权侵权后果的严重性

由于互联网打破了空间上的限制,侵权作品一旦上传至网络上,便以极快的速度在全球范围内传播,并能够轻易地被复制和下载,网络著作权侵权行为和损害后果发生将无法控制,网络著作权侵权后果严重。

三、网络著作权侵权的成因

为了能有效地解决以上网络著作权侵权问题,必须厘清网络著作权侵权产生的原因,以期找到理想的方式和途径。网络著作权侵权的成因有多种,大致可以归纳为以下几点。

1.版权立法不完善

立法具有滞后性,版权领域的法律同样面临着滞后的问题。

其一,相关法律条款的缺失,使得版权人维权面临窘境。我国目前对网络环境下的版权法律保护主要有:TRIPS 协议和《民法》《侵权责任法》《著作权法》《著作权法实施条例》《计算机软件保护条例》《信息网络传播权保护条例》,以及最高人民法院的一系列司法解释。这些法律法规有些颁布时间较早,与当前网络的现实环境不相适应;有些虽然经过了修订与补充,但仍然存在一些不和谐的地方,导致版权人在进行维权时,未能有对应的法律条款作为依据进行诉讼。

其二,一些法律条款解决实际问题有效性不足、可操作性不强,虽有法可依,但版权人因为难以举证,难以收集证据或线索,

---

① 黄勇.从维护权利人合法权益的角度探讨网络环境下版权侵权问题[D].北京:中国社会科学院,2010.

或者因为维权成本过高而放弃维权。

尽管如此,立法总是在不断地适应社会的需要。法律所具有的滞后性要求我们必须坚持立法先行,实现立法与网络相衔接,发挥立法的引领和推动作用。

2.网络自身特点的影响

网络技术不同于以往任何一种传统技术,它从根本上改变了人们获取信息的方式,改变了复制、发行、出版等模式,使复制与发行作品变得异常廉价、便捷,为侵权行为打开了方便之门。加之网络的全球性,使侵权的结果迅速扩散至全球,又加深了侵权行为对网络著作版权造成的侵害。

网络所具有的隐蔽性和复杂性等特点,不仅为侵权人在实施侵权行为的过程中提供了隐藏,也为版权人在日后收集侵权证据或线索时带来极大的困难,部分版权人往往因证据不足而败诉,极个别甚至于无法提起诉讼。这使得侵权人更加有恃无恐。

网络在当今时代的普及,为版权侵权提供了捷径。凭借着传统版权侵权所不具有的全球性、隐蔽性等特点,加之成本低廉,取证困难,最终导致了网络著作权侵权的泛滥。

3.版权保护意识淡薄

版权保护意识淡薄是我国打击网络著作权侵权的最大难题。与发达国家相比,我国社会公众版权保护意识的淡薄是个不争的事实。这主要受制于我国版权产业起步较晚,公众对于版权重要性的认识还不够充分,侵权人与版权人的版权意识都不是很高。

在网络用户看来,擅自转载、下载网络上的作品是很平常的事情。同时,我国版权法也规定个人为了合理使用的目的而使用作品,不构成侵权。作为网络终端的用户,只要属于个人合理使用的范畴,不需要获得版权人的许可就可以擅自复制该作品。然而,如果众多的用户都对享有版权保护的作品进行个人复制,版权人的复制权在实际上已然受到了严重侵害,版权人的权益也就无法被很好地保护了。①

多数版权人未及时树立网络环境下的权利保护意识,因此对于一些常见的版权侵权行为听之任之,对法律赋予其的权利了解甚少,更不会积极有效地去进行维权。版权人对于侵权的放任不管与网络资源共享的宗旨不谋而合,使得侵权人更加肆无忌惮,网络盗版现象异常严重。

4.利益驱使

网络的产生与发展,给网络著作权侵权人带来了巨大的商机。快速而准确的网络技术,使得侵权人以他人享有版权保护的作品为工具,通过扫描或者录入的方式,将传统版权作品上传到网络,吸引广大网络用户以支付电子货币的方式进行购买,从而牟利。以较低的成本而获得了高额的利润。许多侵权人在利益的驱使下,淡化了版权意识,从而出现了许多网络信息操守失态行为。

5.国内网络著作权侵权的典型案例

本书选取"韩寒文学作品著作权纠纷案",该案被最高人民法院评为中国十大知识产权案件,试图将网络著作权侵权的现状予以呈现。

2012年1月韩寒向海淀区人民法院提起诉讼,认为百度文库未经其许可,收录了诸多由其享有版权的作品,供所有网络用户以免费或是付费的方式在线阅读及下载。韩寒曾多次致函百度公司要求其停止侵权,直到该案起诉之日,百度文库中大量侵权作品仍未清除。因此诉至法院,请求判令百度公司立即停止侵权,采取有效措施制止侵权,关闭百度文库,赔礼道歉,赔偿经济损失25.4万元并承担相关费用。同年7月北京海淀区法院对该

---

① 肖欣欣.网络著作权侵权的成因及预防对策[J].法学之窗,2011(9),33.

案进行审理。

第四节　网络著作权侵权的法律适用

由上述案件事实可知,实施上传行为的网络作品传播者直接侵犯了韩寒对其作品享有的信息网络传播权,应承担民事侵权责任。所以该案的核心问题是作为信息存储空间服务者的百度公司是否应承担责任。根据侵权的构成要件,该案件存在侵权行为,且韩寒遭受了损害,百度公司提供网络信息存储空间的行为与韩寒所遭受的损害之间存在因果关系,这些都是毋庸置疑的,因此该案的焦点在于百度公司主观上是否具有过错且有无免责情形。

一、网络著作权归责原则的适用

归责原则是指侵权行为造成的损害事实或者法律规定的其他损害事实已然发生,而确定该行为所应承担的民事责任的依据和准则,它决定着侵权行为的责任构成要件、免责情形、举证责任等。主要的归责原则有过错责任原则、无过错责任原则和过错推定原则。对于网络环境下版权侵权应适用何种归责原则,学术界存在着很大争议,主要可以归纳为以下几种学说。

1.“过错责任原则”说

过错责任原则以行为人有无过错以及过错的大小,作为判断其是否承担责任以及承担何种责任的依据。根据该原则,行为人仅在主观上有过错的情况下,才需承担侵权责任。权利人需举证证明侵权人在主观上的过错。

部分学者主张网络著作权侵权应当适用过错责任原则,其理由为:过错责任原则是我国民法通则规定的对于归责原则的一般性选择,除了法律明文规定的几种例外情况适用无过错责任原则外,其他侵权行为都应当采用过错责任原则作为归责原则。网络著作权侵权行为属于侵权行为的一种,在我国法律规范体系中,不论是作为基本法的民法还是作为部门法的知识产权法,都没有对网络著作权侵权做出明确的例外规定。所以,网络著作权侵权也应当以侵权人有主观上的过错为前提条件,理应遵循有过错有责任的原则,适用过错责任原则较适宜。

此外,在网络著作权侵权的法律纠纷中,适用过错责任原则能够更好地平衡版权人与侵权人之间、版权人与社会公众之间的利益,因此网络著作权侵权适用过错责任原则为宜,而不必将其特殊化。

2."过错责任原则与无过错责任原则并用"说

无过错责任原则是指不考虑行为人有过错与否,仅基于损害事实的客观存在,由与造成损害的原因有关之人承担民事责任的原则,无过错责任原则只适用于法律明文规定的情况。基于这一点,权利人无须就侵权人的过错承担举证责任,侵权人也不得以其无过错为由进行抗辩。

主张网络著作权侵权应适用过错责任原则与无过错责任原则并用说的学界观点认为,网络著作权侵权因其复杂性等特点,应当视其不同情况分别分析:对于网络著作权侵权可以分为两种,一种是直接侵权,另一种是间接侵权。

直接侵权是指行为人未经版权人许可,又没有合理使用、法定许可等抗辩事由,擅自行使法律授予版权人的权利的行为,这是对版权法所保护的客体的直接侵犯。直接侵权不以行为人的主观过错为构成要件,只要行为人侵犯了版权人的专有权利,又没有合理使用、法定许可等抗辩事由,即可构成直接侵权。

间接侵权是指行为人实施的行为虽没有直接侵犯版权法所保护的客体,但是该行为为直接侵权行为提供或创造了有利条件,推动了直接侵权损害结果的发生。间接侵权以行为人的主观过错为构成要件。

因此,对直接侵权应适用无过错责任原则,而对间接侵权应适用过错责任的原则。这样既能够更好地维护权利人的利益,又能够合理保护社会公众对作品的正当使用。

3. "过错责任原则与过错推定原则并用"说

过错推定原则是指在因果关系存在的前提下,法律预先推定行为人有主观上的过错并要求其提出无过错的抗辩,若行为人无抗辩事由或抗辩事由不成立,不能证明其没有过错,则确认其有过错,应承担赔偿损害责任。过错推定原则是对过错责任原则的补充和发展,其较一般过错责任原则严格,但不及无过错责任原则绝对,居于过错责任原则与无过错责任原则之间。

部分学者主张网络著作权侵权应当适用过错责任原则与过错推定原则并用说,该学说强调"在主要适用过错责任的基础上,以过错推定原则作为补充原则"①。理由如下:在具体的版权法律纠纷中,原告应当享有法律所赋予的选择权——根据案件的实际情况由本人来选择该案件是适用过错责任原则还是过错推定原则。如果原告认为自己的证据充分,能够有效地证明被告负有侵权责任,并能获得相应的索赔,而选择适用过错责任原则,那么就依原告之选择采用过错责任原则;如果原告认为自己不能有力地证明被告有过错,因而放弃自己的举证权利,选择适用过错推定原则,此时法院就应当判定由侵权人来举证证明自己在主观上没有过错,如果侵权人无法举证或者举证不成立,则由侵权人来承担赔偿责任,此为过错推定原则的适用。

此外,对于网络环境下的版权侵权,选择适用过错责任原则与过错推定原则可以有效地避免版权人对举证责任的承担,从而

---

① 杨光.网络著作权侵权行为研究[D].大连:大连海事大学,2009,22—23.

纠正了过错责任原则下权利人举证责任的严格要求,使权利人处于相对有利的法律地位。

　　对于上述三种学说观点,笔者更偏向于第二种——"过错责任原则与无过错责任原则并用"说。

　　当前我国对版权领域的侵权归责原则问题一直存在争议,这主要由于我国民法典尚未制定,民法通则在民商事立法中依然发挥着统领作用。版权法就是在民法通则总的架构下制定的,其版权侵权判定的归责原则还是强调过错责任原则。然而,版权法保护的客体是作品,在网络环境下由于作品的流通速度快、传播范围广泛等与传统版权的不同特点,极易侵害版权人的合法权益,如果仅仅适用过错责任原则来保护版权人的合法权益,其保护和控制力度并不特别有效,过错责任原则的弊端凸显:一方面过错侵权的主体难以确定;另一方面,侵权人主观上的过错也不易于举证。因而,在确定适用何种归责原则时,应针对不同的侵权行为给予区别对待。

　　"过错责任原则与过错推定原则并用"说的观点是赋予版权人以选择权,自主选择有利于自己的归责原则。但是,该学说忽略了一个事实:过错推定原则只是过错归责原则的特殊形式,其本质上仍是过错责任原则,因而依旧不能摆脱过错责任原则存在的弊端。其次,过错责任原则与过错推定原则并用极大地缩小了版权人所应承担的举证责任,使版权人处于优势地位。而对于侵权人,则因为负担了原本应由版权人承担的举证责任,使其责任加重而处于劣势地位,这种做法将导致利益的天平向权利人一方倾斜。

　　而"过错责任原则与无过错责任原则并用"说与当前我国网络著作权的现状最相适应,能够最大限度地处理网络著作权侵权带来的纠纷:既能纠正过错责任原则对版权人举证责任失之于严而对侵权人失之于宽的弊端,又能协调无过错责任原则对版权人保护严密而对版权使用人过于严苛的偏差。同时,该学说还充分考虑了社会公众对作品的正当使用。

虽然我国并没有任何法律规定将版权侵权区分为直接侵权和间接侵权,但是在近几年的司法实践中,法院审理案件越来越多地借鉴西方发达国家有关网络著作权侵权的责任规则,也在实际判决中肯定了直接侵权适用无过错责任原则和间接侵权适用过错责任原则的归责原则。所以,区分不同的情形分别适用过错责任原则或无过错责任原则与我国的现状相吻合。

二、网络著作权侵权的免责情形

1.免责主体

网络著作权侵权的主体主要包括将作品上传至网络的传播者、网络作品的使用者以及网络服务的提供者。

对于传播者而言,由于其对上传的作品是否受版权法保护权具有事先审查的义务,所以在发生版权侵权时其理应承担直接侵权责任;对于使用者而言,除合理使用和法定许可等其他法律规定的例外情形外,使用者都需要承担直接侵权或共同侵权的责任。因此,本书将不再对传播者和使用者的免责情形进行深入研究,对需要承担过错责任的网络服务提供者,本书通过以下原则的论述,展开讨论其免责情形。

2.避风港原则

多数国家在版权法中都规定了网络著作权侵权的避风港原则,我国也不例外。避风港原则最早出现在美国 1998 年的《数字千年版权法案》中,其主要包括两方面的内容,即"通知＋删除"。

我国关于网络著作权侵权中的避风港原则,主要规定在《信息网络传播权保护条例》第二十三条。避风港原则的具体操作模式为:版权人认为网络服务提供者提供的服务涉嫌侵犯其版权的,有权向该网络服务提供者发出通知,要求其删除涉嫌侵权的作品或者屏蔽、断开相关的链接。如若网络服务提供者在收到版权人的通知后，及时删除作品，则不需要承担共同侵权的责任。但是，避风港原则并不意味着网络服务提供者在收到版权人的通知后，不及时采取措施就一定会承担共同侵权责任。及时移除是一项免责情形，而不是一项法定义务。如若侵权内容本不存在，网络服务提供者收到版权人的通知后即使不及时采取措施，也不会因此承担共同侵权的责任。

避风港原则的确立，一方面减轻了网络服务提供者的法律责任，促进作品在网络上的传播，有助于互联网产业的发展。另一方面，也有利于版权人迅速地制止作品的传播，降低版权侵权损害结果的发生，及时地维护自己的合法权益。

三、网络著作权侵权案件司法管辖的确定

根据我国的《民事诉讼法》，因侵权行为提起的诉讼，由侵权行为地或者被告住所地人民法院管辖。然而，互联网的特性使传统的管辖理论受到了严峻挑战。在网络环境下的管辖新理论由此而产生了。

有一种新的管辖理论被称为网址管辖论。相对于网络上其他难以确定的因素，网址的位置是可以确定的，而且具有一定的稳定性。网址类似于传统民法中的住所，如果网站上的信息侵犯了版权，可以直接由网络服务提供者所在地的司法机关实施管辖。但是，如果该网址的网络服务提供商位于国外，若还要以网址作为管辖的基础，会导致任何国家的司法机关对另一国家的当事人行使管辖权，这是难以被任何一个主权国家接受的。所以这种管辖理论有一定的局限性。

针对复杂的网络著作权纠纷的司法管辖，最高人民法院经过深入研究，通过了《关于审理涉及计算机网络著作权纠纷案件适用法律若干问题的司法解释》（以下简称《解释》）。该《解释》第一

条对网络著作权纠纷案件的司法管辖问题做了专门的规定。该规定并没有突破《民事诉讼法》上关于侵权行为的管辖原则，但是对侵权行为地做了具体的规定，即"侵权行为地包括实施被诉侵权行为的网络服务器、计算机终端设备等设备所在地"。对于难以找到侵权行为人的住所地的、侵权行为地的情况，又规定了"原告发现侵权内容的计算机终端等设备所在地可以视为侵权行为地"。最高人民法院的这个司法解释对网络著作权的侵权案件中的"侵权行为地"进行的全新界定有利于保护版权人的利益。该司法解释虽然对保护网络著作权有很大的帮助，但是其中也存在一定的问题。该解释规定的侵权行为地是以网络服务器、计算机终端设备等设备所在地为基准的，可这些设备本身是可以移动的，它们的具体位置存在不确定性。因此，仅凭这些位置不确定的设备的地点作为侵权行为地，缺乏客观性，往往会导致审判结果的不公正。

就目前来看，我国《民事诉讼法》规定的管辖原则适用在网络上有其不足之处。主要是由于网络虚拟性过强，确定侵权行为地和侵权人住所地存在一定的困难。所以，我们认为，应当把原告住所地也作为管辖地。因为只有原告住所地才是最明确的，此做法可以提高司法效率，就不必苦于查询侵权行为地和侵权人住所地了。

第五节　网络著作权保护的法律完善

网络技术的发展，使得版权作品的传播与获取发生了根本性的变化，使其突破了传统的认知形态，而越来越趋向于数字化形态。加之网络所具有的开放性、交互性、不稳定性等特点，使得网络著作权侵权区别于一般侵权，因而探讨网络环境下版权侵权的防范是非常有必要的。

目前,有关网络著作权版权的纠纷呈明显上升趋势,网络技术促使侵权作品以更快的速度、更丰富的形式在更广的范围内扩散,导致版权人的权利极易受到侵犯。飞速发展的网络技术已向传统的版权保护机制提出了严峻的挑战,为了及时有效地应对网络技术所产生的新问题,完善网络著作权保护机制刻不容缓。

一、网络著作权保护的国际立法及借鉴意义

在此背景下,世界各国及国际组织相继进行了一系列的立法活动:

美国自 1995 年以《白皮书》建议对电子形式的版权管理信息给予法律保护开始,陆续出台了一系列法律法规。在 1996 年 2 月的《通信正当行为法》中对网络服务提供商的责任做出了一定的限制。1998 通过的《数字时代版权法》详细地规定了对版权管理信息的保护。

WCT,是针对国际网络环境下因数字技术的应用产生的版权保护新问题而缔结的条约。其详细地规定了关于计算机程序和数据或数据库编程的保护。同时期缔结的 WPPT 也有类似的规定。

欧洲议会与欧盟理事会于 2001 年 5 月 22 日发布的《关于协调信息社会版权与相关权利指令》,规定了更为严格的技术措施与权利管理信息保护。

这一系列的法律文件对我国网络著作权保护产生了深远的影响。

二、我国网络著作权的法律完善

1. 正确界定网络著作权的主体

要保护好网络著作权,首先要解决的问题就是对网上主体的确认。在网络上人们用的都是昵称,很少会有人把自己的真实姓名当作网名来使用。各种网站、论坛发表的文章上的署名都不是真名。要确定这些作者的真实身份是十分棘手的难题。目前,要解决这个问题,主要的办法有以下几个。第一,由网站管理者提供证据。在网站上注册时的资料中会有注册人的证件号码或者联系方式,可以根据这些资料来确定注册人身份。不过注册人要是在注册时就用了虚假信息,就无法查明了。第二,使用电子签名。电子签名是一种能够代表身份的图像信息,也叫电子印章。电子签名具有可靠、安全的特点,在发送重要文件时会被经常使用。但是电子签名在我国普及率不高,支持该功能的网站也很少,需要在网上普及开来才能发挥其作用。第三,实施网络实名制。网络实名制对于解决主体确认问题可谓是立竿见影。韩国等国家率先实施了网络实名制。从实施的效果来看,网上的违法犯罪行为明显减少了,收效甚好,但是群众对于网络的使用频率也明显下降了。很多人使用网络的原因就是可以在网络这个虚拟世界里体验不一样的感觉。要是网上也和现实中一样身份透明化,这对于个人隐私的保护是相当不利的。所以目前实施网络实名制还是值得商榷的,弄不好便会阻碍互联网的发展。

我们认为,对于在网上发表作品的版权人来说,应当积极主动地在作品上留下自己的真实信息,方便维权。在网上注册用户的时候,应使用真实的联系方式,或者署上自己的真实姓名,以备不时之需。

2. 加强和完善网络著作权的法律保护措施

在如今科技高度发达的网络世界里,传统的保护著作权的方法在网上已经变得捉襟见肘了,应该量身定做一套适应网络时代的著作权保护方法。我们既需要通过公力来捍卫网络著作权,也要积极地用私力来保护好自己的权利。法律不仅要对网络著作权倍加关注,还要出台相应的处罚措施来制裁侵权行为。只有法律起到了威慑作用,人们对网络著作权的恣意心态才会逐渐消除。

（1）建立和完善网络道德体系和监管体系。虽然说道德主要靠的是个人自己对自己的约束，没有法律效力，但是只要一种观念在人的思想中根深蒂固了，这种自我约束力就会变得很强。所以，可以在网站上投放广告，加强对网络著作权的宣传，让网民认识到什么样的行为是违法的，使其在上网的时候分外注意。还可以在网上建立专门的网络社区，宣传网络著作权保护。网络监管体系的建设，主要靠各个版权组织在网上设立专门的网络侵权监管部门来接受网络侵权的举报。一些民间的协会、中介组织也可以参加到监管体系中来，他们可以运用自己对不同著作权领域的专业知识来提供相应的帮助。由于网络的虚拟性，网络著作权比传统著作权更加难以保护，建立一个完善的网络和监管体系还是相当有必要的。

（2）完善法律保护制度。法律，作为法制社会最有力的保障武器，在网络上发挥的作用却远远不及其在现实生活发挥的作用。我国是一个法治国家，依法治国是我们的基本国策，而且全党全国正在努力完善法律制度。关于网络侵权的法律，我国虽然有一些规定，但是这些法规大多数是以司法解释和行政法规的方式来公布的，几乎没有一部法规是在全国人大及其常委会上通过的。在这方面上，立法部门还要权衡好网民、著作权人以及网络管理者的利益，出台一部正式的法律，全面地规定一下网络著作权，确定网络著作权的范围以及侵权行为的范围，在让人们树立起不违反网络著作权管理的意识的同时，也使得权利人真正地有法可依。

（3）提高网络保护技术水平。技术措施是指版权人为了维护自己的版权，防止他人对权益的损害而主动采取的技术性的预防手段。具体地说就是版权人为了防止自己的作品未经允许发布在网上，并被浏览、下载、复制或者通过网络信息进行传播而采取的有效技术手段或设备。

技术措施一般分为两类,分别是控制访问作品的技术措施和控制使用作品的技术措施。

控制访问作品的技术措施是指版权人通过网络技术阻止用户访问某个网站或者某个作品的技术手段。可以通过设置用户名、密码等方式限制用户访问网站的信息。比如网站有很多的作品,而用户需要在账户中充值、支付费用才能浏览或下载作品,支付费用的多少又和可使用的作品数量的多少相关。这样可以有效地达到保护版权的目的,而且可以从中赚取利润,同时也可通过这个平台扩大作品的影响力。

控制使用作品的技术措施是指版权人用以防止他人非法授权复制或传播作品的技术手段。可以通过控制作品的使用次数或者使用对象来防止非法传播。比如一款电脑软件光盘只能安装在一台电脑上,在这台电脑上可以反复安装,但是要把软件安装在第二台电脑上就会提示无法安装,或者是一款软件购买之后只能使用 100 次,100 次之后就要重新购买使用权。还可以按照使用次数来收费。在网上,通过软件记录下用户使用作品的次数,然后按照用户的使用记录来收取相应的费用。

(4)加强网络服务提供商和版权人的合作。版权人应该及时告知其在该网站上发布的作品,以便网络服务提供者采取措施来保护作品不受侵犯。而网络服务提供商在被告知自己网站上有侵权作品时,有及时删除的义务。国际上通行的"避风港原则"也可以在网络上适用。"避风港原则"即若网络服务提供商在被告知侵权后,有删除的义务,否则被视为侵权。此原则督促了网络服务提供商及时回应版权人提出的删除要求,避免了对著作权的进一步损害。

网络改变了人们的学习、工作以及生活方式。我们在网络上得到了很多,但也困惑于网络侵权对我们的侵害。笔者对网络著作权的保护的研究还要进一步地深入，一些关于计算机网络的技术性问题还需要科技的进步才能迎刃而解。如何在高速发展的互联网时代中，既要在不损害作家、艺术家等人的著作权的利益的同时推广他们的智力成果，又不能让不法之徒利用，牟取暴利，成为法律界和版权界面临的新课题。

我国在网络著作权保护的法律制度建设上已经有所建树了，但在不少方面仍然存在法律空缺，需要进一步加强立法。在保护网络著作权上，法律对公众的引导还是很欠缺的。通过一部专门规定网络侵权的基本法律成为势在必行的时代要求。完善法律保护，提升网民素质，创造一个和谐的网络环境，需要全社会一起努力。

第八章
网络信息安全的法律保护

第一节　网络信息安全概述

随着经济以及互联网技术的不断发展,网络信息安全的概念也在逐步变化着。网络信息安全是指保护信息系统的硬件、软件和数据不因偶然和恶意的原因遭到破坏、更改和泄露。同时保障系统连续正常运行和服务信息不中断。

目前,信息已由单机模式发展到网络模式,这就意味着网络信息安全面临的威胁不仅仅是单一的使用者或是管理者,更包括了信息的旁观者。因此曾经的技术保护措施以及规范单位内部信息接触者的行为,制定有关管理制度已经不能适应现在的信息环境。网络信息安全建立在信息保密性、完整性和可获性基础上的保护也不够完善。信息技术的进步使信息系统不断完善并且日益复杂多样,加之计算机与人类越来越密切的接合,使人与各种资源成为主客体的关系。这就需要主体更有力地控制各种信息资源,网络信息安全的内容也在保密性、完整性和可获性的基础上加上了可控性和不可否认性。个人信息的保护、商业秘密的防泄露、国家秘密的保护以及计算机系统的维护共同构成了网络信息安全的主要内容。①

----

① 何泾沙.网络信息安全导论[M].北京:机械工业出版社,2012,12.

一、网络信息安全面临诸多挑战

国家互联网应急中心公布了《2014 互联网网络安全态势报告》。报告显示,在信息利益价值日益显现的情况下,网站数据和个人信息泄露呈高发态势,涉及重要行业和政府部门的网络高危漏洞事件也不断增多。由于信息的服务人员即对用户信息进行处理的系统内部人员能够在第一时间接触到大量的用户信息,但又缺乏对从业人员行为的监管和法律制约,这会导致用户个人信息的泄露和丢失。互联网技术的发展也使得一些黑客应运而生,大数据环境使黑客能够更加方便地获得信息,例如用户个人资料、电子商务信息、国家秘密,等等,这些信息都为对目标的攻击提供了对象。网络系统软硬件技术漏洞也使网络信息安全风险加剧,在信息技术为应对黑客而提高应对能力和技术水平的同时,黑客技术也在不断适应新环境。出现的漏洞威胁不仅在传统领域不断加深,也逐步向新型智能设备领域扩展。同时外力也对网络信息安全造成不小影响,例如软硬件系统故障,电力的突然中断,自然灾害突发等造成的数据丢失、损毁,等等。

在国际方面,随着互联网技术的不断发展,大数据环境给世界各国经济带来了诸多利益,越来越多的国家认识到掌握信息技术对于国家而言是至关重要的。互联网技术是各个国家都可以掌握的现代技术,加之信息资源可以没有界限地广泛传播,各国之间对信息主权的抢占将成为接下来网络世界的主旋律。一方面,由于我国信息技术产业起步较晚,防御能力和核心技术能力与西方国家都存在着一定差距,导致产业支撑能力较弱。另一方面,一些西方国家掌握着诸多技术优势,为了实现对全球网络的威慑和监控,不断研发和定制各种网络攻击武器,实施网络监控手段,甚至通过控制国际标准的制定来实现监控。这些都对我国的网络安全乃至国家安全产生严重威胁。

二、保护网络信息安全势在必行

网络信息安全不管是在我们的日常生活中、企事业单位的正常运行中还是在国家发展的道路上都发挥着至关重要的作用。对网络信息的保护情况是显示一个国家网络环境是否安全的重要标志，事关我国的国际竞争力以及在国际中的地位。在这个信息资源爆炸的时代，每个国家都在资源掠夺方面不遗余力，以此来占领国际上的主导地位。所以，我们必须在保护网络信息安全上加大关注与投入。全力解决好网络信息安全的问题，给我国的政治、经济、文化、军事、社会生活等各个方面都可以提供安全的保障。避免国家处于信息战和高度经济金融风险的威胁之中。[①]保护网络信息安全要从多方面着手，多管齐下，给网络活动营造一个安全的氛围。一方面要在技术上做到创新发展，加大科研力度，保护信息系统软件、硬件和数据对恶意进攻的防范，切实保护用户的隐私。另一方面更要注重法律规范在保护网络信息安全中的作用，法律作为国家意志的体现，能够强制性地对公民行为进行约束，尤其是具有最高强制力的刑法。将信息系统和网络安全方面的立法切实做到位，可以更好地规范个人行为，从制度上保证信息的安全性。同时也可以与网络防范风险的技术相呼应，作为不能及时发现的技术漏洞的补充，对不法分子进行制裁和处罚。真正做到保护个人、企业、国家在网络活动中的安全。

第二节 民商法对网络信息安全的保护

民商法作为与公民日常生活最密切的一部法律，在保护网络

---

① 麦永浩，袁翔珠，封化民，涂航. 网络信息安全法教程［M］. 武汉：武汉大学出版社，2008，30.

信息安全方面也在发挥着其自身的作用，我们可以看到，在信息化的背景下，有越来越多的公民、组织在自身受到网络信息安全威胁的时候通过运用民商法的相关条文来保护自己的权益。虽然我国没有一部直接的法律来规范网络信息行为，但通过诸多规范来间接保护网络信息安全也可以起到一定作用。目前，在民商法中对于网络信息安全的保护主要涉及个人信息和商业秘密的保护，在一定程度上保护着网络信息安全。

一、个人信息的法律保护

我国在《民法通则》中没有对"个人信息"进行直接而明确的描述，但我们可以发现隐藏在其条文背后的对个人信息的保护，其通过对公民个人的人格尊严和公民隐私权的保护可以间接实现对侵犯个人网络信息安全的规制。隐私权是指"控制传播有关自我的信息"的权利。由此看来个人信息与隐私之间存在着水乳交融的关系。隐私权的范围在我国现行法律中没有明确的界定，随着社会的发展其范围也在不断地扩大。除了普遍认为的私人生活的不被打扰和公开，还应该包括私人信息和通讯秘密的保护。《侵权责任法》将隐私权归入到人格权当中进行保护，这是因为隐私具有人格性，尽管在信息时代，个人信息等隐私可以被商业化地加以使用从而实现经济利益、财产利益，但其本质上仍然属于个人的精神利益。对个人隐私和私生活的保护在促进个人的健康发展以及完整人格的形成方面有重要意义。[①]《侵权责任法》第三十六条中不仅对网络系统的使用人员的行为进行了限制，更涉及了网络服务的所有者的义务包括当得知公民的权益被侵害后所应该采取的措施，否则将对给他人造成损害承担连带责任。

---

① 王利明.人格权法研究[M].北京:中国人民大学出版社,2005,9.

以美国为代表的普通法系国家认为，个人信息的本质是一种隐私，法律将个人信息作为一种隐私加以保护，可以界定其权利范围。因此，有学者认为个人信息可以等同于隐私，对隐私权的保护可以完全涵盖个人信息所面临的种种威胁，因此对个人信息的保护应采取隐私权的保护，但这远远不够，我们要认识到网络技术的飞速发展已经不能适应隐私权仅仅对个人行为的控制，还应该包括个人网络信息安全，包括对信息的控制、使用。

二、商业秘密的法律保护

信息网络的迅猛发展使得电子商务应运而生，电子商务虽有方便快捷的优越性，但由于发展时间较短，使其存在许多弊端与不完善之处，如何保护网络交易中的商业秘密使其不受侵害是其中最重要的问题。商业秘密的范围十分广泛，没有具体的规定，只要是在生产经营过程中不愿意公之于众的任何信息资源都可以称为商业秘密，可以是技术秘诀、商业资料、竞争中的情报等等，其可以涉及的方面也多种多样，如生产、交易、购销等。在司法实践中，商业秘密可以通过《民法通则》的第一百一十八条进行保护，普遍认为商业秘密可以适用"其他科技成果"这一规定，在商业秘密遭受侵害例如被他人恶意修改、窃取盗用时，可以依据这条的规定来维护自己的权益。但由于举证的困难，科技成果的范围又十分庞大，受害者很难通过这一规定来保护自己的权益。

在对商业秘密的保护中发挥主要作用的是《反不正当竞争法》，其集中了对商业秘密诸多方面的规定，属于经济法范畴，在实际的运用中具有重要地位，也是许多涉及商业秘密案件的裁判依据。在《反不正当竞争法》中明确阐述了商业秘密的概念，所谓商业秘密是指在生产经营过程中能够给予权利人一定的经济利益，具有实际作用的资料，并且权利人为了保护这些秘密不被公开而采取了一定的保密行为和方法。同时还规定了商业秘密的适用范围和侵权行为等内容。尽管反不正当竞争法的适用范围比较宽泛，并且其相应的配套法规也在不断地完善，但其仍然不能完全适应随着网络发展而不断更新的经营者的权利和义务，也不能对掌握秘密人员的行为进行积极有效的规范。

第三节　行政法对网络信息安全的保护

有学者研究认为，侵犯公民个人信息的危害行为从产生之时起就具备行政违法的性质，其所成立的犯罪就符合行政犯的特征①。如果没有行政法对网络信息安全进行保护，那么刑法的相关立法将显得有些力不从心。

一、个人信息的行政法保护

行政机关行政工作的过程中，为了更好地发挥其公共管理的职能，需要大量收集公民的个人信息。从出生到死亡，每个公民都需要填写无数记载着个人信息的表格，如身份信息、社保信息、工作信息、信用信息、经济信息……这些信息均被行政机关及其他公共部门收集、管理、保存、利用，为行政决策提供依据，为行政行为做好准备。这些信息不仅提高了行政工作的效率，也促进其更好地发挥公共管理的职能作用。行政法作为调整公共利益与个人利益关系的法律，可以更好地规范行政机关的行为，使个人信息在提供给行政机关后能够得到妥善保护。

目前我国个人信息保护在行政法中的相关规定集中在《宪法》《政府信息公开条例》等法律法规中，《宪法》第三十八条明确规定保护我国公民的人格尊严，这是一条原则性规定，当出现其

① 刘军.刑法与行政法的一体化建构——兼论行政刑法理论的解释功能[J].当代法学,2008(4),23—28.

他法律不能规制的情况时,可以运用这一条的规定来保护个人的私密信息。关于个人信息保护最完整、全面的法规是《政府信息公开条例》,除了保护范围,该条例还规定了许多我们可以查阅的信息。例如为了公共利益、生命安全、财产安全,在必要的情况下可以公开本人同意公开的个人信息;但是该项规定必须是在经过公共利益的衡量之后方可适用。除此之外,我国也在积极寻求个人网络信息安全的更高保障。《中国居民身份证法》的修改草案也加大力度保护公民的个人网络信息安全,确定了公安人员对在执行公务的过程中对所获得的公民信息资料要保密,侵犯公民合法权益的要承担行政责任乃至刑事责任。同时《个人信息保护法》也正在进行讨论拟定,通过这部法律,我们将可以看到关于个人信息的具体规定,不仅涉及保护范围、责任承担、免责情况等,也涉及协调个人信息保护与信息自由流动、政府信息公开的关系方面。

二、商业秘密的行政法保护

虽然商业秘密属于企业的私有权利,但由于商业信息不仅涉及企业本身的经济权力,也在一定程度上关系到我国的经济安全和政府的相关调控行为,所以在必要时候政府应该对商业信息和商业秘密的保护管理进行适当的干预。商业信息本身具有特殊性,因此在行政法与行政诉讼法中没有体现,但有些具体的规定隐藏在部门的规章中,随着经济的发展,各个省份曾经制定的关于商业信息的保护已经不适用现实情况。

第四节 现行刑法对网络信息安全的保护

一、刑法在保护网络信息安全方面的重要意义

刑法在对网络信息安全的保护当中发挥着不可替代的作用,

刑法具有最高的强制力，对信息犯罪能够起到最严厉的惩治作用，其重要性和必要性不言而喻。

1. 重要性

网络信息安全问题日益严重，保护网络信息安全法律是最有力的保障。一方面，法律的不断完善甚至产生需要依靠已经形成的信息环境和信息系统作为前提，使法律能够更好地适应现状，这样，法律就成为信息系统中的一部分。另一方面，法律产生后也会对整个信息系统和环境产生反作用，影响信息系统接下来的发展和走向。也就是说信息活动需要通过法律系统的信息输出来规范。而刑法作为在所有法律中强制力最高、惩罚力度最强的一部法律，在防止网络信息安全遭受侵害的过程中具有不可替代的地位和作用，为网络信息安全提供最后的防线。同时通过刑法对网络信息活动进行规制，对犯罪行为进行打击也可以推动信息系统向前发展。

2. 必要性

目前，我国虽然没有出台关于网络信息安全的专门性法律，但在诸多法律规范中规定了对网络信息安全的保护，例如《网络信息安全等级保护管理办法》《保守国家秘密法》《计算机信息系统安全保护条例》以及《反不正当竞争法》等等。这些条文往往只涉及网络信息安全框架下的某个小的方面，不够完善和系统。同时这些规章制度由于出自不同的部门或地区，效力位阶较低，加之政出多门，各规章之间相互冲突，可操作性和执行性也较低。而刑法能够切实解决这些问题。网络信息安全犯罪涉及的方面逐渐拓宽，所使用的犯罪手段逐步走向科技化、技术化，靠零散的法律法规来进行保护远远不够，在刑法对网络信息安全的保护中，是否犯罪与侵害网络信息安全所使用的方式方法无关，只要其侵犯了网络信息安全，给社会造成了危害，使他人或国家遭受了损失，超出了社会公民的道德容忍范围，均可以对其违法行为进行处罚。这样也可以使法律能够在一定程度上免受技术发展的影响。

3.迫切性

统计表明,我国每年信息网络犯罪数量正以 30％的速度增长,其中黑客的攻击约占总数的 15％。黑客的攻击重点集中在银行、证券机构等,但据统计,95％的网络管理部门都受到过攻击。① 除此之外,还有很多网络信息安全的事件由于种种原因是不被公众所知晓的。不论是个人信息、商业秘密的安全,还是国家秘密、网络系统的安全都在威胁着我们的日常生活。计算机技术的更新换代固然可以在保障网络信息安全方面发挥作用,但其实际上是对信息犯罪的被动反应,其是在网络信息安全威胁出现之后采取的补救措施,是在犯罪行为之后产生的。这种对网络漏洞的技术对抗在一定程度上会刺激犯罪分子寻求更高的技术对抗,产生恶性循环。终会使网络信息安全处于更加被动和脆弱的状态。寻求对网络信息安全的刑法保护是网络社会保证发展的必然之举。

虽然我国在刑法方面对网络信息安全有相关条文的保护,但这星星点点的条文相对于日益发展的信息网络来说还远远不够,网络信息安全的保护迫切需要刑法条文的不断完善。

二、现行刑法对网络信息安全的保护

我国《刑法》对网络信息安全的保护是依据社会信息的进步而不断修正的,现行刑法中涉及的网络信息安全类条文主要包括了对侵犯公民个人信息资料、商业机密、国家安全、军事秘密等数据安全行为的规制并且对计算机类犯罪也做出了相关规定,其零

---

① 赵文胜.信息犯罪的刑法规制论[J].湖北警官学院学报,2005(5),23—28.

散地分布于刑法典中的各个章节,例如第二百五十三条、二百一十九条、三百九十八条和二百八十五条等,其中由于国家秘密涵盖了多个方面的内容,其刑法规定也较为分散。刑法条文在对网络信息安全的保护方面走过了很长的道路,从《刑法修正案(七)》到《刑法修正案(九)》都在显示着立法的逐步完善。

1.网络信息安全刑法第一案

在网络信息安全涵盖的各个方面,个人资料与每个公民的日常生活紧密相连,也是每个公民都应该注意加强保护的方面。2011年7月22日周建平案在广东省高级人民法院进行宣判,其向电信诈骗犯非法提供出售公民个人信息资料的行为触犯了刑法关于个人信息保护的相关规定,被判处有期徒刑一年六个月,并处罚金,这是对《刑法修正案(七)》的首次应用,使其成为国内被以侵犯个人网络信息安全的罪名追究刑事责任的第一人。此后越来越多侵犯网络信息安全的犯罪分子被法律规制。但是我们也可以看到,由于犯罪分子掌握着多样化的犯罪手段和高科技的犯罪工具,案件的新型化逐渐成为网络信息安全犯罪的趋势,种种刑法规则在应对变幻莫测的犯罪行为时显得有些滞后和不足,这就需要刑法不断适应目前的大环境,依据信息网络状况的变化而进化法律条文。

2.《刑法修正案(七)》的相关规定

《2008年中国网民信息网络安全状况研究报告》指出将近80％的网络用户在进行网络活动需要填写个人资料时存在着一定的担心,认为这些上传的网络信息安全面临着被盗取滥用的风险。《刑法修正案(七)》在此背景下专门设定了关于个人网络信息安全的条文。《刑法修正案(七)》将第二百五十三条在原有的基础上进行了增添,使其更加完善,规定了由于工作需要能够掌握公民个人资料信息的工作人员只要对公民资料进行了违法出卖、泄露、盗用等活动,无论其是否处于工作过程中,都将受到刑事处罚,同时规定侵犯公民个人信息的单位以及其负责人员都将受到处罚。这一条文可以概括为对非法提供个人信息罪的规定。

除了应对个人信息的泄露,计算机系统的安全防护也在《刑法修正案(七)》中有所涉及,原有的侵入信息系统罪对于"信息系统"的限定略为狭窄,只规定了特定的范围领域的系统,而修改后的法条新增了两款,采用"以外"的说法来充分拓宽其保护对象,这样,就将此类犯罪的范围扩展到所有领域的计算机信息系统。同时具体描述了侵入后的违法行为和兜底条款,除此之外,该法条还规定了对侵入信息系统罪的两种帮助犯的处罚情况,约束对"提供"犯罪对象和犯罪工具的行为。

3.《刑法修正案(九)》的相关规定

《刑法修正案(九)》是在《刑法修正案(七)》存在争议与欠缺的基础上所做的改进,虽然不足之处仍然存在,但对于目前的网络信息安全仍具有很大意义。在个人网络信息安全方面,其删去了对原来犯罪主体的限定,这就意味着该罪名适用于任何侵犯个人信息的犯罪分子,该规定是针对目前信息时代频繁发生的侵犯、泄露个人信息案件所做的规制;删除了曾与"违反国家规定"存在语义重复的"非法"一词,规范并精确了对法律条文的表述;将原来条文第二款中规定的罪名针对对象由"上述信息"改为"公民个人信息",解决了一直以来学术界对此的争议;同时为补充《刑法修正案(七)》存在的欠缺,新增了对非法出售公民个人信息犯罪的认定和量刑处罚。《刑法修正案(九)》还确定了网络服务提供者具有保护信息网络安全的责任,加大了对信息网络犯罪的刑罚力度,新增条文还规定了对编造和传播虚假信息犯罪的认定和处罚。

第五节　国外对网络信息安全的法律规定

网络信息安全问题已经成为世界各国普遍关注的问题,各国均在其不同部门法中涉及了对网络信息安全的保护。但由于网络信息安全涵盖范围广泛使得这些关于网络信息安全的相关条文较为分散，往往只针对保护对象单独设立条文，在刑法中的规定也是如此。美国在网络信息安全立法方面较为完善，主要有《信息自由法》《个人隐私法》《计算机安全法》《公共网络安全法案》等；在商业秘密的保护方面，美国制定了《经济间谍法》，涉及经济间谍罪以及盗取商业罪两个罪名。英国于1999年出台《通信管理条例》，为了加强网络信息安全，减少信息犯罪，在此后又相继制定了《通信数据保护指导原则》《垃圾邮件法案》等法律。

在计算机犯罪方面，由于其比一般犯罪与网络环境的独特性有更加紧密的联系，其犯罪方式和侵害内容也十分广泛，加上计算机技术的不断更新改进，需要有细致而全面的法律对其进行保护，因而使得欧美等国家普遍制定单独的法律来规制计算机方面的犯罪行为，而不是单纯局限于一两条刑法典中的条款。作为一部单行刑法，瑞典制定的《数据法》更具有整体性和规范性，并且首次确立了关于计算机类罪行的预防和处罚方式。

欧盟为了保障国际网络信息安全，在国际刑事立法领域做出了很大贡献，欧盟委员会于2000年颁布了《网络刑事公约（草案）》。其看似是欧盟成员国的地区性立法，但它明确地表示要吸纳非欧盟成员国参加，使其能够逐渐成为一个世界性的公约，可以被普遍遵守。这个公约草案规定了对侵犯计算机系统，盗取系统中的机密文件、数据等违法活动的定罪和处罚，并且，对在计算机应用过程中进行的侵犯网络环境，给他人造成损失的行为也有所规制。除此之外，该草案还规定了在网络信息犯罪方面国际合作的相关细节和方式，如引渡、司法协助等问题。同时还对打击网络犯罪国际合作的意义进行了说明。① 在网络信息时代，各国

---

① 赵文胜.论网络信息安全的刑法保障[D].武汉：武汉大学，2014.

交往分外密切,信息的交互传播也日益频繁,能够制定一部被普遍接受和遵守的国际公约对于打击跨国信息犯罪具有重大意义。

第六节　我国网络信息安全的刑法保护中存在的问题及其完善

一、我国现行刑法保护中存在的问题

我国现行刑法在不断地改进过程中解决了在运用中的一些实际问题,但由于法律规则本身存在着滞后性,其本身的发展必定落后于时代的发展,目前就显现出了一系列的问题,需要我们提高认识并且进行改进,使刑法在保护网络信息安全的方面能够更好地适应网络技术的应用。

在对个人网络信息安全的保护方面,现行刑法没有明确什么是个人信息,既无定义也无列举。有关专家认为个人信息是"可以实现对公民个人情况识别的信息"①,而有学者则认为其是"体现个人隐私权的信息"。正是由于该罪名侵犯的对象缺乏概念和具体范围,所以为保护个人网络信息安全在实际中的运用带来诸多困难,极易使犯罪分子有机可乘。在宏观上,我国没有颁布统一的法律来对个人网络信息安全进行保护,而是零散地分布于各部门法的各个章节。有研究认为,中国大陆目前有 24 个法律或者规范性文件各自从某方面涉及对公民个人信息的保护,且均具有行政法律法规的性质。可以说,对公民个人信息的侵犯行为具备行政违法性质,适用于行政犯的特征。这就需要刑法在刑事制裁方面与行政处罚相衔接,以此来协调刑事制裁与行政制裁之间

---

① 　朗胜.《刑法修正案(七)》立法背景与理解适用[N].京师名家刑事法讲座,2009(40).

的关系,更大限度地保护公民的个人网络信息安全。

在对商业秘密的保护方面同样存在着不足,依据我国法律条文的相关规定,商业秘密包括技术信息和商业信息,法律对商业秘密的保护也从这两点出发,着眼于市场经济秩序,注重对商业秘密经济性质和财产权性质的保护。在网络信息传播如此速度的今天,大数据时代正在到来,而商业秘密的保护依旧局限于传统的知识产权显然不够,还应该涵盖到那些不具备商业秘密特征的内容上,例如上网痕迹、刷卡记录等网络环境中的数据信息。

在国家秘密方面,《刑法》中的规定较为分散,在第一章、第六章、第九章、第十章中均有所涉及,同时还有诸多法规条例来对国家秘密进行保护,看似严密,但已经不能适应目前的信息时代。"国家秘密"的对象范围在刑法中有严格的形式要求,其不仅需要依据相关权限和程序定密,更需要设定保密标志,这就缩小了国家秘密的范围。除此之外,在实质要求上,由于国家秘密的特殊性和重要性,其还需要满足"关系国家安全和利益"这一要求。国家安全和利益具有全局性、层次性、直接性和领域性特征。[①] 其中直接性是指如果某些秘密或事项由于不法分子的侵害而被公之于众或者遭到泄露时,那么将会造成对国家安全的破坏以及国家利益的损失,因此对于间接侵害国家安全和利益的行为由于不符合直接性的特点使得其被排除在规制之外。并且,在信息时代,大多数机密内容和信息都是以数据的形式进行储存和流传的,这些数据缺乏国家秘密的定密形式,也不具有知识内容,使其被排除在国家秘密的保护范围之外。但这些数据往往存在着巨大的情报价值,涉及诸多国家秘密。

在侵犯计算机系统犯罪方面,罪行规定较为死板,随着计算

---

① 严雪林.试析国家秘密的特征[J].网络信息安全与通信保密,2010(2),35.

机系统的升级以及计算机技术的不断进步,计算机犯罪也呈现出超高的技术水平,不仅破坏计算机系统,同时也对计算机硬件进行损害。对硬件的损害也可以造成破坏计算机系统的结果。目前的刑法条文更注重的是对信息系统的增、删、改、扰等行为,这就忽略了对破坏计算机硬件的处罚,依据毁坏财物罪对其进行处罚会出现罚不当罪的情况。

综上,刑法在对网络信息安全不同方面的保护上存在缺陷,我们大致可以看出,保护网络信息安全应该加大力度,完善保护体系,不仅从每一条法律入手,更应该从整体上进行把握。

二、刑法保护的完善

伴随着网络信息的发展和计算机技术的进步,计算机等信息犯罪无论是其犯罪形式还是犯罪技术都在不断进化和发展,新生法益也在逐步显现。立法不可能寻求到一劳永逸的法规来应对诸多问题,这就需要不断改进立法来应对层出不穷的技术更新,使新生法益能够被刑法涵盖。

1.增设计算机渎职罪

失范行为很大程度上就是由于立法滞后引起的,从而导致理与法之间的冲突。[①] 法律必须以最大的限度突破其本身的内敛性和克制性,适应科学技术的突飞猛进,将由时代特色所产生的新的法益纳入刑法体系中。根据网络信息安全犯罪的目标逐渐扩大,个人资料、网络信息等各类型的资源在信息时代呈现的数据性的特点,需要增加刑法保护的对象。例如,对信息呈现的数据特性进行保护,将盗取、买卖各类数据,危害数据安全的行为入刑。在计算机系统安全方面,增加对计算机使用人员行为的规范

---

① 陈兴良.刑法的价值构造[M].北京:中国人民大学出版社,2006,115—122.

也势在必行。据美国安全杂志 *SECURE CYBERSPACE* 调查，89％的用户安装了防火墙，60％的用户安装了入侵检测系统，但电脑资料信息泄露的事情还是时有发生。其原因在于计算机安全防护采用的防火墙只能对抗来自外部的攻击，对于内部的攻击或者窥窃则显得力不从心。依据我国公安部的最新统计数据，在机密泄露案件中 70％来自单位内部的电脑机密泄露。所以从源头上保护网络信息安全，还应该设定统一标准的针对所有计算机使用者的计算机渎职罪。

2. 刑法要明确网络信息安全的相关概念

刑法条文中对罪名概念的解释，对相关名词的界定，是该法律条文在实践中能够得到积极有限运用的基础和关键。原有的刑法条文中或由于语义模糊不清，或由于涵盖方面有所欠缺，使得其不能适应目前信息时代的现状。这就需要不断在实践中发现问题，通过补正来弥补法律条文中的漏洞，扩大法律保护的范围，使条文表述更加明确，让侵犯网络信息安全的犯罪分子无空子可钻。例如在上文中提到的对"个人信息"的界定就是一个急需解决的问题。我国《个人信息保护法》还没有出台，也不能寄希望于其他部门来对该概念进行解释，那么刑法典就应该对这一概念进行界定。如果欠缺准确的语言表达来穷尽对个人信息的概括，那么可以选择用列举法来说明个人信息的涵盖范围。这也有利于未来对个人信息的范围的扩大。

3. 网络信息安全刑法保护整体化

刑法对于网络信息安全的保护是十分零散的，没有完整性可言，除了刑法保护的信息法益较少、规范较为陈旧之外，刑法典中有所涉及的信息方面的保护也并不是围绕保护网络信息安全而展开的，而是分散地分布于不同章节，原因在于关于信息的立法不够独立而且是依附于与其想贴近的罪名而设立的。这不利于刑法在网络信息安全保护方面体系的形成，零散的碎片式的体系不利于对网络信息安全全面的防护,也不利于提高保护网络信息安全在公民心中的地位。在《刑法》中设定专门章节来涵盖对网络信息安全保护的全部内容将解决这一问题,或者采用单行刑法的方式,将网络信息安全的内容进行全面的保护会使得刑法在保护网络信息安全方面能够充分发挥其作用。

第九章
反垄断执法中相关市场的界定

　　互联网行业已是当今研究反垄断法实施无法规避的一个重要的行业,故此,界定互联网产品的相关市场理应是此领域内反垄断执法的一个起点。一方面,互联网已经越来越深入我们的生活,就以中国为例,已经有将近三分之一的人口成为"网民",因此,互联网的竞争和服务状况将直接影响中国 4.5 亿主流消费者的生活;另一方面,虽然互联网在我国甚至世界范围内都还处于初级阶段,但已展现出明显的垄断倾向,从美国 Google、Facebook 到中国的腾讯、百度、阿里巴巴,其相关领域市场份额都在半数以上,反垄断的调查或者诉讼也在不断地发生,因此,对互联网经营者如何进行反垄断执法的研究已显得迫在眉睫。

第一节　相关市场概念的厘定

一、反垄断法实施中的相关市场界定

　　相关市场的界定并不是反垄断法中的一项独立的制度,但它是建立和实施反垄断法各主要制度的基础。在已建立起反垄断法基本制度的国家和地区,相关市场的界定往往成为反垄断法实施中的一个非常关键的问题。只有通过相关市场的界定,才可知晓在一个市场上到底有多少的竞争者,他们各自的市场份额有多少,进而才能判断出涉嫌违法企业究竟能在多大程度上正在行使或者将来可能行使其市场支配力,从而使其行为具有或者产生限制竞争的违法性效果。在大多数场合,相关市场的界定实际上是

竞争分析的出发点和基本前提,虽然其内容未必规定在反垄断法的具体条文之内,但是却蕴含在反垄断法的各主要制度之中,并成为反垄断法实施中的基础性工作。

作为竞争发生作用的领域,相关市场是指经营者在一定时期内就相关商品或者服务进行竞争的商品范围和地域范围。我国《反垄断法》第十二条第二款就是如此规定的。这里涉及两个方面的基本因素,即商品(常常也成为产品)和地域,分别构成了相关商品市场和相关地域市场。

然而,相关市场的界定一般是一个事实认定问题,而不是一个立法上的规定问题,同时,相关市场界定的这种技术中介往往可以体现反垄断执法的严宽,从而也体现出一定的政策性。正如波纳斯所指出:"市场集中率对于反托拉斯法实施的重要性,使界定市场以计算被告的市场份额变得至关重要。由于市场界定具有足够的弹性,高度集中变得无处不在,数量惊人的良性兼并能够被弄得好像带有危险的垄断性。"[①]亚格纽也指出:"从某种程度上来说,产品的每一个供应者都会成为垄断者,如果市场规定得相当狭窄的话。"[②]当然,反垄断政策的宽严有时并不一定需要体现在立法的条文修改上,也完全可以体现在实施时对相关市场的界定这个技术性操作中。

二、与市场界定相关的概念界定

1.市场的有无之辨——对于产品免费即认为"无市场"的反驳

反垄断与竞争必须是能够和市场相联系的,原因是只有在相对具体的市场条件下,才能认定一个竞争行为是限制竞争还是有

---

① 理查德·A.波斯纳.反托拉斯法(第二版)[M].北京:中国政法大学出版社,2003,172.

② 约翰·亚格纽.竞争法[M].南京:南京大学出版社,1992,56.

利于竞争。① 从消费者和市场经营者的角度出发，所谓的市场指的是，消费者购买商品的场所或者是经营者提供相关商品的场所。然而，有的人则认为，在互联网行业中并不存在市场，最简单的理由就是，例如微软公司提供的 MSN 客户端程序、腾讯公司提供的 QQ 客户端程序、支付宝等一系列互联网产品都是免费供人使用的，并不收取任何费用；但是，商品则是应该被界定为一类用于交换的物品或者服务；而上面所提及的产品显然是免费的产品，这些产品明显不能被定义为是反垄断法上的"商品"。那么，既然不存在商品，也就自然不会存在市场。

　　在现实之中的确如此，就互联网行业而言，其中确实存在很大一部分的通信工具或者是其他软件是免费的，上一段所提及的结论似乎有充分的根据，也有合理的推论，但从反垄断法的角度来看，这么理解是否存在"市场"显然是失当的。反垄断法的目的在于规制限制甚至排除竞争的行为，并且以此来恢复应有的竞争，以便达到消费者福利的提高和权益的保障以及产业技术进步的目的。在反垄断法的意义上，"市场"单单只是竞争所存在的场所，反垄断法关注的也仅仅只是在市场背后所隐藏着的竞争关系之中的竞争行为。作为市场，必定会存在着许多不同的经营者与经营者之间的关系、消费者与经营者之间的关系。而竞争首先会存在于各个不同的经营者之间，故此，一个经营者的行为毫无疑问会对其他经营者产生一定的影响。因此，免费提供商品这种行为其实本质上可以被认为是一种价格行为，然而价格的竞争也毫无疑问地成了各个经营者从事竞争时所拥有的最为有利的武器，由于价格是市场重要信息的一个组成部分，市场主体也总是会根据商品的价格信息来最终决定自己应出台的价格战略。② 综上

---

　　① 王晓晔.欧盟竞争法[M].北京：中国法制出版社，2001，75.
　　② 吴伟达.反垄断法视野中的价格竞争[M].杭州：浙江大学出版社，2005，31.

所述，所谓的免费的产品，其背后所体现出来的不过是一种竞争的关系，那么，互联网行业也理所应当地在反垄断法规制的范围之内了。

2.互联网产品的分类以及相应竞争性产品的考察

首先，人们对于互联网经济和其产品往往有着狭义和广义的理解。其中，狭义的互联网经济仅仅指的是以计算机网络为中心发展起来的新兴行业，目前主要有搜索引擎、社交网络、电子商务等一系列的细分区域，而其所相对应的产品也集中于此。而广义上的互联网经济则主要指的是通过计算机互联网在社会经济的各个领域中进行普遍使用，并且使信息、知识的成本得到明显的下降，同时逐渐成为核心的生产要素的全球化经济形态。从广义的定义中，我们不难看出互联网本身并非独立地发展，而是不断地渗透进人们的生活之中。它一方面带来了全新的信息交换类产品，另一方面也经过在渠道上的创新，为我们在获取传统商品时提供了一些更加新颖的方法，此时，新兴的产品与原先的传统产品之间就很有可能存在一定的交叉替代性，而这个也将会影响反垄断法在执法之中的市场界定的问题。

介于功能上所具有的替代性，对于互联网所带来的全新的信息类产品以及社会上已经存在的传统产品应当作一个相对而非绝对的理解，主要原因就是互联网新产品的部分功能在一定时候也是可以借由传统产品来实现的。最典型的一个例子就是如QQ、MSN、微博等即时通讯软件是基于互联网的发展过程中建立起来的，但是它们的大部分功能还是可以由一般的传统产品来实现的，后者只是在便捷性、速度和价格上有一定的劣势。显然，互联网能够使我们获取信息的广度以及速度得到大幅度提高，但是两者是否能够完全地进行相互替代却仍然需要具体的分析予以确定。这个特征也促使我们开始思考反垄断市场的纵向与横向的界定。在横向方面，要求跨越产品依存的载体充分考虑那些传统产品之中所有可以与此互联网产品功能上相近,可以进行替代或者选择的可能;而就纵向方面,则需要考虑在整个互联网行业之中具有竞争性的企业和它所生产的产品之间是否存在替代的可能。

3. 相关市场的界定以及市场垄断地位的确定

界定相关市场的主要目的是为了更好地判断出某一企业在所划定的市场之中的市场份额,并且以此作为该企业是否在该市场之内具有垄断地位的重要依据,此时,当其达到了一定的市场份额时,常常可被推定为是有相应的垄断势力的。故此,互联网企业若是按照这种传统的反垄断的分析模式来进行分析,那么,它就很容易被界定为是具有市场支配地位的。例如,我国的反垄断法就明确规定,一个经营者在相关市场中的市场份额达到 1/2 时,就可以推定这个经营者具有市场支配地位。这样的一种推断方法就使得相当多的优秀互联网企业成为拥有"市场支配地位"的企业,而其本身也会被放置在反垄断法的密切关注下。其实,一个企业所获取的市场支配地位是和互联网经济的如下特点紧密相连的。

(1)注意力经济。某位诺贝尔奖获得者曾经在对经济未来的发展趋势做出预测的时候指出,"伴随着信息的发展,有价值的其实不是信息本身,而是注意力"。随着互联网的出现,信息的来源实则已经大大地被丰富了,所以,信息不再像从前那样——是一种稀缺性的资源,现今更多的是过剩的状态,但是与此同时,人们自身的注意力反而成为一种稀缺性资源。因着每一个人的记忆力与精力都是相当有限的,所以人们只能有选择地对某些信息进行处理、加工甚至是记忆,这个时候就常常会选择排名较为靠前的。注意力经济的竞争方式也因此体现出一种"赢家通吃"的状态。

(2)双边平台效应。互联网作为一个信息交流的平台,在日常的生活之中常常会以"双边平台"的形式出现。这种以双边平台作为特点之一的互联网产品的重要特点就是它对用户所体现的价值不再是固定的,而是依着使用同样产品的用户的增加而一起增加。网络成员的逐渐增加也就意味着网络价值的递增,这样反过来就可以吸引更多的成员。故此,较为大型的网络就得到了较好、较持久的发展,而那些较为小型的网络就会呈现出日渐衰落的境况,进而表现出来的就是互联网行业之中充斥着较多的垄断现象。以上的这些特点也使得在最终互联网行业中会仅存那些具有绝对的优势地位的企业。例如,我们常见的搜索引擎就是一个典型的双边平台产品,那么,拥有用户最多的那些搜索引擎就必然会吸引更加多的企业在它上面发布广告。

(3)需求方规模效应。需求方规模经济的存在在一定程度上造就了一个循环体的出现,即某个特定的互联网产品的用户越多,那么它自身的产品价值也就越大,这样一来,就能吸引更多的用户加入它的网络体系之中,进而形成一个非常强烈的正反馈效应。在这样一种正反馈效应的作用之下,互联网产品的市场也就随之扩大,此时,产品的市场占有率也就急剧提高,其垄断性急速增强,以至于到最后形成了一种寡头垄断型市场结构的局面。所以,需求方规模经济同样能很好地解释互联网经济出现垄断的原因。

综上所述,这些特征相互之间进行作用,逐渐使得互联网行业自身天生就存在着垄断的倾向,并且在最后体现为互联网行业中的奥林匹克规则,即只有位列该行业的前三名才有能力存活下去,此种集中性在互联网行业中体现得尤为明显。举个例子来说,2010 年,腾讯、百度、阿里巴巴这三家互联网公司的市值合计都已经达到 774 亿美元左右(此处阿里巴巴的市值仅为阿里巴巴B2B,旗下的淘宝、支付宝、阿里云计算、口碑网等诸多阿里巴巴集团子公司不包括在内);据互联网实验室统计,截至 2010 年 11

月,中国互联网上市公司市场价值总和已经达到 1105 亿美元(整个行业市场总价值约 1500 亿美元)。由此可见,腾讯、百度和阿里巴巴三大公司的总市值,在中国互联网上市公司市场总值中高达 71%。

但是,对市场的垄断地位的认定并不能够单独依据市场的份额来决定。比如,在美国,市场支配地位往往会用"市场力"来表述,而市场力则常常被定义为在企业所具有的在提升产品的价格之后不会在短时间之内将自己原先拥有的市场份额丢失给相应竞争对手的一种能力。与此同时,互联网行业的垄断还常常有着竞争和垄断双强化的特征。也就是说,市场开放的程度越高,所存在的竞争也就愈加强烈,那么创新的速度也会随之加快,同时相对应形成的集中度也会越高,之后所带来的行业垄断性就会更强;强烈的垄断性和更高的集中性会使得市场竞争愈加激烈。这一现象也被一些经济学的研究者称为竞争性垄断。[1] 当然,竞争性垄断的市场之中的垄断地位的变化也会相对比较快。因此,我们必须充分了解互联网行业,并以此来准确定义互联网产品的相关市场以及市场地位。

第二节 互联网行业需求替代角度的市场界定

在反垄断法上,不同商品之间的合理的可替代性不单单只是体现在商品的某些物理方面的性能上(如用途),更加重要的是需要考察基准商品(例如并购一方所生产的商品)之价格变化是否会对另一种甚至另一类商品的需求变化有直接的影响。故此,需求替代性,在实质上是根据需求者对商品功能用途的需求、价格

---

[1] 曲振涛,尹妍.新经济条件下竞争性垄断市场结构的出现[J].商业研究,2005(6),1—5.

的接受、质量的认可和获取的难易程度等诸多因素，从需求者自身的角度确定的不同商品之间的替代程度。

一、互联网相关商品市场的商品分类

在对互联网相关商品市场进行界定的时候，可以将其大致地区分成两类商品，一类是如搜索引擎、即时通讯和电子邮件等类型的互联网信息交换类产品，另一类则是如服饰、食品、书籍、珠宝等类型的以互联网为销售渠道的传统商品，即我们日常生活中随处可见的电子商务。这两类商品的差异促使我们寻求与其有关的相关市场的界定的规律。然而，在对其进行相关市场界定时，此二者都需考虑与互联网行业内产品竞争以及和传统行业或者在传统模式下销售的产品的竞争状况，进而出现了横向跨互联网同类产品的市场以及纵向跨互联网内外两个市场类别的市场界定分析。

二、互联网信息消费类产品的相关产品市场界定

1. 以百度案件为例

首先，以百度案为例来剖析前文所提及的互联网信息交换类产品的相关产品市场的界定。在唐山人人公司诉百度的案件中，百度所提供的搜索引擎是一种具有双边平台性的产品，在这个平台的两边分别连接着普通的网民与企业，在该诉讼案中的原告是企业用户而非那些普通的非付费网民。对于那些非付费网民而言，相关市场可以考虑为是一个搜索引擎市场；然而，对于那些企业来说，百度搜索引擎产品的功能和用途实则是通过这样一个搜索引擎的双边平台中的另一方用户在使用搜索引擎的过程之中来实现该企业的广告的目的的。所以，法院把此案中的相关市场界定为是"搜索引擎"市场并不符合其使用目的，而界定为"商业广告"市场就能初步符合相关市场界定的目标，但是是否可以因

此而将该案的相关市场界定为"商业广告"市场则仍然需要做出进一步的分析与考量。

搜索引擎产品的相关市场的界定在国外其实早有先例,谷歌(Google)作为一个优秀的引擎产品,占据着欧美市场的大多数的份额。在 2007 年的 Google-DoubleClick 合并案中,美国的联邦贸易委员会经认证,将其相关市场认定为"搜索广告市场"(Search Advertising Market)。① 而在另一个案件——Google 对 AdMob 的收购案中,因为 AdMob 是全球最大的手机广告平台,其所从事的主要是移动广告业务,美国的联邦贸易委员会则把这个市场认定为"移动广告网络"市场(Market for Mobile Advertising Networks)。②

2. 以腾讯与 360 之争为例

即时通信是互联网行业之中另一种典型的产品。即时通信的出现不仅大大便捷了人们的生活,也使得人们的沟通成本大大减少。虽然即时通信的部分功能可以由诸如电话、传真来替代实现,但是这两类产品并不具备反垄断法意义上的可替代性。一般意义上的通信类产品往往会因为使用人的工作、学习地点的变化而变化,但是即时通信的号码却是可以终生使用的;与此同时,即时通信的免收费更是一般意义上的通信类产品所无法替代的,因此,即时通信产品与一般意义上的传统的通信类产品几乎不存在在"假定垄断者测试"中划入同一商品市场。

在腾讯与奇虎 360 的冲突之中,前者是一家在 1998 年成立的以即时通信起家的互联网巨头的企业,也可以说它是目前中国

① Statement of Federal Trade Commission. Statement of Federal Trade Commission Concerning Google/Doubleclick[EB/OL]. 2011—07—12.

② Federal Trade Commission. FTC Closes its Investigation of Google AdMob Deal[EB/OL]. 2010—11—30.

互联网客户端的霸主,而其旗下的 QQ 软件更是当前国内使用范围较为广泛的一款即时通信软件;而后者,即 360 则是奇虎公司在 2006 年推出的一款杀毒软件,它在日前也已经成为国内客户端第二大的公司。其实,无论腾讯与 360 从事什么样的互联网细分业务,它们都是凭借一个核心客户端来捆绑一系列的附加产品进而从中获利的,其在本质上都是客户端。因此,互相间的竞争,即争取尽量多的桌面成为必然,腾讯以 QQ 作为依托覆盖尽量多的互联网应用策略,这个也必将会与奇虎 360 的业务发生一定的重叠,两者的产品也必然会出现一系列的非传统层次的竞争。此次事件也在提醒着我们,在进行互联网行业相关市场界定的时候,必然要关注互联网的各个公司之间可能存在的竞争,而不论其当前是否从事同一类的细分业务。

三、以互联网为销售渠道的传统商品的相关市场界定

对于此种以互联网为销售渠道的传统商品,情况则与上文所提及的互联网信息交换类产品有所不同。像书籍、服饰一类的传统商品,我们在线下的商城或称实体店也能够买到。在电子商务出现以前,曾经又出现了诸如电视购物、邮政购物等非面对面的销售方式;但是电子商务的出现则使得商品自身的销售渠道被丰富了,进而使得互联网销售的长尾效应给消费者带来更多的福利。然而,那些通过不同的销售渠道进行销售的同类商品并不一定属于或者不属于同一个产品市场,在通常的情况下,我们往往依旧会根据产品的质量、价格以及获取的便利性来综合考虑替代可能性。

1. 以意大利图书俱乐部为例

该案例主要适用于证明,通过不同的渠道进行销售的同类产品可以被认为属于不同的相关产品市场。在 1999 年,Bertlesmann 与 Mondadori 向欧共体委员会提出申请,其目的在

于组建一家合资公司,二者运营双方在意大利图书俱乐部的活动,并且接管各自相关的资产。

欧共体委员会在对其进行相关市场的界定是,并没有将该市场界定成"图书馆零售市场",而是界定成"远距离销售图书市场"。原因主要是,委员会在分析之后认为,后一种消费方式消费者不用在销售人员面前做出选择,消费者可在家里收取书籍并且可以获得退款,而那些居住在一些偏远地区的人们除了此种购书方式也别无选择。但是,图书俱乐部的服务方式与远距离销售图书的方式可互相替代,据此可定义为一个独立的市场。[①] 因此,在这个案件之中,同样是书籍零售,却由于销售方式的不同而对其进行了不同的相关市场的界定。

2. 以 1996 年美国联邦贸易委员会诉史泰博办公用品公司为例

美国联邦贸易委员会诉史泰博办公用品公司案件发生在1996 年,该案件认为同样的文件夹,在超市进行销售与通过邮购销售即分属于不同的产品市场。[②]

该案中,美国两家最大的办公用品超市,即 Staples 公司和 Office Depot 公司计划合并,FTC 经审查认为此案的相关产品市场应该是经过办公用品超市销售的办公用品市场。FTC 指出,经过办公超市进行的办公用品销售为消费者们提供了低价、便利的以及多选的独特组合,同时也提供了一站式的购物以及有竞争性的价格,而邮购文具价格普遍比较高,无法对其形成有效的价格约束,所以这个定义是适当的。最终,联邦贸易委员会以 4∶1投票结果驳回这项合并申请。两家公司对此向法院起诉,美国哥

---

① Bertlesmann. Mondadori. Regulation(EEC)No. 4064/89 Merger Procedure[EB/OL]. 2011—03—21.

② Bruce Abramson. Are "Online Markets"Real and Relevant? From the Monster-Hotjobs to the Google-Doubleclick Merge, Journal of Competition Law&Economics,Vol. 4,No. 3,2008,pp. 662—665.

伦比亚特区联邦地方法院经过为时七天的审判,最终同意了联邦
贸易委员会的决定。①

四、从需求替代角度分析互联网相关市场的总结

虽然上述的两个案例都为我们界定了不同销售渠道的同类
产品的相关市场界定提供了参考,但是我们仍然不能机械地理解
该问题,即理所当然地认为以互联网为销售渠道的产品与以传统
销售方式销售的产品一定属于不同的产品市场。两个案子虽然
最终都被认定为以不同销售渠道销售的同类产品不属于同一产
品市场,但其主要原因还是在于以不同销售渠道购得商品的消费
者在获取产品的时候,在便利性以及价格方面都有着较大的
差异。

因此,在考虑到产品的同质性的同时,互联网上传统类产品
的相关市场的界定不仅仅需要考虑到互联网行业内部的竞争,而
且更重要的是,还需要考虑到在结合价格、质量以及获取时的便
利性的前提之下来衡量传统市场对它的竞争。也就是说,在较大
的程度内,两种不同销售渠道的同类产品有可能会构成实质性的
竞争,对于消费者来说可能没有使用功能上的区别,所以两者是
完全有可能在未来的一些案件中被认定为同属于一个产品市
场的。

第三节　互联网行业供给替代角度的市场界定

上文对互联网产品的相关市场界定的分析,主要是从需求替
代角度所进行的分析;除此之外,我们仍需要从另外一个角度出

---

① 塞尔达·达克尔,弗雷德里克·R.沃伦-博尔顿.价格、市场界定和
合并的效果:Staples-Office Depot 合并案(1997)[J].产业经济评论,2008
(2),19.

发,即从供给替代角度出发对互联网行业的相关市场进行进一步的界定。

所谓的供给替代角度,主要指的是根据其他经营者在改造生产设施的投入、所承担的风险以及进入目标市场时所用的时间等等的因素,从经营者的角度出发,来确定不同的商品之间的替代程度。[①] 供给替代,主要着重的是从现在以及潜在的竞争者的角度来评价竞争压力。

一、供给替代状况分析对反垄断案件的影响

在 2010 年 5 月 21 日,美国联邦贸易委员会在批准 Google 收购 AdMob 时强调,尽管以前一直担心该次收购会使 Google 在互联网搜索市场之统治性优势延伸至无线领域设备,但是仍然考虑到苹果公司进入此市场并推出自己的具有竞争性的移动广告网络系统。与此同时,一批公司正在发展属于自己的智能手机平台,并以此更好地与苹果的 iPhone 和 Google 的 Android 进行竞争。故此,美国联邦贸易委员会最后以 5∶0 的投票结果同意结束对此次贸易的调查。通过该案,我们可以清楚地看到供给替代状况分析对于反垄断案件的影响。

其实,早在 20 世纪 70 年代的中期,美国就已经有一些法院在采取用需求替代进行市场界定的同时,也开始采用这种供给替代来界定相关市场。也就是说,当一组产品在一定的地理区域之内已经达到法定的份额可以被认定为具有垄断地位,但是由于考虑到了在该地理区域之外的其他竞争者进入该市场之后,垄断者的垄断利润会出现下降的情况,此时的法院往往会考虑扩大相关

---

① 王先林.中国反垄断法实施热点问题研究[M].北京:法律出版社,2011,329.

市场的界定。[①] 当然,和供给替代相关的争论并不在于其是否有存在的必要性,而是应当讨论对其的分析应集中在什么阶段。就现今而言,对于供给替代分析常常会成为相关市场被界定之后的执法过程中所考虑的一个综合因素。

二、就市场进入门槛对互联网行业进行相关市场界定

一般而言,在一个行业之中,其经营者对生产所需的设备进行改造的投入越小,那么其所承担的风险也就越小,从而导致其所能提供紧密替代品的速度就越快,进而使得供给替代程度就越高。也就是说,在通常情况下,某一市场进入的门槛越低、政策和市场的障碍越少,就会使得想要进入该市场的经营者越多,那么,供给替代的状况也会随之越好,并且最终致使经营者滥用市场支配地位的可能性大大减少。其实,行业之间的不同点也正是体现在进去该行业的门槛的不同之上。

就本书所研究的互联网行业而言,市场的进入门槛主要包括以下四点,即政策与法律门槛、知识产权门槛、资金门槛以及技术门槛。下面,将着重就前两点进行简单论述。

三、政策与法律门槛

政策和法律这一门槛常常是以企业最难突破的门槛存在的,在互联网行业之中更是如此。就以大家最常见的互联网电视来说,目前中国的广播电视总局对于互联网电视所采取的是一种叫作"集成服务＋服务内容"的管理模式,并以此分别颁发集成业务和内容服务两种牌照,同时还规定每一台互联网电视的终端都需要植入一个集成牌照持有者的管理平台,并且用家电厂商自建的

---

① Jonathan B. Baker . Market Definition : an Analytical Overview [J]. Antitrust Law Journal,2005(1),129.

内容平台相应进行转交给集成牌照的持有者接管或者关闭从而保证运营的可控性。但是,"互联网电视集成业务"首批的三张牌照单是颁发给了中国网络电视台、上海文广和华数这三家有着国资背景的"广电系"企业。也就是说,所有的电视厂商有且仅有与上文所提及的那三家企业进行合作,才可以销售互联网电视,而那些民营的视频网站也就自然没有办法进入互联网电视行业了。这就从一个侧面造成了那些牌照的持有者对该行业资源的垄断。同时,这实际上也意味着,因受国家监督管理政策的限制,在短期之内要保证该领域有足够多的供给替代者还是有一定难度的。

四、知识产权门槛

除了上文所述的政策与法律的门槛以外,知识产权门槛也同样体现在互联网这个知识密集型行业。较为典型的案例就如美国的一家电子商务网站——"亚马逊"拥有这样一项名为"1-click"的专利技术,该技术主要是允许在线用户只通过一次的点击就可以完成整一个的购买过程。但是,当亚马逊发现另一家商务网站(Barnesandnoble. com)采用了与之较为相似的技术时,便将后者告上了法庭。最后,法官向被告发出了初步禁令,并且要求其立即停止使用此销售方式。当然,这里所说的对商业模式的知识产权保护本身目前也尚处于有争议的状态。除此之外,互联网行业的上游基础性产品的知识产权也会限制下游企业的进入和发展。

五、供给替代分析互联网相关市场的总结

供给替代分析在一定程度上说,对于平衡互联网行业反垄断执法的严苛这一方面还是有帮助的。假使一个行业内的竞争是十分充分的,那么在其内部出现短时的垄断其实也并不是那么可

怕,其中的垄断也只不过是该行业内的一种暂时性的稳定状态,也是这个行业在经过竞争选择的洗礼之后所呈现出来的一种高级阶段,而且这种阶段也往往是暂时的。只要该行业一直是处于一个动态的、开放的状态,那么系统自己本身就仍然可以实现竞争者的自由出入。在这样一种情况之下,竞争就会使得这个行业不断地沿着这样一个循环上升的路径发展——从垄断到垄断被打破,从这个被打破的垄断再发展出一个更新、更高级的垄断,之后再次打破新的垄断。故此,相关市场的界定理应配合反垄断执法,而供给替代的原理也意味着反垄断执法应该在最大的限度内提示行业系统内的竞争对手,并且同时也打破那些不合理的政策限制。

第四节　互联网行业相关地域市场界定的问题

相关地域市场,在传统的理论中指的是一种产品和同类产品以及替代产品竞争的地域范围,它不仅仅包括了消费者所选择的替代性商品的地域范围,同时也包括了反垄断案件所涉及的被告人本身所面对的竞争地域范围。[①] 这一些地域范围往往表现出较为强烈的竞争关系,也就是在反垄断执法中可以被当作是经营者进行竞争的地域范围。换句话说,如果某种产品涨价,那么该产品的用户是有可能转向其他地域所在生产商的地域范围的。

一、关于相关地域市场的相关理论

在众多的关于相关地域市场界定的理论之中,属理查德·波斯纳与威廉·兰德斯所提出的转移理论最有影响力。此理论的

---

① 吴宏伟,廖娟. 互联网行业相关市场界定研究[J]. 甘肃理论学刊,2013(1),125.

主要观点认为,若一个异地的经销商在本地的市场上有一些产品进行销售,那么,在计算本地的经销商所销售的总量时,应当将该经销商所有的销售都计算在其中,而不应该考虑其销售是否发生在本地。① 他们的理由是,异地的经销商既然能够在异地进行销售,那么其已经证明自己在本地市场的销售能力,所以也可说明他们能够轻松地通过转移其他市场的销售来增加其在本地市场的销售量。这个理论主要是用以强调国际竞争,但是与此同时,由于受到了这个理论的影响,相关地域市场的界定也有可能会变得比较广阔,进而使得反垄断执行变得相对宽松。

与上述转移理论十分相似的还有一个叫作"阿里达—特纳法"的理论。这个方法也将在本国市场之内有销售行为的那些外国的经销者的销售总量计入市场销售总量之中;而这个方法与上文所提的方法的不同之处主要在于,此方法附条件地将一些销售排除。这个理论主要认为,若某个产品在某国同时存在进口与出口的行为,那么这个外国生产者的销售总量就不应该被计入相关地域市场之中;但是,若某个产品再加上运输以及关税价格之后已经超过了本国的产品价格,那么也是不应该被计入相关地域市场之中的。②

除此之外,美国司法部与美国联邦贸易委员会于 1992 年所发布的平行合并指南按着是否存在据顾客所在的地理位置进行价格歧视之情况,还将地域市场划分为按供应商地域位置与按顾客地域位置来界定两种情况。③ 也就是说,假如供应商对不同地

① William M. Landes, Richard A. Posner. Market Power in Antitrust Cases[J]. Harvard Law Review, Vol. 94, Issue 5, 1981—195：937—996.
② 仲春. 互联网行业反垄断执法中相关市场界定[J]. 法律科学, 2012 (4), 133.
③ 1992Horizontal Merger Guidelines [EB/OL]. http://www. ftc. gov/bc/docs/horizmer. shtm.

域的消费者存在着价格歧视的话,那么,执法机构就可依据目标客户的地理位置来进行相关地域市场的界定;若其并不存在价格歧视,执法机构一般仍然按着供应商的地理位置来界定相关地域市场。

二、相关地域市场界定的考虑因素

在界定相关地域市场的时候,需要考虑的因素众多,然而其中最为主要的有以下几个。

首先,产品所销售的地区之间的差异首先是需要被考虑的。譬如,进口关税、国家的外贸政策、向国外进口产品时所需的条件、语言条件和销售设施等等诸多因素,都会在一定程度上使得国内外产品处在不一样的一个竞争条件之下。所以,虽然外国产品在性能、用途甚至是在价格方面与国内的产品有着诸多相似之处,但是,它们二者却仍然是处于不同的地域市场范围之内的。①

其次,还需要考虑的因素是消费者的喜好、产品的价格和运输费用等等。早在欧共体委员会界定相关地域市场的时候,就已经对证据的搜集采取了不同的规定,即"过去转移订单到其他地区的证据、基本需求特征、顾客和竞争者的观点、当前采购的地理模式、贸易流向或者出货方式、转移订单到其他地区公司的障碍以及成本等等"②。

再次,法律制度也是需要被考虑的因素之一。因为从一定的角度说,法律仍然是对产品自由流动的最大的限制,假如一件产品的自由销售受到了法律法规或者是政策的限制,那么就算是性质和功能完全一致的两种产品也是没有办法被划分到同一个市

---

① 王晓晔.中华人民共和国反垄断法详解[M].北京:知识产权出版社,2007,86.
② 王晓晔.中华人民共和国反垄断法详解[M].北京:知识产权出版社,2007,86.

场的。

最后,在界定时我们需要考量的因素是商品的运输成本、运输特征等。当然,对于互联网产品而言,在这一方面可能有一定的优势,即其运费较低、运输方式较为简单,这也使得这些产品的地域市场变得更为广阔。

就如上文所提及的信息交换类的互联网产品由于存在着语言和使用习惯的诸多限制,其地域市场应该被界定为是具有全国性的。而对于那些以互联网为销售渠道的传统类产品的地域市场,则不得不考虑到产品在销售过程中所出现的运输成本,且必须考虑该运输成本在产品的价格中所占的比例,就拿水泥这类运输成本较高的产品来说,其地域市场就肯定会被局限在当地的市场;但是食品、服装、化妆品、书籍等一类的产品,在电子商务以及物流业充分发展的前提之下,其所经营的地域市场在没有任何的地区间的贸易壁垒的影响之下,其地域市场完全可能是全球范围的,但在考虑到像语言、使用习惯等因素的影响下,其地域市场也可以是全国的。就总体而言,互联网的发展使得许多的产品销售空间得到了很大的拓展。

第五节　关于互联网行业相关市场的界定的建议

一、考虑模糊界定的可能

在反垄断案件的审理过程中,法院通常会把市场界定的责任交给原告,且要求原告能够提供清晰界限的竞争范围。譬如,在美国,若原告不能提供一个清晰的市场边界,那么案件就很有可能会被驳回,这样对于原告而言也将会造成很大的负担。上文中已经提到过的唐山人人公司诉百度案中原告败诉的主要原因也是法院认为原告未能提供足够的证据来证明百度所拥有的市场支配地位,这实际上也尚处于市场界定与市场份额证明的阶段。

其实,即使不是在一个创新的市场内,给出一个十分清晰的市场边界也是有一定难度的。在对经营者滥用市场地位这一类的案件审理之中,对于市场份额的界定的最终目的都是为了证明经营者在滥用市场地位的同时,还在行为方面对消费者的利益造成了一定的损失。故此,在该类案件中,执法机构其实可以适当地降低对相关市场界定的精确性的要求,或者是做适当的模糊化处理。即在该类案件之中,只要原告有充足的证据证明被告已经有强大的市场力量,并且这种力量被用来阻碍了竞争或者是损害了消费者的权益即可。法院所关注的重点应在拥有优势地位的营业者的行为是不是已经阻碍了竞争,而不是一味地强调对于原告的界定清晰相关市场、证明市场份额的负担。

互联网市场作为一个较为典型的创新市场,其经济是速度型经济,主要借助于快速传输,经济活动节奏也渐渐加快,产品和技术的更新周期缩短,随之带来的就是创新速度的加快;而创新的速度也往往决定了企业竞争胜负的关键因素。但是,所谓的创新的其中之一的特征就是它的不可执行。然而业界一般很难完成完全预测成功的创新走向,同样地反垄断机构就更加难以完成这样的一个任务,创新市场中所存在的界定相关市场的问题也就变得更加复杂,在重大的创新出现时,界定出一个较为清晰的市场边界也变得难上加难。在如此一个动态的竞争市场,关注静态价格以及产量变化也很难适应当前的需要。故此,在对某类反垄断案件的处理过程中适当地模糊相关市场的边界,赋予它一定的弹性或是灵活性,从某种程度上来说也未尝不可。

对于以创新作为显著特征的市场而言,为了尽可能地避免对创新的阻碍,建议反垄断执法机构无须再执着于划定清晰的相关市场的边界,而是应当更多地关注创新竞争和价格所可能带来的影响,适当地模糊化本身可能就是避免执法错误的重要办法。

二、认识 SSNIP 方法的局限性

SSNIP 方法的全称是"小而显著的非暂时性价格上升",或者也可以被称为"假定的垄断者测试",其主要指的是,假设存在着一个垄断性的企业,当这个企业非暂时的且是明显的小幅度提高其自身商品或者是服务的价格时,假如有相当数量的需求者仅仅因为提高价格而失去了利益,进而转向其他商品或者服务,则这些商品或者服务也包含在相关市场之内。[①] 即使是在相邻商品的一方进行同样的测试,只要是发生了向相邻的商品转换的现象,那么这个商品就包含在相关市场的里面,假如不发生转换,那么就不用继续进行测试,就可以界定成为一个相关市场。换句话说,SSNIP 方法所考察的关键问题是对于商品自身提价、企业商品的销售量减少了多少,也就是进行自身价格弹性分析。

在 20 世纪 80 年代之后,世界的一些主要的国家以及地区在

---

① 余东华. 反垄断法实施中相关市场界定的 SSNIP 方法研究——局限性及其改进[J]. 经济评论,2010(2),129.

反垄断法的执法过程之中越来越多地采用了这一方法。但是,此方法虽然在理论方面明显优于产品功能界定的方法,却在反垄断的司法实践之中暴露出明显的局限性,主要表现在两个方面,其一是玻璃纸谬误,其二是产品差异化。

1. 玻璃纸谬误

在很多的非合并企业调查中,运用 SSNIP 测试的困难主要是来源于怎样识别价格上涨恰当的基准,讨论产品是不是在现行的价格下的替代性这个问题在竞争政策分析中常常以玻璃纸谬误而著称。在一个较为著名的案例——杜邦公司案件中,杜邦公司争辩称玻璃纸不是一分开的市场,在现行价格之下,尚有证据证明玻璃纸与其他柔性包装材料,例如聚乙烯、蜡纸、铝箔等有一个较高的交叉价格弹性。可是,就像众多的评论家以前所注意到的那样,若现行的价格已为竞争价格,那么这些产品单单只是被视为提供一种有效的竞争限制,并用此来组织杜邦公司从增加玻璃纸的价格中来获取那些高于竞争水平之上的利润。但是,美国的最高法院并没有认识到这一点。

2. 产品差异化

在产品差异化存在的情况之下,进行市场界定似乎是不太适用的,其中一个重要的原因就在于,在界定的过程之中往往不能有效地判定一个产品真正的市场范围。

而针对差异化的产品市场,欧盟委员会在审查过程之中依然相当依赖于 SSNIP 的界定方法,然而美国因着单边效果理论的出现则开始慢慢倾向于淡化市场的界定,而更加注重时政经济分析。自从美国的《兼并指南》出台以来,美国就开始学习运用单边效应理论来规制涉及差异性产品的企业合并。而在 20 世纪 90 年代以后,美国陆陆续续地出现了像差异化产品分析、反托拉斯罗吉蒂模型等,这些可以直接被用来分析差异化产品的企业之间的合并效果。

最后,我们应当看到的一点是,虽然 SSNIP 这一方法在反垄断执法中界定相关市场的时候有着许多的不足,但是从长远的目光看,社会从持续创新中所获取的利益应该要远远大于从竞争性的价格中所获取的利益。这一点对于目前仅仅处于发展的初级阶段的互联网行业来说,过分地强调价格竞争其实并不利于这个行业的竞争水平的提高。

三、注重供给替代在互联网行业相关市场界定中的作用

尽管我们提出了在互联网领域进行相关市场界定的时候对市场边界要进行适度的模糊化的建议,但是我们不能确定模糊化的具体程度和在模糊化之后是不是需要其他替代性工具,这些仍然是操作过程之中将会面临的问题。相比于模糊化界定在操作上的难以把握性,对产品的相关市场界定采用供给替代分析法却是执法机构较为擅长的。故此,在互联网的反垄断执法过程之中,加强供给替代分析似乎也是十分有必要的。

有一点我们可以清楚地认识到,那就是攻击的充足性能够在很大程度上保证竞争的充分性。尤其是在互联网行业中,垄断的普遍存在告诉我们应该放弃对垄断的恐慌心理,更加理性地分析哪种垄断可能会对消费者的利益有损害,而又有哪一些垄断是能够增进经济效益的、正常的。界定相关市场往往意味着识别产品的竞争品和替代品,即不仅仅只是现有的,而且更加应该是潜在制造商的。关于供给替代行分析对于互联网行业相关市场的界定的好处,由于已经在上文有所论述,在此就不再赘述了。

四、寻找市场界定的可能性替补方法

因着在对互联网进行相关市场的界定之中困难重重,便有人提出采用不同的方法来对互联网相关市场进行界定,而不是像以前那样固守着严格的市场界定或者对市场份额的计算。在其中,

有一种被称之为"第一原则"的方法。这个方法的中心是灌输合并是否会以损害消费者利益的方法来提高利润。依据这一原则，执法机构的注意力理应要从市场界定转移到那些更加直接考虑创新的动机和能力。尽管这些方法在短期之内似乎并不能取代市场界定，但是仍然可作为市场界定的替补性方法，并且尽量弥补在传统的市场界定方法理论以及实践在面对创新的互联网之时的种种不适应。

相关市场的界定的必要性主要来源于集中度提高之后对于消费者福利负面影响的担忧。所以，如果我们仍然墨守成规，不顾眼前消费者们的利益被损，漠视那些充足的证据，仍然坚持固化的证明模式，那么法律也将很难成为一种对消费者切实有效的保障。

总之，互联网越来越深地影响我们日常的学习、生活和工作，在百度案件、腾讯与 360 之争的案例出现之后，我们可以预见在未来会有更多的有关互联网行业的反垄断案件的出现。因此，运用适当的方式，从不同的角度如需求替代角度、供给替代角度或者是从地域角度出发，对互联网行业的相关市场进行合理的界定，以及合理地认识相关市场的界定，防止对互联网经营者的"误杀"，并且在最大的限度之内保护几亿网民的权益，这既是现实的需求，更是一种急迫的需求。

参考文献

一、著作类

[1] 周有苏.新证券法论[M].北京:法律出版社,2007.

[2] 张明楷.刑法学[M].北京:法律出版社,2011.

[3] 阿尔温·托夫勒.第三次浪潮[M].北京:新华出版社,1996.

[4] 张仙峰.网络欺诈与信任机制——基于交易链面向网上消费者的信任机制研究[M].北京:经济管理出版社,2007.

[5] 阿拉木斯.网络交易法律实务[M].北京:法律出版社,2006.

[6] 田禾.亚洲法论坛[M].北京:中国公安大学出版社,2006.

[7] 齐爱民.电子商务法原论[M].武汉:武汉大学出版社,2010.

[8] 何泾沙.信息安全导论[M].北京:机械工业出版社,2012.

[9] 麦永浩,袁翔珠,封化民,等.信息安全法教程[M].武汉:武汉大学出版社,2008.

[10] 王利明.人格权法研究[M].北京:中国人民大学出版社,2005.

[11] 陈兴良.刑法的价值构造[M].北京:中国人民大学出版社,2006.

[12] 甄树青.论表达自由[M].北京:社会科学文献出版社,2000.

[13] 俞德鹏.宪法学[M].北京:法律出版社,2009.

[14] 饶传平.网络法律制度——前沿与热点专题研究[M].北京:最高人民法院出版社,2005.

[15] 王利明.民法学[M].北京:法律出版社,2011.

[16] 王利明.侵权责任法研究[M].北京:中国人民大学出版社,2011.

[17] 王利明.电子商务法研究[M].北京:中国法制出版社,2002.

[18] 王泽鉴.民法学说与判例研究[M].北京:北京大学出版社,2009.

[19] 李一.网络社会治理[M].北京:中国社会科学出版社,2014.

[20] 张楚.电子商务法教程[M].北京:清华大学出版社,2007.

[21] 卢云华,沈四宝.在线仲裁研究[M].北京:法律出版社,2008.

[22] 万建华.金融e时代:数字化时代的金融变局[M].北京:中信出版社,2013.

[23] 谢平,邹传伟,刘海.互联网金融手册[M].北京:中国人民大学出版社,2014.

[24] 艾茜.个人征信法律制度研究[M].北京:法律出版社,2008.

[25] 陈建.现代信用管理[M].北京:中国财政经济出版社,2005.

[26] 国际清算银行.统一资本计量与资本标准的国际协议[M].北京:中国金融出版社,1998.

[27] 国际清算银行.有效银行监管的核心原则[M].北京:中国金融出版社,1998.

[28] 胡代光.西方经济学的本质[M].北京:经济科学出版社,2000.

[29] 胡大武.征信法律制度研究[M].北京:法律出版社,2015.

[30] 刘戒骄.个人信用管理[M].北京:对外经济贸易大学出版社,2003.

[31] 马海英.商业银行信用风险分析与管理[M].上海:上海财经大学出版社,2007.

[32] 吴洪涛.商业银行信用卡业务[M].北京:中国金融出版社,2003.

[33] 杨振东.互联网信用消费的法律理论及适用[M].北京:社会科学文献出版社,2012.

[34] 邹浩.美国消费信用体系初探[M].北京:中国政法大学出版社,2006.

[35] 赵永林.信用卡安全机制与法律问题研究[M].北京:法律出版社,2011.

[36] 周显志.我国金融消费发展现状及其风险监管的法治需求[M].北京:法律出版社,2014.

[37] 林山田.经济犯罪与经济刑法[M].台北:台湾三民书局,1981.

[38] 王世洲.德国经济犯罪与经济刑法研究[M].北京:北京大学出版社,1999.

[39] 许发民.刑法的会学分析[M].北京:法律出版社,2003.

[40] 赵炳寿.刑罚专论[M].成都:四川大学出版社,1995.

[41] E.迪尔凯姆.社会学方法的准则[M].北京:商务印书馆,1995.

[42] 芝原邦尔.经济刑法[M].北京:法律出版社,2002.

[43] 白洁,刘洪国.互联网金融法律集[M].北京:世界知识出版社,2014.

[44] PETER CARTWRIGHT. Banks, Consumers and Regulation,Oxford,Hart Publishing,2004.

二、论文类

[1] 宋佳.中小企业融资行为及监管——基于民间借贷视角[J].会计之友,2012(25).

[2] 唐高平.自发秩序:中国金融改革的取向选择——基于温州民间借贷危机的思考[J].经济体制改革,2013(1).

[3] 杨建顺.论政府职能转变的目标及其制度支撑[J].中国法学,2006(6).

[4] 王延川.行业自治与商会体制之重构[J].经济经纬,2009(4).

[5] 鲁篱.行业协会社会责任与行业自治的冲突与衡平[J].政法

论坛,2008(2).

[6] 汪莉.论行业自治的合法性[J].理论学刊,2012(11).

[7] 窦亚芹,李跃中,陈莹莹.中小企业民间借贷融资存在的问题及治理对策[J].会计之友,2012(34).

[8] 叶栋梁.企业融资效率的分类及事后交易成本的影响因素[J].生产力研究,2008(10).

[9] 汪莉,解露露.行业协会自治权之程序规制[J].行政法学研究,2013(2).

[10] 王念,王海军,赵立昌.互联网金融的概念、基础与模式之辨[J].南方金融,2014(4).

[11] 中国人民银行衡阳市中心支行课题组,曾辉.互联网金融的创新与监管问题研究[J].金融经济,2014(16).

[12] 赵静.互联网金融的法律风险[J].金融经济,2014(16).

[13] 李文韬.加强互联网金融监管初探[J].时代金融,2014(5).

[14] 吴景丽.互联网金融的基本模式及法律思考(上)[N].人民法院报,2014-3-26.

[15] 毛玲玲.发展中的互联网金融法律监管[J].华东政法大学学报,2014(5).

[16] 杨宏芹,王兆磊.互联网金融监管的难点和突破[J].上海商学院学报,2014,15(2).

[17] 黄健青,辛乔利."众筹"——新型网络融资模式的概念、特点和启示[J].国际金融,2013(9).

[18] 邱勋,陈月波.股权众筹:融资模式、价值与风险监管[J].新金融,2014(9).

[19] 郑旭江.互联网金融的法律分析[J].西华大学学报(哲学社会科学版),2014,33(6).

[20] 董华春.从"Howey 检验"看"投资合同"——美国证券法"证券"定义的法律辨析(一)[J].金融法苑,2003(2).

[21] 李有星,范俊浩.非法集资中的不特定对象标准探析证券私募视角的全新解读[J].浙江大学学报(人文社会科学版),2011,41(5).

[22] 胡吉祥,吴颖萌.众筹融资的发展及监管[N].证券市场导报,2013(12).

[23] 杨东,刘翔.互联网金融视域下我国股权众筹法律规制的完善[J].贵州民族大学学报(哲学社会科学版),2014(2).

[24] 侯青阳,亢力.美国众筹融资制度及其对我国的启示[C].创新与发展,中国证券业2013年论文集.

[25] 王晓锋.私募股权基金信息披露监管法律制度研究[D].重庆:西南财经大学,2012.

[26] 倪受彬.美国JOBS法案对中国金融改革的启示[N].证券时报,2014-4-26(N).

[27] 王晓婷.论网络交易中消费者权益的法律保护[D].大连:东北财经大学,2011.

[28] 杨立新.消费欺诈行为及侵权责任承担[J].清华法学,2016,10(4).

[29] 刘卓燃.网络消费欺诈行为的法律认定[D].长春:吉林大学,2015.

[30] 钱玉文,刘永宝.网络消费欺诈行为的法律规制[J].法学杂志,2014,35(8).

[31] 苏号朋,鞠晔.论网络消费欺诈的法律规制[J].法律适用,2012(1).

[32] 任国平.网络交易欺诈行为法律规制研究[D].重庆:西南政法大学,2014.

[33] 闫丽.网络消费欺诈的法律规制[J].山东省农业管理干部学院学报,2013,30(1).

[34] 张远照.论消费者协会面临之困境及路径选择[J].理论观

察,2017(8).

[35] 李皖娜.电子银行业务自助签约的法律问题[J].金融与经济,2010(4).

[36] 王静静.美国网络立法的现状及特点[J].传媒,2006(7).

[37] 陶建国.日本消费者团体诉讼制度评析[J].日本问题研究,2010,24(4).

[38] 邓贤仁.网络交易中消费者权益保护相关法律问题研究[D].上海:华东政法大学,2015.

[39] 郭春涛.网络诈骗的概念、主要表现及犯罪构成研究[J].信息网络安全,2011(4).

[40] 刘军.刑法与行政法的一体化建构——兼论行政刑法理论的解释功能[J].当代法学,2008(4).

[41] 赵文胜.信息犯罪的刑法规制论[J].湖北警官学院学报,2005(5).

[42] 赵文胜.论信息安全的刑法保障[D].武汉:武汉大学,2014.

[43] 朗胜.《刑法修正案(七)》立法背景与理解适用[J].京师名家刑事法讲座,2009(40).

[44] 严雪林.试析国家秘密的特征[J].信息安全与通信保密,2010(2).

[45] 姜涛.非法吸收公众存款罪的限缩适用新路径:以欺诈和高风险为标准[J].政治与法律,2013(8).

[46] 郝艳兵.互联网金融时代下的金融风险及其刑事规制——以非法吸收公众存款罪为分析重点[J].当代法学,2018,32(3).

[47] 刘伟.非法吸收公众存款罪的扩张与限缩[J].政治与法律,2012(11).

[48] 孙国祥.20年来经济刑法犯罪化趋势回眸及思考[J].华南师范大学学报(社会科学版),2018(1).

[49] 谢望原,张开骏.非法吸收公众存款罪疑难问题研究[J].中国检察官,2012(5).

[50] 侯健.言论自由及其限度[J].北大法律评论,2000(2).

[51] 蒋岩波.互联网产业中相关市场界定的司法困境与出路——基于双边市场条件[J].法学家,2012(6).

[52] 闫斌,周寉.试论网络管理法治化的实现——以网络言论自由权为视野[J].湖北警官学院学报,2012,25(8).

[53] 常健.论我国网络舆论监测法律制度的完善[J].华中师范大学学报(人文社会科学版),2010,49(6).

[54] 邢璐.德国网络言论自由保护与立法规制及其对我国的启示[J].德国研究,2006(3).

[55] 代琦.国外网络管理经验可资借鉴[J].宣传在线,2007(3).

[56] 祝华新.给地方政府应对网络舆论的 10 条建议[J].领导文萃,2009(24).

[57] 新华网.美国立法加强互联网管理信息流动绝不任其放纵[J].IT 时代周刊,2011(9).

[58] 杨立新.《侵权责任法》规定的网络侵权责任的理解与解释[J].国家检察官学院学报,2010,18(2).

[59] 韩洪今,陈蕾伊.论网络交易平台提供商的民事法律责任[J].天津市政法管理干部学院学报,2009,25(1).

[60] 郭玉军,肖芳.网上仲裁的现状与未来[J].法学评论,2003(2).

[61] 巴曙松,杨彪.第三方支付国际监管研究及借鉴[J].财政研究,2012(4).

[62] 张芬,吴江.国外互联网金融的监管经验及对我国的启示[J].金融与经济,2013(11).

[63] 盛松成.余额宝与存款准备金管理[J].金融时报,2014(3).

[64] 卜强.互联网金融风险与防控[J].中国金融,2014(17).

[65] 迟慧君.互联网金融理财的法律监管[J].法制与经济,2014(18).

[66] 郭强.互联网支付平台信用消费模式浅析[J].中国信用卡,2015(4).

[67] 黄韬.我国金融市场从"机构监管"到"功能监管"的法律路轻——以金融理财产品监管规则的改进为中心[J].法学,2011(7).

[68] 黄小强.我国互联网金融信用消费的界定、发展现状及建议[J].武汉金融,2015(10).

[69] 嵇新然.中美互联网金融发展比较[J].经济论坛,2015(3).

[70] 姜立义,陈燕然.虚拟信用卡监管的法律问题[J].上海金融,2015(4).

[71] 刘颖.电子银行法律风险的几个问题[J].暨南学报(哲学社会科学版),2014,36(12).

[72] 李婧婧.冰与火互联网金融冲击下传统银行业的生存之道[J].中国统计,2015(4).

[73] 刘新海,丁伟.大数据征信应用与启示——以美国互联网金融公司 Zest Finance 为例[J].清华金融评论,2014(10).

[74] 马春芬.电商平台个人信用支付产品发展现状及监管建议[J].国际金融,2015(11).

[75] 陶震.关于互联网金融法律监管问题的探讨[J].中国政法大学学报,2014(6).

[76] 王春丽,王森坚.互联网金融理财的法律规制——以阿里余额宝为视角[J].上海政法学院学报(法治论丛),2013,28(5).

[77] 夏志琼.互联网金融信用体系建设的难点与对策[J].国际金融,2014(10).

[78] 叶湘榕.开放个人征信对消费信贷市场的影响分析[J].财务

与金融,2015(3).

[79] 叶纯青.京东白条惹争议,信用消费波澜渐起[J].金融科技时代,2015(12).

[80] 伊钰玥.垄断竞争环境下个人信用支付产品改善策略研究——以蚂蚁花呗为例[J].中国集体经济,2017(17).

[81] 胡丽.互联网企业市场支配地位认定的理论反思与制度重构[J].现代法学,2013,35(2).

[82] 赵璐.美国互联网金融监管经验研究[J].时代金融,2015(26).

[83] 张钱.个人征信侵权责任认定中存在的问题分析[J].法律适用,2014(3).

后 记

　　浙江财经大学作为财经类院校,经济法自然是优先发展的专业。我自己的专业虽系刑法方向,但自 2005 年 10 月就职于财大至今,这么多年来我的研究方向多与经济法和刑法相交叉,即经济刑法方向。2019 年,是我大学毕业三十周年,也是我从事兼职律师二十五周年。律师的经历丰富了我的教学和科研工作。三十年来,时代在改变,中国的法治环境也在改变,依法治国终于写进了《宪法》。我们见证了时代的变迁,也经历了这个变迁的过程。

　　"经验是远比理论要好的老师,简单说,经验就是生命。"从2014—2018 年,五年来,我带着学生围绕网络经济行为及网络犯罪行为开展持续性研究,形成近四十万字的资料,并形成若干成果公开发表。这期间,我们见证了互联网经济由兴盛到衰落的过程,特别是在经济下行的压力下,国家经济的宏观政策的调整,直接影响到经济犯罪率。我们经历了社会对经济犯罪由痛恨到适当容忍的过程,我们也见证了经济犯罪由高死刑率到死刑慎用,到最后死刑搁置的过程,特别是近几年经济犯罪的刑事政策由严厉打击到严而不厉的变迁。随着经济的快速发展,各国政府和人民交流日益频繁,计划生育人口政策发生改变,公民人权意识觉醒,人们的观念也在发生改变。法律职业共同体人共同努力推动着中国法治进步,我们终于迎来了法治中国建设的春天。

　　本书由浙江财经大学法学院资助出版,在此我由衷地感谢学校和学院给予我的支持。本书是浙江省地方立法与法治战略研究院(智库)"网络金融行为的法律规制研究"课题的研究成果。

在此,我要感谢我的 2014 级至 2018 级的同学们(含本科生和研究生),特别是 2017 级同学承担了本书的校对工作。本书的出版,有他们辛勤的付出。同时,我也要将此书献给我的孩子——宋锦翔和宋锦翰,他们一直是我的温暖归宿,激励着我前行,我希望他们奋发向上,保持善良,健康成长,一生平安。我还要将此书献给我的大姐,这十多年来她辛勤替我操持家务,帮我带大儿女。最后,本书也献给我自己,因为它记录着一段美好的岁月。

　　本书在写作过程中幸得浙江财经大学李占荣副校长的指导和法学院朱丹书记的支持,北京大学博士生导师陈兴良老师对本书的写作提出了很多建设性意见,并有幸承蒙西南政法大学博士生导师张怡的厚爱为本书作序,借此机会向他们表示最衷心的感谢。

章惠萍
2019 年 10 月 25 日于杭州